大正期の言論誌に見る
外来語の研究

石井久美子　著

三弥井書店

まえがき

　2018年には、明治維新から150周年、そして第1次世界大戦終結から100年を迎える。言葉は100年で変わるといわれ、現代語との比較対象も明治期から大正期へ変わりつつある。

　東京オリンピックが開催される2020年には、訪日外国人旅行者が4000万人となることが目標とされているが、外国の選手や観光客を受け入れるための準備が佳境を迎え、国民の意識も高まってきている。人の動きに伴って言葉も移動するため、今後さらに多くの外国語が流入することが予想される。外来語の使用は、国際社会において言葉の壁を緩やかにし、外国との接触を容易にすることのできる手段となると考えている。

　一方で、急速に増えつつある外来語に対する懸念も、根強くある。外来語が増えたのはつい最近のことのように思われがちだが、実は戦前にも外来語の氾濫が見られた。そうした数量的な面では、これまでにも研究が行われてきたが、その内実についてはよくわかっていなかった。

　そこで、大正期の外来語について、『中央公論』を資料に用いて、使用の実態を明らかにすることを試みた。『中央公論』は、当時、時代の先頭に立っていた言論誌であり、海外の新しい思想が紹介され、時代を捉え動かすような評論が載せられている。そのため、戦前において、海外の最新の研究がどのように日本に紹介されていたかを知り、外来語を通して国際交流を体感することもできると考えた。

　本書の特徴は、第一に固有名詞を取り上げていること、第二に全ての表記の外来語を対象としていること、第三に外来語を含む混種語を扱っていることである。

　第一から順に概要を説明すると、これまでの研究では一般名詞（普通名詞）が中心で、固有名詞が扱われても、主要国の地名しか取り上げられてこなかった。『日本語語彙大系』を用いることで、どの分野の語が出現し

ているのかを明らかにし、固有名詞と一般名詞では漢字表記からカタカナ表記への変化に違いが見られることがわかった。

　そして、第二に示したように、全ての表記を調査対象とし、アルファベットも含めた。外来語の理解を促すために2つの語句を並べた「黑點 Sun-Spot」のような表記を、併記形式と名付けて分析・考察した。その結果、アルファベットが活かされて、原語の助動詞の意味の差を利用した表現や、訳文との併記による句や文などの長い単位での使用が見られることが判明した。

　さらに、第三に示したように、外来語を含む混種語を扱った。混種語となることは、それだけ該当する外来語が日本語の中に定着しつつあることを意味している。しかし、混種語の研究といえば、現代語が中心で、近代語についてはわかっていないことが多い。そこで、固有名詞と一般名詞がそれぞれどのような混種語を形成しているかを多くの用例を挙げながら説明することを試みた。

　本書は、こうした新たな観点を用いることで、日常に浸透し増加し始めたとされる大正期の外来語の実態を捉え、外国語の受容と日本語における定着のあり方を示すことを試みた研究である。この1冊を通じて、大正期には増加する外来語とどう向き合っていたのかという、過去のあり方を知ることが、現代の外来語との向き合い方を考えるきっかけとなることを願っている。

石井久美子

目　　次

まえがき ……………………………………………………………………………… 1

第 1 章　序論 ………………………………………………………………………… 9
　1　研究背景 ……………………………………………………………………… 9
　　1.1　外来語の定義 …………………………………………………………… 9
　　1.2　近代外来語史と大正期の状況 ………………………………………… 14
　　1.3　外来語に関する制度 …………………………………………………… 22
　2　研究目的 ……………………………………………………………………… 26

第 2 章　先行研究 …………………………………………………………………… 29
　1　概要 …………………………………………………………………………… 29
　2　表記に関する先行研究 ……………………………………………………… 35
　3　語彙に関する先行研究 ……………………………………………………… 43
　4　混種語に関する先行研究 …………………………………………………… 47
　5　まとめと課題 ………………………………………………………………… 51

第 3 章　研究方法 …………………………………………………………………… 54
　1　対象資料 ……………………………………………………………………… 54
　　1.1　資料の選定理由 ………………………………………………………… 54
　　1.2　資料の概要 ……………………………………………………………… 55
　2　調査対象号 …………………………………………………………………… 57
　3　対象とした外来語 …………………………………………………………… 59
　　3.1　調査単位 ………………………………………………………………… 60
　　3.2　固有名詞と一般名詞の定義 …………………………………………… 64
　4　まとめ ………………………………………………………………………… 72

第4章　外来語の品詞及び語彙的特徴 …………………………75
  1　品詞的特徴………………………………………………………75
  2　語彙的特徴………………………………………………………85
  3　固有名詞…………………………………………………………87
    3.1　上位20位の固有名詞 ………………………………………87
    3.2　固有名詞の意味領域 ………………………………………89
    3.3　換喩……………………………………………………………91
  4　一般名詞…………………………………………………………92
    4.1　一般名詞の上位20位までの語 ……………………………92
    4.2　一般名詞の意味領域 ……………………………………… 100
  5　まとめ…………………………………………………………… 107

第5章　外来語表記の特徴………………………………………… 112
  1　外来語の表記形式……………………………………………… 112
    1.1　外来語の表記形式の種類 ………………………………… 112
    1.2　外来語表記の量的特徴 …………………………………… 115
  2　固有名詞の表記………………………………………………… 117
    2.1　地名の表記 ………………………………………………… 117
    2.2　人名の表記 ………………………………………………… 126
    2.3　書名の表記 ………………………………………………… 128
  3　一般名詞の表記………………………………………………… 129
    3.1　漢字表記 …………………………………………………… 130
    3.2　ルビ形式 …………………………………………………… 133
    3.3　カタカナ表記 ……………………………………………… 138
    3.4　アルファベットを含む表記 ……………………………… 139
  4　複合語の表記…………………………………………………… 142
    4.1　カタカナのみからなるもの ……………………………… 144
    4.2　漢字とカタカナからなるもの …………………………… 147

4.3　ルビ形式のもの …………………………………………… 147
　　4.4　併記形式のもの …………………………………………… 148
　　4.5　複数の表記が見られるもの ……………………………… 150
　5　句や文の表記………………………………………………………… 152
　　5.1　句の表記 …………………………………………………… 153
　　5.2　文の表記 …………………………………………………… 155
　6　外来語表記のゆれ…………………………………………………… 161
　　6.1　漢字の複数表記 …………………………………………… 163
　　6.2　漢字とカタカナの併用 …………………………………… 165
　　6.3　カタカナの複数表記 ……………………………………… 168
　7　外来語表記の変遷…………………………………………………… 180
　8　まとめ………………………………………………………………… 183

第6章　外来語を含む混種語………………………………………………… 189
　1　外来語を含む混種語………………………………………………… 189
　2　混種語の表記………………………………………………………… 193
　　2.1　カタカナ表記のみからなる混種語 ……………………… 193
　　2.2　漢字表記のみからなる混種語 …………………………… 194
　　2.3　アルファベット表記を含む混種語 ……………………… 195
　　2.4　外来語ルビによる混種語 ………………………………… 197
　3　固有名詞を含む混種語……………………………………………… 199
　　3.1　地名を含む混種語 ………………………………………… 199
　　3.2　人名を含む混種語 ………………………………………… 202
　　3.3　情報の付加とイメージの固定化 ………………………… 211
　4　一般名詞からなる混種語…………………………………………… 216
　5　略称・略語を含む混種語…………………………………………… 220
　　5.1　地名の略称を含む混種語 ………………………………… 222
　　5.2　人名の略称を含む混種語 ………………………………… 230

5.3　一般名詞の略語を含む混種語 …………………………… 236
　6　まとめ……………………………………………………………… 239

第7章　結論 …………………………………………………………… 243
　1　総括………………………………………………………………… 243
　2　結論………………………………………………………………… 248
　　2.1　大正期の『中央公論』における外来語の受容 ……………… 248
　　2.2　大正期の『中央公論』における外来語の定着 ……………… 252

引用文献………………………………………………………………… 258
　書籍…………………………………………………………………… 258
　論文…………………………………………………………………… 260
　その他………………………………………………………………… 263
参考文献………………………………………………………………… 265
　書籍…………………………………………………………………… 265
　論文…………………………………………………………………… 266
　その他………………………………………………………………… 271
資料編…………………………………………………………………… 273
索引……………………………………………………………………… 395
あとがき………………………………………………………………… 399

掲載表一覧
　表1　固有名詞の意味領域別の分類表……………………………………67
　表2　外来語の品詞の年別延べ語数………………………………………75
　表3　外来語の品詞別の延べ語数と異なり語数…………………………77
　表4　外来語全体の上位20位までの語……………………………………85
　表5　固有名詞の上位20位までの語………………………………………88
　表6　第1次単位の固有名詞の意味分類と該当例………………………90

表7	一般名詞の上位20位までの語	93
表8	「デモクラシー」と「サンジカリズム」の年別分布状況	97
表9	上位20位の一般名詞の外来語の初出年	98
表10	上位20位の一般名詞の外来語の原語	99
表11	一般名詞の意味領域	101
表12	外来語の表記形式と『中央公論』の用例	114
表13	固有名詞と一般名詞の各表記形式の延べ語数とその比率	116
表14	イギリス、アメリカ、ロシア、フランス、ドイツの非略称表記と略称表記の延べ語数の年別比較	123
表15	イギリス、アメリカ、ロシア、フランス、ドイツのカタカナ表記と漢字表記の年別比較	124
表16	イギリス、アメリカ、ロシア、フランス、ドイツの年別表記状況のまとめ	125
表17	アルファベット表記を含む一般名詞の延べ語数とその比率	139
表18	漢字表記のゆれの種類と該当表記の延べ語数	164
表19	漢字とカタカナの両方を使用している地名の表記一覧	166
表20	漢字とカタカナの両表記が見られる一般名詞	167
表21	長音と母音字のゆれが見られる語	170
表22	長音符号のあるものと長音符号のないものというゆれの見られる語	172
表23	「ル」と長音符号のゆれが見られる語	173
表24	撥音の表記(ムトン)のゆれが見られる語	174
表25	促音の表記の有無	175
表26	「ア／ヤ」のゆれが見られるもの	176
表27	ジ／ヂ、デイ／ヂ、ディ／デのゆれが見られるもの	177
表28	チ／ティ、ティ／チイ、チ／チキ、チ／テ、ティ／テのゆれが見られるもの	178
表29	カタカナを含む表記と、漢字を含む表記と、その他のそれ	

ぞれに該当する表記形式……………………………………… 180
 表30　固有名詞と一般名詞の漢字を含む表記とカタカナを含む表記の年別の割合……………………………………… 181
 表31　混種語の語種の組み合わせと、構成要素による分類……… 192
 表32　漢字表記のみからなる混種語の種類………………………… 194
 表33　外来語ルビを用いた混種語の種類…………………………… 198
 表34　地名を含み地名を意味する混種語…………………………… 200
 表35　地名を含む混種語の意味分類（混種語全体で地名を意味するものは除く）……………………………………………… 201
 表36　貨幣・度量衡・その他の単位を含む混種語………………… 218
 表37　デモクラシーを含む混種語…………………………………… 219
 表38　略称を含む混種語の意味領域別一覧………………………… 221
 表39　「英」を含む混種語 ………………………………………… 223
 表40　「英國」を含む混種語 ……………………………………… 224
 表41　「亞米利加」を含む混種語 ………………………………… 225
 表42　「米」を含む混種語 ………………………………………… 225
 表43　「米國」を含む混種語 ……………………………………… 226
 表44　「獨逸」を含む混種語 ……………………………………… 227
 表45　「獨」を含む混種語 ………………………………………… 227

グラフ一覧
 グラフ1　『中央公論』の固有名詞の漢字を含む表記とカタカナを含む表記の変遷……………………………………… 182
 グラフ2　『中央公論』の一般名詞の漢字を含む表記とカタカナを含む表記の変遷……………………………………… 182

第1章　序論

　第1章では、1で研究背景として、外来語の定義をし、大正期における外来語の状況をまとめ、2で研究目的を述べる。

1　研究背景

1.1　外来語の定義
　まず、本書における「外来語」とは何かを定義する。はじめに先行研究での指摘をまとめた後で、本書での定義を述べることにする。
　外来語について、『日本語学研究事典』では次のように説明されている。

> 　外国語が翻訳されずにそのまま用いられ、その使用が社会的に承認され、日本語として定着したもの。日本語化した外国語。借用語ともいう。(p.152)

一方、『国語学大辞典』では、次のように説明されている。

> 　他国の言語体系の資料（語・句・文字・等）を自国語体系に借り入れて、その使用が社会的に承認されたもの。借用語とも呼ぶ。(p.135)

　いずれも、「社会的に承認され」「借用語ともいう／呼ぶ」という文言が共通して含まれている。そして、『日本語学研究事典』では「外国語が翻訳されずにそのまま用いられ」「日本語として定着」と表現されているのに対し、『国語学大辞典』では、「他国の言語体系の資料（語・句・文字・等）を自国語体系に借り入れて」と表現されている。ここから、翻訳され

ておらず、日本語の言語体系に沿っていることが外来語の条件と考えられていることがわかる。

　上に挙げた『日本語学研究事典』も『国語学大辞典』も外来語と借用語を同義として扱っているが、それらは区別して使用されることが多い。

　例えば、鈴木（2007）は「外来語」と「借用語」を次のように説明し、定義している。

> 日本でもドイツ流に「外来語」と「借用語」をその語彙の浸透度と定着度の違いによって使い分けるか、あるいは「借用語」を学問的、専門的、包括的な用語とし、「外来語」を一般語として扱うことによって区別するか、どちらかに統一すべきである。日本語の辞書のように、この二つを同義語として扱うのは、用語の正確さに欠け、議論における混乱のもとになる。なお、本章では「借用語」は借用された「方言」、及び本来語以外のすべての「外来語」をさす。(p.3)

そして、先行研究をまとめ、次のように図式化している。

```
1) 語（形態素）借用 ——— a) 音訳借用
                       b) 内的借用…①借用形成　②意味借用
                                    （③～⑧は Betz と同様[1]）
                       c) 混種借用（音訳借用と内的借用の結合）
2) 音借用 ——————— a) 音素借用
                       b) 音節（拍）借用
                       c) プロソディ借用
3) 文法借用 ————— a) 統語借用（語順）
                       b) 語法借用（慣用句）
                       c) 文体借用（スタイル）
4) 文字借用
```

以上のように、「外来語」ではなく、「借用語」という概念を使用することにより、借用が顕在化している音訳借用語だけではなく、潜在化している内的借用語（翻訳借用語）、さらに音、文法、文字レベルの借用も包括することが可能になる。なお、非言語コミュニケーション（ジェスチャーなど）の設定も可能である。(p.7)

　図にも示されているように、音訳だけでなく、翻訳や、音、文法、文字レベルの借用を含めて「借用語」と定義している。本来語以外はすべてと規定するのは最も広範囲を規定したものだといえる。
　田中（2002）は、こうした「借用語」と「外来語」という捉え方を次のように問題視している。

漢語だけが他の借用された語と区別されるということは、借用元となる言語によって、「外来語」と「借用語」の違いがあるということになる。
　ところが、「借用語」の定義を見ると、漢語だけでなく、アイヌ語、サンスクリット語、カンボジア語など漢語以外の借用元からの語も「借用語」に含め、さらには、ファンやテレビなどの英語に由来する語も「借用語」に含めうるとあるので、「外来語」と「借用語」の違いは借用元にあるのではなく、日本語への同化の度合いによる、と読むことが出来る。(p.34)

　こうした「外来語」と「借用語」の基準のあいまいさを指摘し、「漢語を外来語として他の外来語と並べて検討・考察してみると、これまで見えてこなかった漢語の特徴があらためて見えてくる」(p.36)とし、そして、「無色の「借用語」を用いるよりも、あえて批判の多い「外来語」という用語を用い」(pp.36-37)て、問題をはっきりさせようとしている。そして、外来語を次のように定義している。

本書における「外来語」(英語の loanword) とは、外国語から本来語に
　　取り込まれ、たとえ部分的であれ、本来語に同化して日常的に用いら
　　れている単語のことである。(p.37)

　同じように、外来語を広くとらえている研究に、石綿 (2001) があり、
外国からきたことばという意味で「外来語」と使用している。下記にその
規定を引用する。

　　外来語が外国語からきたことばであるならば、漢語もまた中国語から
　　日本語に入ったことばであり、漢語も外来語であるはずである、とい
　　う意見である。この立場からすると、外来語のなかには西洋の言語か
　　らのものと東洋の言語からのものの二つの種類があるということにな
　　る。外来語は外国からきたことばだという理屈からいえば、このほう
　　がすじがとおっている。このばあい、中国からきたことばで漢字音に
　　よるものを漢語といい、西洋の言語からのものを洋語といって区別す
　　る。外来語には漢語と洋語とがあるということになる。ただし、ここ
　　で東洋の言語からきたことばを漢語で代表させたが、そのほかの言語
　　からきたことばがあることを忘れているわけではない。ここでは、大
　　きくいって西洋系の言語からきたものと、東洋系の言語からきたもの
　　とがあることをいっているのである。(pp.7-8)

　ここでは、外来語は「外国語からきたことば」であり、「西洋系の言語
からきたもの」と「東洋系の言語からきたもの」の両方を含むという立場
を取っている。
　こうした「外来語」とは何なのか、ということは、外来語研究の出発点
であり、そのつど定義されてきた。その中には、Irwin (2011) のように
「外来語」を時期で区別したものが見られる。

A gairaigo is a foreign word which has undergone adaptation to Japanese phonology, has been borrowed into Japanese after the mid-16th century and whose meaning is, or has been, intelligible to the general speech community.（p.10）

　ここでは、外来語を日本語の音韻体系に沿ったものであり、16世紀半ば以降に受容したもので、一般的な言語共同体にとって理解できるものであることと定めている。こうした時期による区分は、狭義の外来語としては一般的であるといえる。
　16世紀半ば以降に受容されたものというと、それ以前に受容された語に比べると、その定着度はばらつきが大きいと考えられる。本書では、大正期の資料を用いて、外国語の受容と定着ということを考える。そのため、広範囲の語を対象とする「借用語」という語は用いずに、「外来語」を狭義の意味で用いる。
　本書での「外来語」の定義を下記に述べる。

　　外国語が翻訳されずに、日本語の発音体系や語法、表記体系に沿って受容されたもの。16世紀以降に、西洋系の言語からきたものも、東洋系の言語からきたものも含むが、漢語は含まない。

　ここで対象外とした漢語について詳しく述べる。漢語を対象外としたのは、早い時期から取り入れられ、すでに定着が進んでいると考えられるためである。漢語の中でも、16世紀半ばより前に受容されたものだけでなく、明治以降に翻訳漢語として作られた「社会」「経済」といった漢語も対象外とする。
　ただし、中国語から近代中国語音で日本語に入ってきたことばとして、よく「ラーメン（拉麺）」などが挙げられるが、それらは対象とする。固有名詞の「青島」や「北京」なども同様に対象とする。また、漢字で書か

れているものも、「瓦斯」や「倶楽部」[2]など音訳表記である場合は「外来語」とする。

1.2　近代外来語史と大正期の状況

次に、外来語の歴史について概観する。『日本語学研究事典』では、ヨーロッパ語の受容については、第一波はポルトガル語を主とし、第二波はオランダ語を主とするとしている[3]。第三波については次のように書かれている。

> 第三波は明治維新以降の英・米・仏・独・露（魯）などから組み入れられたもので、日本の近代化と歩調を合わせているといってよかろう。このうち、英・米語は特別で、あらゆる分野にわたり、ことに戦後はアメリカ英語は日本語に影響の多いものである。（なお「米語」という呼称は江戸時代にみえる）。（中略）いずれにせよ、明治維新以降のものは、現代でも用いられているものが多く、ごく身近な語彙である。表記上、片仮字語を主とするのは大正期にはいってからである点も留意しておきたい。第二次世界大戦後は、外来語の氾濫と言ってもよく、「フランキー堺」など人名にまで外来語的なものが現れているのは、一つの特色であろう。これは大正期にclubに「倶楽部（クラブ）」などの漢字を当てた大正ロマンチシズムとともに研究すべき文化現象の一つである（昭和期には漢字表記はほとんどかげをひそめ、特定の語に限る）。さらに「ロマンスグレー」「オールドミス」など、疑似外来語、あるいは偽装英語的なものなど、日本人の外国語への傾倒の度合いを示す一現象ともいうことができる。(p.410)

明治維新以降の第三波では、日本の近代化に伴って、身近な語彙が外来語として取り入れられたのである。本書で対象としている大正期の外来語については、カタカナを主とした表記となったこと、そして、漢字を当て

た表記には大正ロマンチシズムの影響が示唆されている。

　この第三波にあたる明治以降の外来語を研究するにあたって、その特色によって時期を区分することがあるが、その分け方は研究者によって少しずつ異なっている。ここでは、楳垣（1963）、米川（1984）、石綿（2001）を例に挙げる。

　まず、楳垣（1963：71）は、下記のように4つの時期に分けている。

　　明治期　文明開化期　　1859（安政6）―1882（明治15）　23年
　　　　　　欧化と反動期　1883（明治16）―1905（明治38）　23年
　　大正期　新文化誕生期　1906（明治39）―1926（大正15）　21年
　　昭和期　新文化発展期　1927（昭和2）―1945（昭和20）　19年

　次に、米川（1984：3）は、第1期受容期（幕末から明治10年代）、第2期浸透期（明治20年代から第1次世界大戦）、第3期発展期（第1次世界大戦から大震災）、第4期最盛期（大震災から昭和初期）の4つに分けている。そして石綿（2001：127）は、明治時代、大正戦前昭和時代、戦後現代の3つに区分している。

　三者の明治期、大正期、昭和期の外来語の概観をまとめると、次のようになる。

　まず、明治期は、耳から入ってくるものには、開港場でのかたこと英語（例：カメヤ[4]）の他、車屋英語、船乗り英語があり、目から入ったものには、書生英語（例：セブン[5]）があった。大部分は名詞で、それも舶来物の名を表すものであり、原語の出自からいえばオランダ語が多く、発音にもオランダ語に基づく訛りが見られる[6]。明治期も後半になると、目からの外来語が増すにつれ「つづり字発音」が増え[7]、外来語の出自をみると、英語が増える[8]。そして、服飾・料理・音楽・礼式などに関する語が多くなる[9]。

　一方、大正期は、外国文化の影響がかなりしみ込み、学術・文学・美

術・演劇・音楽などの文化面のめざましい発展や、産業・重工業の急速的な成長に応じて、化学・工業・機械なども進展した時期であり、その影響で、専門語・術語が増えている（例：カルデラ、サイクロン、オーロラ）[10]。労働運動も盛んになって、マルクス主義、共産主義のことばが入ってくる（例：ブルジョア、プロレタリア、インテリゲンチャ）[11]。また、「アトリエ」など、フランス帰りの画家などが持ち込んだ、フランス語を原語とする外来語が見られる[12]。語形からみると「サボる」などの"る"ことばや、「アナ」「プロ」[13]などの略語が増えるのが特徴的である[14]。欧化時代の教育の影響で、明治期の作家では漢学的教養が基礎となっていたのに対し、大正の作家では西洋的教養が基礎となっている[15]。また、大正12年に起こった関東大震災により、それまでの文化や経済は破壊され、ヨーロッパ文明からアメリカ文明へ一気に方向転換することになる[16]。

　なお、昭和期は、新語がむやみに作られ、むやみに使われる「モダン語」の大流行が特徴である[17]。「イニシアチブをとる」「ピリオドを打つ」など洋語慣用句にも新しいものが見られるようになる[18]。また、外来語を合成して和製英語を盛んに作ったのもこの期の特徴である[19]。戦中は敵性語として英語が排斥されるようになるが、戦後は全国民が英語をならうことになり、カタカナ語を理解するベースが作られた[20]。

　それぞれの時期の研究を概観すると、明治初期は、漢語研究が中心であり、翻訳語の研究に重きが置かれている（森岡（1991）、杉本（1998-1999）[21]など）。外来語研究としては、特定の新聞や作品に絞った外国地名の研究が行われ（佐伯（1986）、荻野（2001）、入江（2014）など）、文明開化期における舶来の雰囲気を取り入れた『安愚楽鍋』や『西洋道中膝栗毛』などから用例が挙げられ、『和英語林集成』などの辞典が参照されている（松本（2000）など）。明治後期の用例としては、夏目漱石や森鷗外などの小説に見られる外来語が用いられることが多い（佐藤（1990）、杉本（2002）など）。一方、昭和以降も研究がいくつか見られる。戦中については、遠藤（2009）の家庭雑誌や、遠藤（2004）のラジオ台本についての研究があり、

戦後については、あらかわ（1970）や、1956年の雑誌90誌を調査した国立国語研究所（1962）などの語彙調査が見られる。それに対し、大正期は明治期よりも外来語が浸透してきているにもかかわらず、実態を詳細に調査した研究はほとんどないといえる。詳しくは第2章の先行研究でまとめる。

　ここまで、明治から昭和の外来語の特徴を研究状況とともに追ってきたが、先述した楳垣（1963）、米川（1984）、石綿（2001）の時期区分を、大正時代を中心に捉え直すと、明治末から昭和初期にかけてを、その前後とは区別しているという点が三者の分類に共通している。外来語というと、維新後の明治期や、第二次世界大戦前後を含む昭和期といった、政治的にも社会的にも文化的にも明らかな変動がある時期に注目が集まる。しかし、楳垣（1963）の区分では、大正期には「新文化誕生期」にあたり、その後の発展期へとつながる基盤が生まれていることがわかる。米川（1984）の分類では、第一次世界大戦後から関東大震災までの、大正期の中心となる期間を「発展期」に位置づけており、外来語の比重が大きくなっていたことがよくわかる。

　「大正戦前昭和時代」という区分を設けている石綿（2001：137）は、第一次世界大戦後の日本の状況と外来語の関係を次のようにまとめている。

　　第一次世界大戦のあと、軍部の台頭、日本史でいう満州事変、日中戦争、三国同盟をへて、第二次世界大戦に突入する時期である。産業・経済・社会の面では、第一次世界大戦のあとの大戦景気、重工業、化学工業の発達、金融恐慌、社会不安、労働問題、ソビエト連邦と共産主義などがある。教育はいっそう普及し、高等女学校など女子教育の普及にめざましいものがあった。西欧ふうの生活はしっかりと根づき、関東大震災のあとの復興景気にのって女性の職場の進出、その服装の洋風化などがすすんだ。

大正期というのは15年という短い間ではあるが、社会的背景を考えると、大正３年に第一次世界大戦が勃発し、大正12年には関東大震災が起きた激動の時代である。

さらに、大正期を「新文化誕生期」と呼んでいる楳垣（1963：83-84）は、当時の日本の、世界における位置と、外来語の状況を次のように述べている。

> 1906-1926（明治39-大正15）年の21年間――日露戦争に勝利を得たことは、文化史的にみても、近代日本の最大事件だった。とにかく東洋のちっぽけな島国、開国まもない後進国が、ヨーロッパ・アジアにまたがる大国ロシアを破ったことは、世界各国の驚異だったにちがいない。それが日本の国際的地位をぐっと高めた。わが国は一躍世界の強国になった。そこで、文化面でもそれに恥じない進展をとげることが、さしせまった必要となり、欧米文化の摂取と消化とに全力を傾けることとなった。
>
> 外来語の増加という点から考えると、この時期のうちでも、明治末期と大正期とではよほど差がある。明治期には気取った感じを与えた外来語も、大正期には普通の日常語と受けとられるようになった。

大正期の日本は、日露戦争により世界の国に並ぶようになり、欧米文化を積極的に取り入れようとしていたのである。こうした動きに伴って、それまでは翻訳され漢語によって受容されていた外国語は、外来語として受け入れられるようになった。その背景には、翻訳が追い付かないほど外国語が大量に流入していたことがある。さらに、石綿（2001：137）でも教育のいっそうの普及が指摘されていたが、米川（1984：11）は、教育の普及・拡大による文化の大衆化とインテリ層の拡大を述べており、外来語の受け入れの素地ができていたといえる。これらを踏まえると、楳垣（1963：84）の「明治期には気取った感じを与えた外来語も、大正期には普

通の日常語と受け取られるようになった」という記述は、大正期の外来語を考える上で注目したいものである。

　大正期に「日常語」となった外来語は、研究の対象とされるようになった。当時の研究の状況を、楳垣（1963：86）は次のように述べている。

　　外来語が専門的に研究されはじめたこともこの期の特徴に数えてよかろう。当時の言語関係のトップクラスを総動員した上田万年・高楠順次郎・白鳥庫吉・村上直次郎・金沢庄三郎共編の『日本外来語辞典』（1915、三省堂）とその辞書の編集者で若死にを惜しまれた言語学者前田太郎の遺著『外来語の研究』（1922、岩波書店）とは、その記念塔として輝いている。

　ここで示されているように、外来語辞典と、外来語の研究書が刊行されたことは、大正期の特徴である。『日本外来語辞典』の前に、日本初の外来語辞典が発行されている。明治45年（大正元年）に刊行された、棚橋一郎・鈴木誠一共著『日用舶来語便覧』（光玉館）[22]である。この辞典の序には、当時の新聞や雑誌、平素の社交の常套語として、慣用されている舶来語が理解できなければ困るので、各方面から集めた中で最も普通のものを載せたと書かれている。

　　世界の日本たる我が國の言語は今や世界的となれり。從つて新聞に雑誌に將た平素社交の常套語として、慣用せらるる舶來語を解せざる時は、社交上遜色あるを免れざるべく、コンモンセンスを養ふ上にも事缺くに至るべし。卽ち本書は著者が過去數年來社界の各方面より蒐集せる中、其最普通なるもの千五百餘語を彙めて五十音別とし、之に原語國別及轉訛の次第等より一般的の解釋をも加へ。且附錄として國民必須の要項二十餘件を登載せるものなり。

　　　　　　　　　　　　　　　　　　（『日用舶来語便覧』序より）

1500語を超える収録語には、「アメリカ」や「イギリス」などの主要な国名が含まれる。巻末の付録には、「アルファベット書體」「會話一斑」「書簡文例」「英語の看板」「世界各國名及首都名」など「必須の要項」としている20章が設けられている。楳垣（1963：86-87）は、この『日用舶来語便覧』について、外来語辞典が発行されるほど外来語が増えていたということを述べている。

　　おそらくわが国での最初の外来語辞典だと考えられる棚橋一郎・鈴木誠一共編の『日用舶来語便覧』（1912、光玉館）が出版されたのは、この時期[23]の終りだったが、外来語辞典の編集出版は、よほど外来語の数がふえなければ考えられないことで、この時期の外来語（特に専門語）の増加がどんなにめざましかったかを示している。

つづいて、大正3年には、勝屋英造編『外来語辞典』（二松堂書店）が刊行されている。巻頭に書かれた凡例七則の一部を抜粋する。

　一、本書は外國語にして、今日盛に我邦人間に使用せらるゝものを蒐めこれに解釋をなせるものなり。
　二、収むる所の語七千、其中には全然ジヤパンナイズ（日本化）されたるものもあれども、未だ全く日本化されざるものも少からず、哲學、科學、政治、法律、經濟、宗教、文藝等各方面に亘る學術語、專門語、新聞雜誌に散見する片假名即ち外國語、或は社交界に於て使用せらるゝ外國語學生間に使用せらるゝ外國語、實業界に於て使用せらるゝ外國語、運動及び遊戯上に使用せらるゝ外國語を蒐めたり。されと決して専門的の術語を悉く網羅したるものにはあらず、日常普通に使用する程度に止めたり。
　三、収むる七千語中には英吉利語、獨逸語、佛蘭西語、伊太利語、和蘭語、西班牙語、葡萄牙語、露西亞語、希臘語、拉典語等あれども其

大多數を占むるものは英語なり。
四、本書題して外來語辭典と云ふも日用外國語辭典と云ふ方適當ならんか。
五、本書は外國語の素養少き人の爲に編纂したるものなれば決して専門家諸子を滿足せしめんとするものにあらず

(凡例より)

　この辞典も、専門家向けではなく、「外國語の素養少き人」のために編纂された外来語辞典である。こうした一般向けの「普通」の外来語を集めた辞典が発行されていることから、外来語を理解し使用する層が広がっていることがわかる。この辞典の増補版（大正5年）の序には、この辞典が好評で版を重ねたことが書かれている。

七、本書の初版は大正三年二月十七日に發行せしが、幸に好評を博して遂に第五版を賣り盡せり、當時都下各新聞雜誌は勿論特に帝國文學と早稻田文學は本書に對して贊辭を與へたり。初版に際して誓言したることに對し茲に比較的多くの増補をなせり。されど漏れたるもの、説明の足らざるもの少からず、其は今後更に版を重ぬるに從つて完備せんことを期す。

(序より)

　増補版が大正5年発行のため、初版から約2年で第5版まで刷られており、増補が行われている。急激な外来語の増加によって辞典の需要が高まっていたことが推測される。
　大正4年には、前述の楳垣（1963：86）でも取り上げられていた、上田萬年他編『日本外来語辞典』（三省堂書店）[24]が刊行されている。『日本辞書辞典』の「外来語辞典」（pp.49-50）の項目には次のように書かれている。

上田萬年他編『日本外来語辞典』(1915、三省堂) は著名な言語学者・歴史学者が編集に加わった学問的なもので、欧米語に交って唐音、宋音などの漢語、サンスクリット等を原語とする語も多く取り上げている。収載語数約6000語。

これまでの2冊とは異なり、見出しがローマ字であることが特徴的である。「An-don（行燈）」といった漢語から、「Teburu-gurasu（食卓用硝子器）」といった複合語や、「Am-pan（餡麺麭）」といった混種語まで幅広く立項されている。
　以上のような外来語辞典が発行され、研究書が刊行された大正期を、上野（1985：92）は次のように述べている。

　　大正時代は西洋外来語をただ我武者羅(がむしゃら)に取り入れただけの時代ではない。ようやく数を増した西洋外来語に対し、これを集成し整理を施す段階が到来したのである。逆に考えれば、これは相当数の外来語が集積したからこそ、その気運が生まれたのである。中には新語辞典といった、際物(きわもの)的な性格のものもあったが、言語学の素養を深く積んだ学者が、専門の知識を傾けて取り組んだものも現われた。

大正期は、外来語が増加したからこそ、ただ取り入れるだけでなく、それらを整理し辞書の形にまとめようとする動きが起こったのである。

1.3　外来語に関する制度

　次に、制度に注目する。外来語に関する制度史の中で注目したいのは、表記についてのものである。大正時代当時の規則を調べてみる。そうすると、大正12年5月9日の官報（第3230号附録・雑報6）によって告示された「常用漢字表」の「凡例」（附録 p.3）に、外来語表記に関する記述がある。

一、本表にない漢字は假名で書く。
二、固有名詞には本表にない文字を用ゐても差支ない。
　　たゞし外國（支那を除く）の人名地名は假名書とすること。
三、代名詞、副詞、接續詞、感動詞、助動詞および助詞はなるべく假名で書く。
四、外來語は假名で書く。

　二番目と四番目に示されているように、大正12年の時点で、規則としては、外国の人名地名は仮名書きし、外来語は仮名で書くということが決められていたことがわかる。
　そして、拗音、促音、長音については、大正14年1月28日官報（第3728號附錄・雜報82、p.2）に、次のように書かれている。

　　三　國語の表記に關する通則
　國語の表記に關する通則は、表記上の大體の規則を示したもので、その條文は左の如くである[25]。
第一條　國語の拗音を書くにはや、ゆ、よ、を右側下に細書する。
　　　　たゞし特別の場合にかぎり細書せずとも差支ない。
第二條　國語の促音を書くには、つを右側下に細書する。
　　　　たゞし特別の場合にかぎり細書せずとも差支ない。
第三條　國語のア列長音はア列の假名にあをつけて書く。
第四條　國語のイ列長音はイ列の假名にいをつけて書く。
第五條　國語のウ列長音はウ列の假名にうをつけて書く。
第六條　國語のエ列長音はエ列の假名にいをつけて書く。
第七條　國語のオ列長音はオ列の假名にうをつけて書く。
第八條　國語のア列拗音の長音はア列拗音の假名にあをつけて書く。
第九條　國語のウ列拗音の長音はウ列拗音の假名にうをつけて書く。
第十條　國語のオ列拗音の長音はオ列拗音の假名にうをつけて書く。

注意一　外國語の拗音促音の書き方には通則第一條第二條を適用
　　　　　　する。
　　　注意二　外國語の長音は通則第三條以下の場合の「あ」「い」
　　　　　　「う」のかわりに「ー」をつけて書く。

「注意一」「注意二」に書かれているように、外国語を表す際には、拗音促音は右下に細書きし[26]、長音の場合には「あ」「い」「う」の代わりに長音符号「ー」を用いるよう定められている。

　そして、大正15年5月12日の官報（第4113号附錄・雜報146）の「當字の廢棄と外國語の寫し方」（臨時國語調査委員會）には、次のように書かれている（附錄pp.2-3）。

　　一、從來ヰ、ウヰ、ウィで書きあらわされている左の類の語はウィで
　　　書く。
　　　　　例
　　　　ショーウィンドー　Show-Window
　　　　スウィッチ　Switch
　　　　サンドウィッチ　Sandwich
　　　　スウィートピー　Sweet-pea
　　二、從來ヱ、ウヱ、ウェで書きあらわされている左の類の語はウェで
　　　書く。
　　　　　例
　　　　ウェルカム　Welcome
　　　　ウェブスター辭書　Webster
　　　　ウェーター　Waiter
　　　　スウェーデン體操　Sweden
　　三、從來ヲ、ウヲ、ウォで書きあらわされている左の類の語はウォで
　　　書く。

　　　　　例
　　　　　ソーダウォーター　Soda-water
　　　　　ウォーターシュート　Water-chute
　　　　　サイドウォーク　Sidewalk
四、從來ジ、ヂで書きあらわされている左の類の語はジで書く。
　　　　　例
　　　　　ラジオ　Radio
　　　　　ビルジング　Building
　　　　　ジフテリア　Diphtheria
　　　　　エジプト煙草　Egypt
五、從來ジュ、ヂュで書きあらわされている左の類の語はジュで書く。
　　　　　例
　　　　　ラジューム　Radium
　　　　　イリジューム　Iridium
六、從來、チ、□、ティで書きあらわされている左の類の語はチで書く。
　　　　　例
　　　　　チップ　Tip
　　　　　ニコチン　Nicotine
　　　　　チーク　Teak
七、從來ワ、ヰ、ヴ、ヱ、ヲ、ヴァ、ヴィ、ヴェ、ヴォ、ブァ、ブィ、ブ、ブェ、ブォ、バ、ビ、ベ、ボで書きあらわされている左の類の語は、バ、ビ、ブ、ベ、ボで書く。
　　　　　例
　　　　　カーブ　Curve
　　　　　オーバー　Over
　　　　　ベルモット　Vermouth

　　　　ベランダ　Verunda
　　　　ボルト　　Volt
　　備考　外國語の表記については根本的調査を進める必要があるが本案は假名遣改定案に對する補則として整理したものである。

　外来語表記に関する規則を3種類見てきたが、大正末期には、外来語の仮名表記が進み、それに伴って日本語にない音をあらわそうとして多様化した表記をまとめようとする動きが起こっていることがわかる。
　ここまで見てきたように、大正期の社会背景や文化的背景、そして先行研究で指摘されている言語状況を踏まえると、近代語史における外来語を考える場合、大正時代の外来語の状況を明らかにすることは重要である。しかし、大正時代は15年という短い期間であるため、推移を見るような抽出調査の場合、大正期の用例は数が少なく非常に限定されてしまうのである。それゆえ、詳細な調査はほとんど行われておらず、実態研究は十分ではないといえる。

2　研究目的

　外来語研究というと、西洋語の受容に関する主な出来事としては、16世紀のポルトガル語の受容、18世紀のオランダ語の受容、明治維新の翻訳語による受容、戦中の外来語の排斥、戦後の外来語の急増、現代の外来語の氾濫といったことが思い浮かぶ。
　では、大正期における外来語はどうであろうか。研究背景でも見てきたように、大正から昭和初期にかけて外来語が急増したこと、大正期にカタカナ表記化が進んだことが指摘されてきた。そして、日本で最初の外来語辞典が出版され、本格的な外来語研究が始まった時期でもある。
　このように、大正期の外来語は、明治期と昭和期をつなぎ、近代語史における重要な位置を占めながら、その期間が短いことから改めて取り上げ

られることは少なく、十分に詳細な研究が行われてこなかったといえる。

　こうした研究背景と研究状況を踏まえ、本書では、大正期の各年1月号の『中央公論』を資料とし、語彙的側面と表記的側面の両方から分析を行うこととした。その成果を考察することによって、先行研究で、日常に浸透し増加しはじめた時期であるとされてきた大正期の『中央公論』の外来語の実態を明らかにし、外来語の受容と定着のあり方を示すことが本研究の目的である。

注
1　③借用語、④内的借用語、⑤借用形成語、⑥意味借用語、⑦形式借用語、⑧意訳借用語である。（p.5）
2　「瓦斯」は「gas」、「倶楽部」は「club」の音訳表記である。
3　『日本語学研究事典』p.410、杉本つとむ「外来語」
4　洋犬のこと。「Come here!」からきていて、「外人が犬に「来い来い」の意で使うのを聞いて、それを犬の名だと誤解したため生まれた」（楳垣（1963）、p.75）。
5　「セブン（seven）七→質屋」（楳垣（1963）、p.77）のこと。
6　米川（1984）p.6
7　楳垣（1963）p.82
8　米川（1984）p.10
9　楳垣（1963）p.82
10　楳垣（1963）p.86および石綿（2001）p.138
11　石綿（2001）p.138
12　楳垣（1963）p.87
13　アナはアナーキストまたはアナーキズムの略語、プロはプロレタリアまたはプログラムの略である。（米川（1984）p.15）
14　米川（1984）p.14
15　楳垣（1963）p.85
16　米川（1984）p.15
17　楳垣（1963）p.88
18　米川（1984）p.18
19　米川（1984）p.19

20 石綿（2001）p.143
21 杉本つとむ（1998-1999）『杉本つとむ著作選集』全10冊、東京：八坂書房
22 復刻版が刊行されており、それを参照した。（棚橋一郎、鈴木誠一共編（1995）『日用舶来語便覧』（近代用語の辞典集成24）東京：大空社）
23 「新文化誕生期」である大正期のことである。
24 復刻版が刊行されており、それを参照した。（上田萬年他編（1995）『日本外来語辞典』（辞典叢書11）東京：東出版）
25 原文が縦書きのため、「左の如くである」となっている。第一條の「右側下に細書き」というのも同様の理由である。
26 元々は縦書きで書かれた文章であるため、「右下に細書き」という記述になっている。

第 2 章　先行研究

　第 2 章では、これまでに行われてきた外来語研究について、大正期に関連するものを中心にまとめる。1 では、当時の外来語状況を概観した研究について取り上げ、2 では表記、3 では語彙、4 では混種語に関する先行研究をまとめる。

1　概要

　はじめに、外来語を総合的な観点でまとめた研究を取り上げる。
　研究背景でも指摘したように、大正期は外来語の専門的な研究が始まった時期である。同時代に刊行された外来語の研究書として前田（1922）は重要である。
　前田（1922）は、国語を固有語と外来語の 2 つに分け、固有語には和語が、外来語には漢語、梵語、アイヌ語、朝鮮語その他が該当すると図でまとめている（p.8）。外来語は時代によって 2 つに大別することができるとし、「一つは漢語、梵語、アイヌ語、朝鮮語の様に、古くから國語に混入して居るもの、他は西、葡、蘭、英、佛、獨の如く、極めて近世の輸入に属するものであるが、自分の紋説しようとするのは後者に關するものである。」（p.8）と述べており、対象とするのはスペイン語、ポルトガル語といった近世以降に受容した語であると立場を明確にしている。
　外来語の形式については、3 種あると述べている[27]。
　「第一。その言語の音をその儘採用する場合。」（p.9）には、「(Engl.) lamp. をその儘ランプ」（p.9）と、音を写し取る例を挙げており、「珈琲」といった漢字表記の語も含めている。
　「第二。その語の意義を酌んで、これとは違つた語形式を作り出す場

合。」(p.10) には、「電車」「動物園」「停車場」など翻訳語が掲載されている。また、「タバコ」を例に、「烟草」「烟葉」「烟花」「氣烟」「烟酒」「建烟」など雑書から抜き出したという27種類の表記が挙げられている。

「第三。前二者を折衷したやうなもので、音義兩面より出來上つた語形式」(p.17) には、「タバコイレ（烟草入）」「タバコボン（烟草盆）」「ペン軸」「ペン先」などが挙げられている。

次には、外来語の生命と題し、長い間使用されている外来語を取り上げている。

> 今その長壽を保つて居るものについて、二三の實例に當つて見ようと思ふのであるが、自分の研究し得た結果によると、この幸福を享けて居るものは、大部分衣食住等人間の生活に直接關係を持つて居るものゝ中でも、殊に廣義で云ふ食則ち人の味感嗅感に訴へるべき性質のものが、多きを占めて居るやうに思はれる。(p.24)

衣食住など人間の生活と直接関係するものの中でも、味覚嗅覚に関するものが長く使われていると述べている。該当語として例に挙がっているのは、「タバコ」(pp.25-30)、「有平糖、カステイラ、金米糖、パン、ボーロ」(pp.30-32) である。一方、形を持たないものでも、次のように長く使われる語があるという。

> 一種の社會上の現象となつて迅雷暴風の威力を以て國中を席捲するので、その現象が一時的の發作に止まつて、久しからずして全くその痕跡を斷つたやうになり、それが又ある年月を經て前同様の波瀾を惹起すものであつて、約言すれば間歇的發作と謂つてよからう。かう云ふ場合でもこの現象の符牒となつて居る語形式は、その本體が間歇的現象であるにも拘はらず、久しき生命を保持することが出來るのである。(p.32)

該当例に「コレラ」(pp.33-37)「ペスト」(pp.37-38)を挙げている。

また、外来語の生命について、「一語が國語としての生命は、これを使用する範圍の廣狹によつて左右せられるのである。」(pp.39-40)と述べ、さらに、「外来語の生命はこれを使用する範圍の廣狹にのみ關はる許りでなく、實にその使用年數の長短によるものである」(p.44)と指摘している。そして、「同一物の符牒」である2つの外来語がある場合、「バッテイラ－ボート」のように「時間の後先がある」場合と、「キリシタン－クリスチヤン」のように「一方が全然死滅してから他方が生存を始める場合」があると述べている (p.45)。さらに、「外来語の母語を研究するに必要な諸法則」を、実例を挙げながら叙述し (pp.90-168)、生存死滅を通じて主要な200の外来語を一覧にして載せている (pp.168-183)。

こうして見てきたように、外来語として外国語をどのように取り入れているのか、そして、長い間使用される語にはどのような語があるのか、について記述されている。ここで取り上げられている観点は、本書で研究目的として挙げている外来語の受容と定着と通ずる言及である。

同じく外来語研究の初期を代表する人物としては、荒川惣兵衛が有名である。荒川 (1932) は、外来語の意義、外来語の種類、原語の決定、外来語史、モダン語の発生、モダン語の価値、モダン語の国語としての正不正、発音と表記の関係、省略の仕方や表記のゆれ、文法など網羅的に研究した書である。前述した前田 (1922) をしばしば引用している。

モダン語の必要性について、外来語と翻訳借用語はニュアンスが違うこと (p.109)、また、発音の短簡・適確・優美、書写の迅速な外来語は便利でわかりやすいこと (p.116) を理由に挙げ、さらに、「外來語は國語の發達の爲には、本質上必然的にネセッサリーである」(p.152) と、その積極的必要性を論じている。

そして、執筆当時の現代、つまり昭和初期頃の外来語については、第六篇の「モダン語の發生」で下記のように述べている。

> 現代特に最近代は、實に外來語氾濫時代とも申すべきであつて、新たに生れる新日本語、即ち所謂「モダン語」の數は殆んど壓倒的であり、日々の新聞、月々の雜誌には、日に月に新「モダン語」を發見する。(p.72)

　昭和初期頃を「外來語氾濫時代」と表現しており、日々新しい外來語と接するような言語状況であったことがわかる。
　そして、「「モダン語」の發生の原因」には、「新しき文化の大衆化、專門的科學の常識化」(p.82) を挙げている。本研究で調査した『中央公論』にしばしば登場する社会主義に関する語についても、「社會主義用語は社會思想・プロ文學の發達と共に、民衆の所有となり、普通語化したのである」(p.82) と述べている。
　「「モダン語」の國語性」については、その「ポピュラリティ」に注目している。

> ポピュラリティは純客觀的にはフリケンシー (frequency、使用度數) とレーンヂ (range、使用範圍) とに依つて決定される。フリケンシーといふのは、或る一種類の書物とか、雜誌とか、新聞とか、又は或る一人の人の用語とか、の中に何回使用されてゐるか、といふことであり、レーンヂといふのは、幾種類の書物とか、雜誌とか、新聞とか、又は幾人の人とか、に使用されてゐるか、といふことを意味するのである。即ちフリケンシーは反復、レーンヂは共有を代表するとも言へるのである。(p.158)

　「ポピュラリティ」は、使用頻度と使用範囲によって決定されるものとして説明している。さらに、「ポピュラリティ」とモダン語の関係を次のように述べている。

> ポピュラリティと言ふことは、換言すれば、一般の人によく用ひられることである。社會で盛んに用ひられることである。然して「モダン語」が一般の人によく用ひられ、社會で盛んに用ひられて居る事實は、私の研究の根據であつた。「モダン語」が盛んに用ひられて居る以上は、取りも直さず、ポピュラリティがあるのである[28]。(p.163)

　「モダン語」は一般の人によく用いられ、社会でよく用いられているため、「ポピュラリティ」があると述べている。この引用の後で、「「モダン語」は立派に國語化した外國語、即ち外來語、即ち立派な日本語である。」(p.163) とまとめている。

　ここまで取り上げてきたように、外来語が氾濫する時代に、国語の中に入り込んでいる外来語を無視はできないという動機からその研究が行われている。こうした同時代の外来語研究は、大正期当時、外来語がどのように捉えられていたのかを知ることができる資料でもある。そして、ここに挙げられた「ポピュラリティ」ということばで表現された外来語の使用状況は、使用頻度と使用度数だけではない、他の角度からの検討の余地が残されていると考えられる。

　時代は下って、外来語を総合的に記述した主な研究書としては、楳垣 (1963)、石綿 (2001)、田中 (2002) が挙げられる。

　楳垣 (1963) は、序章では外来語研究の方法や問題点、第1章では日本外来語の特徴、第2章では外来語の対外文化史的展望、第3章では外来語が日本語の音韻体系に及ぼした影響について、第4章では外来語の表記法の変遷について、第5章では外来語の造語要素としての特徴と、外来語の原語別の特徴について、第6章では形式的借用としての訳語について述べている。外来語研究は、言語研究であり、日本文化の研究であり、日本語の基本的性格の研究でもあるとし、それらを明らかにすることを目的としている。

　大正期については、「第1章1.2　近代外来語史と大正期の状況」にも挙

げたように、「新文化誕生期」と捉えており、「ヴァ」「ファ」の普及、ひらかな表記と長音母音表記の流行を特徴として挙げている。

石綿（2001）は、第1章では「現代日本語のなかの西洋外来語」として、近代語を視野に入れて、その数量的特徴、語形や意味の変容、表記の仕方、階層との関係、生活・専門分野と原語の関係など幅広い視野で考察を行っている。第2章では「日本語のなかの西洋外来語の歴史」として、南蛮船時代の外来語から幕末外国関係資料にみえる外来語と外国語までを概観している。第3章では「外来語の対照言語学的研究」として、日本語のなかの外来語、英語のなかの外来語、そして世界の諸言語への英語の影響について述べている。

大正期については、「第1章1.2　近代外来語史と大正期の状況」にも挙げたように「大正戦前昭和時代」という区分で扱っており、「教育が普及し、外国語の知識も一般化」して（p.141）、「前期に比していっそう外国語の知識が確立、定着してきた」（p.141）と述べ、「この時期の外来語の発展と成長はそれ（引用者注：外国語の知識）を基礎としているのであろう」（p.141）と書いている。

こうした総合的な研究によって、研究背景でも述べたような、外来語史における大正期の外来語の特徴が述べられている。その指摘を、実際の資料によって検討し、実態をつかんでいく必要がある。

そして、外来語とは何か、ということを問い直したのが、田中（2002）である。「日常あまり外来語と意識されない単語にも目を向け、包括的に外来語全体を眺めることによって、外来語とは何か、ということ」（p.2）を考えている。「外来語」を英語の loanword に対する日本語として当てはめて、「外国語から本来語に取り込まれ、たとえ部分的であれ本来語に同化して日常的に用いられている単語のこと」（p.37）としている。第3章では英語の中の外来語、第4章では日本語の中の外来語、第5章では外来語になった日本語、第6章では外来語になった英語、第7章では本来語の音韻・文法・文体への外来語の影響について述べている。

以上見てきたように、外来語を、その定義、文化的背景、原語、音韻などさまざまな角度から概観した、総合的な観点での研究がまとめられている。

　こうした総合的な観点を踏まえて、表記や語彙の面から研究が行われてきた。そのうち、大正期に関連するものを中心に、以下では表記、語彙、混種語に関する先行研究をまとめていくことにする。

2　表記に関する先行研究

　まず、本書の特徴のひとつである表記に関する先行研究をまとめる。

　これまでに注目されてきた研究の観点として、外国のことばを日本語として受容する際に起こる表記のゆれが挙げられる。そのゆれの原因には、どの漢字を用いるか、カタカナでどう表記するか、漢字とカタカナのどちらで記述するかといった選択の違いが影響しているが、ここではその中でも、大正期の資料について、そのゆれが指摘されたことのある、下記の2種類を取り上げる。

　　（Ⅰ）漢字表記とカタカナ表記のゆれ
　　（Ⅱ）カタカナ表記のゆれ

　「（Ⅰ）漢字表記とカタカナ表記」のゆれについて、本書で対象としている大正期は1つの大きな転換点といわれてきた。石綿（1989）は、外来語の漢字表記について、「大正以後は外来語漢字表記の衰退、消滅期である。」（p.328）と指摘しており、外来語の漢字表記については、次のように述べている。

　　外来語の漢字表記は、一般的にいえば、本体のほうがアクセサリーで、ルビのほうが重要である。もちろん、とくに明治時代のルビには

かなり特殊なものもあるので、ここでは全体的な立場からみていっているのである。外来語漢字表記にはさきに分類したように種々の性質のものがあって、「金米糖」や「麦酒」のような場合にはルビを除き去ることができるが、「西洋手拭(タウエル)」や「敷布(シート)」では省略することができない。外来語漢字表記が大正以後急速に衰退した原因のひとつは、このようなそのアクセサリー性にあると考えられる。(pp.328-329)

　ここでは、外来語の漢字表記について、「金米糖」や「麦酒」のようないわゆる音訳表記と、「西洋手拭(タウエル)」や「敷布(シート)」のような外来語ルビと翻訳の漢字表記の組み合わせの２種類が見られると述べている。こうしたルビに外来語を置く形式は、読みを示す和語や漢語のルビとは異なり、一般にルビを省略することができないことを指摘している。そして、大正期には、外来語において、漢字を伴う表記が、そのアクセサリー性ゆえに衰退したと述べている。
　そして実際に、どのように漢字表記が衰退しているのかを、夏目漱石の『虞美人草』（明治40（1907）年）と、川端康成の『雪国』（昭和12（1937）年）を例に挙げて比較している。

　　語ごとに『虞美人草』と『雪国』を比較してみるとつぎのようになる。上のが『虞美人草』、下のが『雪国』の表記である[29]。「煙草(たばこ)」と「煙草(たばこ)」、「襦袢(じゆばん)」と「襦袢(じゆばん)」、「頁(ページ)」と「頁(ペェジ)」「ホヰスキー」と「ウイスキイ」「クリーム」と「クリイム」「プラットフォーム」と「プラットフオウム」。これは同じものである。以下のものはすべて異なる。「硝子(ガラス)・硝子(がらす)」と「ガラス」、「胴衣(チヨツキ)・胴衣(ちよつき)」と「チヨツキ」、「隧道(トンネル)」と「トンネル」、「護謨(ゴム)・護謨」と「ゴム」、「手巾(はんかち)」と「ハンカチ」、「露西亜(ロシア)」と「ロシア」、「佛蘭西(フランス)」と「フランス」、このようにみると、例の三語は両者とも漢字であり、「ウイスキー」と「クリーム」と「プラットフォーム」は両者ともかたかなであるが、あとの七つの

ペアにあっては漢字からかたかなへ動いてきている。そのほか、『雪国』には、新しい外来語がふえている。たとえば、「ハイキング」や「ポスター」は昭和になってから使われた単語である。このように新しいことばが増加したこと、同じことばの表記であっても、漢字表記からかたかな表記へと大量に移動したこと、『虞美人草』から『雪国』への、漢字表記絶対優勢から、かな表記圧倒的優勢への、わずか三〇年の間の変化は、このようにしておこったと考えられる。(p.332)

明治末期と昭和初期の小説に登場する外来語を比較することで、その間の30年間に見られる外来語の増加と、漢字からカタカナへの変化を指摘している。

土屋(2000)は、東京日日新聞を資料に、明治から昭和にかけての6日分[30]の記事について、一般名詞も固有名詞も対象として、漢字使用の状況を調査している。その中で、外来語の表記については、「一九一七年では漢字表記と仮名表記とが拮抗し合っており、それ以前はこの調査の範囲内では不明だが、恐らく漢字表記が優勢で、それに片仮名表記と平仮名表記とが行われ、一九三二年以後は、片仮名表記が圧倒的に優勢になっていると思われる。」(pp.205-206)と述べている。

こうした大正期における漢字からカタカナへの変化については、特に外国地名の研究において数々の研究があり、証明されている。その際にしばしば引用されるのが、国立国語研究所(1987：189)の下記の指摘である。

> 外来語全体が年年ふえているのと逆比例して、漢字がきはへってきた。いま、「アメリカ〜阿米利加」のように、カナがきと漢字がきと、両方でてくるものについて、合計すると(中略)1926年に逆転している。

漢字表記とカタカナ表記について、両方が見られるものを調査し、1926

年に逆転していると述べている。

　この結果を踏まえ、雑誌『太陽』の外国地名を資料として、その表記の変遷を追ったのが井手（2005）や深澤（2003a）である。

　井手（2005）[31]は、『太陽コーパス』[32]を使用して、明治から昭和にかけての外国地名表記の変遷を追っている。その結果、漢字表記とカタカナ表記の変遷を次のようにまとめている。

> 主な外国地名表記は、
> 1　1917年までは漢字表記が大勢である。カタカナ表記は少しずつ増加する。
> 2　1925年になるとカタカナ表記が急激に増加し、ほとんどの漢字表記は減少する。
> 3　1925年におけるカタカナ表記急増の要因は、生年の遅い著者の増加と、（それまで漢字表記を主に使用していた）生年の早い著者層へのカタカナ表記使用の広がりによる。
>
> 　　　　　　　　　　　　　　　　　　　　　　　　　　　　　(p.170)

　1925年前後に漢字表記とカタカナ表記の関係が逆転するという点で、国立国語研究所（1987）の結果と一致している。そして、その表記の逆転の原因を生年の遅い著者の増加と、生年の早い著者層へのカタカナ表記の使用の広がりにあると結論づけている。

　深澤（2003a）[33]は、雑誌『太陽』の外国地名の表記を文体との関係から扱っている[34]。その結果、外国地名が片仮名表記へと移行した要因は、外国地名が定着したことというよりはむしろ、外国地名の定着により引き起こされた口語文体からのはたらきかけであると述べている。

　また、新聞を調査対象とした外国地名の漢字表記の研究に、山本（2009）がある。『横濱毎日新聞』『朝野新聞』『萬朝報』『東京朝日新聞』を資料に、1875〜1925年の5年ごとに最初の10日分の朝刊記事を対象とし

て、外国地名の漢字表記の現れ方や漢字選択意識を探っている。ここでも、1920年から1925年で外国地名漢字表記の全体数は一気に減り、漢字表記される地名の種類が減少することが指摘されている。

　以上のように、外国地名については、各種資料によって、大正期が漢字表記からカタカナ表記への移行期であることが証明されている。ただし、抽出調査によるものが多いため、抽出間隔を狭め、大正期全体を見渡すことができるような調査による証明が必要である。

　そして、外国地名の漢字表記に関しては、明治初期の資料を対象としたものも含めて見てみると、中国や韓国における漢字表記との比較が行われている。

　白（1999）は、『輿地誌略』に見られる地名音訳漢字表記に用いられた漢字とその音表記を一文字単位で対応させている。その結果、伝統的な日本漢字音による読みと、当時の中国語の発音による読みとが混用されていることを明らかにしている。さらに、日本語の地名音訳表記は、中国の地名音訳漢字表記の影響を受けて、それをよく取り入れながらも、傍らにカタカナで、元々の地名音訳漢字表記では表しきれないような意味を補充するという独自の工夫をしていることを指摘している。

　また、金（1999）は、韓国語の漢字表記の出典や借用経路を明らかにするために、日中の外国表記と比較している。その中で、中国から借用した表記を日本語に即した形に変化させて受け入れていたことを指摘している。

> 日本においては、中国で造られたこれらの文献[35]に現れる外国地名の漢字表記をそのまま借用しながら、字音が中国の漢字字音と異なることから生じる原語との音形の相違を解決する方法として、仮名を振り、あるいは、独自の漢字表記を造り用いた。その結果、「亜米利加・亜墨利加・米利堅・米国…」のように異なる漢字表記を有する外国地名が多く存在するようになった。(p.19)

いくつか外国地名を取り上げて韓国における外国地名表記の借用経路を明らかにする中で、日本において多く見られる表記として、オーストラリアに「豪」(濠)系表記、フランスに「佛国」、ドイツを「独逸」という表記を取り上げている[36]。

これらの調査結果から、外国地名の漢字表記は中国語の漢字表記の影響が大きく、漢字字音の違いから日本で独自に生み出された表記もあることが明らかになっている。

こうした外国地名の表記について、地域ごとに詳細な調査を行った研究があり、王（1992a）では「アフリカ」、王（1992b）では「オーストラリア」、王（1993）では「ペルシャ」、王（1994）では「イギリス」を取り上げている。シャルコ（2016）では「ロシア」の音訳漢字表記について、「魯」から「露」へと文字が変わった理由が明らかにされている。

さらに、王（1996）では、地名の略称表記の研究も行っている。調査対象としているのは、「アジア」「アフリカ」「アメリカ」「イギリス」「オーストラリア」「ドイツ」「フランス」「メキシコ」「ヨーロッパ」の9つの地名である。

ここまでをまとめると、大正期の外来語の漢字表記とカタカナ表記のゆれについては、漢字からカタカナへの移行期であることが注目され、特に外国地名の漢字表記に関する調査が行われてきたといえる。

次に、「（Ⅱ）カタカナ表記のゆれ」については、一般名詞を中心とした研究が見られる。

石綿（2001）では、日本語にない音の置きかえの際に生じるゆれという観点から、バとヴァ、ツとトゥなど、原音に近い表記の仕方や、音自体の日本語化に言及している（pp.33-38）。また、表記に関する規則として、昭和29年報告国語審議会の案やそれを踏まえて調査された雑誌九十種の表記、そして、平成3年答申の「外来語の表記」を取り上げている。

そして、橋本（2010）では、『現代表記のゆれ』の方法を参照し、新聞

の調査で得た具体例とともにゆれの種類を示している。この橋本（2010）の示した分類は、本書でも第5章「6　外来語表記のゆれ」で参照する。

　そして、人名については、地名に比べて研究が少ない。
　人名表記の「（Ⅰ）漢字表記とカタカナ表記のゆれ」については、藤本（1973）がある。藤本（1973）は、外国の地名や人名を漢字で表記することについて、「終戦当時まで、仮名による表記と併行しながら、ごく普通に行なわれていたのである。」（p.65）と述べ、「外国地名・人名の漢字表記が、その起源を中国におくことはいうまでもない。」（p.65）と述べる。明治35年の表記統一[37]以前の明治について、外国地名・人名の表記の紛乱ぶりを紹介しており、表記に10以上の差異を示す人名として、「シェイクスピア」「シーザー」「コロンブス」の3人が挙げられている。例えば、シェイクスピアは、次のような例である。

　　　シェークスピーヤ（明治12）、セクスペーア（19）、セクスピヤ（20）、セキスピーア（20）、セーキスペアー（20）、シェクスピェール（20）、シエークスペール（20）、シエキスピール（20）、シエークスピーヤ（21）、シエクスピール（23）、シェークスピヤ（23）、セーキスペーア（29）、シエーキスペーア（29）、シエークスピヤ（29）、スエークスピア（30）、セークスピーヤ（30）、シエキスピーヤ（30）、セーキスピア（33）、シエークスピヤ（33）、セキスピール（34）、沙翁（34）、シエキスピア（35）

明治35年の表記統一の影響で、数多くの地名・人名辞典が出版され、表記統一への礼賛論が起きたと述べている。
　上記の例と関係するが、人名表記の「（Ⅱ）カタカナ表記のゆれ」についても、これまでに指摘されたものは少ないといえる。
　渋沢（1967：68）は、「片仮名による外国語の表記、とくに個有名詞の（ママ）

表記の問題は、きわめてむずかしく、厄介千万である。発音通り、などということは、最初からとても不可能だ。」[38]とし、「ギョエテの例はあまりにも有名だが、スエーデンの作家ストリンドベリは、かつてストリンドベルグ、ストリンドベルク、ストリンドベルヒ、ストリンドベルイなどと、五通りに表記されたことがある。」[39]と述べている。

この「ギョエテの例はあまりにも有名だが」というのは、ゲーテの表記のゆれのことである。ゲーテの表記については、神代種亮が昭和5年3月18日の東京朝日新聞（5面）に、「ヨーロッパ語の音譯」という記事を書いている。

> こゝに一例として、ドイツの大詩人のGoetheの音譯を擧げて見よう。二十年前に文壇でメーテルリンクかメーターリンクかが議論を起し、最後に岩野泡鳴がメタリンだといひだした事があり、十年前にはストリンドベルヒかストリントベリイかが論爭された事があつたけれども、この詩聖の名の音譯のやうに種々様々あるのは例が無い。明治十二年に故理學博士菊池大麓男の「修辭および華文」にその名が始めて紹介せられてから今日まで五十年の間に、細かに數へれば二十九種の音譯があるといふならば驚かぬ人は有るまいかと思ふ。明治二十六年に寺山星川がこの詩聖の名の譯し方が區々であることを歎じて以來、再びこれをいひだした人が無いのも、むしろ不可解な位である。

実際に記事に挙げられている表記例を抜き出すと、ゴエテ、ギユーテ、ギエーテ、ギョート、ギョーツ、ゲーテ、ギュエテ、ゲォエテ、ゴアタ、グウイーテ、ゲテー、ゲーテー、ゲエテー、ギヨウテ、ギョーテ、ギョーテ、ギョーテー、ギョテー、ゴエテ、ギヨテ、ゲーテー、ギヨヲテ、ギヨオテ、ゲョーテ、ゲヨーテ、ゴエテー、ゲエテ、ギヨエテ、ゲイテ、ギョエテが載せられている[40]。藤本（1973：69）は、上記の例のほかに、瓜得（ギューテ）、

げえて、ギョウテ、ギヨーツ、ゴエーテー、グエーテ、ゴェテーの7例があると指摘している。

　こうして見てきたように、カタカナ表記では日本語の音韻体系に沿って表記する際にゆれが生じている。

　表記に関する先行研究の状況をまとめると、特定の資料について、あるいは、抽出調査による量的な面での調査は進んできているが、一般名詞や地名のみに限定されており、特に質的な面での実態調査については研究の余地が多分に残されているといえる。

3　語彙に関する先行研究

　次に、語彙に関する先行研究を取り上げる。大正期を中心とする外来語研究では、語彙については、計量的な方法での調査分析が進んでいる。

　まず、本研究と同じく『中央公論』を対象とした入江（2010）がある。そこでは、1906年から2006年までのうち10年ごと11年分を調査している。その結果、語種別では、「のべ語数、異なり語数ともに、外来語、混種語は増加傾向にあり、和語は減少傾向が見られる」（p.14）と指摘している。

　そして、明治後期から大正期の語彙の体系的な変化を語種の視点から捉えたのが、田中（2012）である。漢語や外来語だけでなく、和語を含めて調査を行っている点が特徴的である。近代語の調査データとして『太陽コーパス』[41]を対象とし、それに対して、形態素解析辞書「近代文語UniDic」を用いて形態素解析を施している。そのデータをもとに、年次別の語彙頻度表を作成し、語彙頻度によって語彙をレベルに分け、それを指標に語彙変化を調査している。その結果、和語が増加した分、漢語が減少しており、大正後期には外来語の増加が見え始めると述べている。また、和語は使用頻度の高いもので多く、漢語は使用頻度が中程度のもので多く、外来語と混種語は使用頻度の低いもので多いという傾向があると指摘している。

大正期を含む外来語の量的調査としてまとまったものに、橋本（2010）[42]がある。1911年[43]から2005年までの毎月１日分の『朝日新聞』の社説を対象に、主に普通名詞の分析を行っている。「その翌年（1912年）は大正元年であることから、本調査は「大正時代以降の外来語の推移」を明らかにするものといってよい」(p.17) と述べている。研究の成果として、外来語の語数や、年代別語数と推移、普通名詞の高頻度語彙の推移パターン、出自別の特徴、社説における語種比率が示されている。大正期については、「大正時代は最も出現率が低く、推移は安定していた。また、期間中はほぼ横ばいであるが、後半には増加の兆しが見出せる。」(p.75) と述べている。そして、生物の世界における外来種に準えて、「「定着期」「伝播期」「飽和期」という過程は、日本語の世界における外国からの「侵入種」である外来語の「増殖」過程にも適用できるのではないだろうか」(p.218-219) としている。「外来語が導入されてしばらくは、語数がほとんど増えない『定着期』（Ⅰ）があり、それを過ぎると語の種類や数が急速に増える『伝播期』（Ⅱ）に入り、さらに既存の漢語などと置き換わりながら増加を続け、一定の値に収束していく『飽和期』（Ⅲ）を迎える」(p.219) と捉え、「大正から昭和戦前までが「定着期」」(p.219) としている。

ここに挙げたように、雑誌や新聞などを資料に、大正期の前後の時期を含めた量的な側面から、大正期の外来語の数の推移が明らかになっている。

そして、大正期に特化した研究として、鄧（2013）は、大正期の新語辞典10種を資料に、そこに収録されている外来語を対象とした研究を行っている。分析にあたって、大正期を３つに区分しており、第一次世界大戦勃発前（1914年）までを初期、大戦後のパリ講和会議（1919年）までを中期、終戦後（1920年）以降を後期としている。そして、その結果を次のように示している。

（１）先行研究では、大正期に入ってから、外来語は本格的に増加し

始めたとされる。本研究の新語辞典による調査を通して、大正初期の辞書に見られる外来語が抽出語全体の8割近くを占めていることが明らかになり、その多くは明治期、及び明治以降の時代から日本語に入ったものだと考えることができた。それに対して、大正期に入ってから、日本語に導入されたと見られる外来語は凡そ2割を占めていることになる。

（2）大正初期・中期・後期という時代ごとにそれぞれの特徴が見られる。大正初期の外来語には、すでに主義や学説を表す社会思想用語が数多く出始めていた。大正中期の場合、第一次世界大戦関連の語が少なく、大戦景気がもたらした経済関係、特に広告関係の語が多数見られた。大正後期の外来語の特徴として、映画、ラジオといった視聴覚文化の進歩による外来語が多く現われたということが挙げられる。

（3）外来語の形態的特徴から見れば、大正期の新語辞典においては、種々の品詞の外来語を広範囲に収録すること、語形の長い外来語を多く収録すること、外来語の省略形及び省略パターンが出現したこと、といった特徴が観察された。

（4）大正期の新語辞典は当時人気を博し、再版が繰り返されるたびに、積極的に新しい外来語が取り入れられていた。それらの外来語は大正期の日常用語となったと同時に、大戦景気による経済発展、高揚する社会思想と社会運動、視聴覚文化の進歩、消費社会の成立といった大正社会の輪郭を描いていた。

（5）大正期の外来語の活躍ぶりが垣間見られる。語形の長い外来語や動詞・副詞の外来語は積極的に新語辞典に収録されていた。その積極的な態度と裏腹に、これらの語は結局、日本語との相性が好ましくなく、日本語に定着せずに消えてしまったのである。

(pp.16-17)

以上、引用した部分をまとめると、大正期の新語辞典に収録されている

外来語は、8割が初期の辞書に載っているものであり、形態としては、動詞・副詞など種々の品詞の外来語や、語形の長い外来語、省略形や省略パターンをも網羅している。また、大正初期には社会思想用語が数多く出始めており、中期には経済関係、特に広告関係の語が多数見られ、後期には視聴覚文化の進歩による外来語が多く現われるなど、時期によって特徴が見られることが明らかになっている。

「新語」としての外来語が出てくる背景を、米川（1989：27）は、文化の大衆化とインテリ層の拡大であると説明している。

　一九一四年（大3）からの第一次世界大戦を通じて、日本は農業国から工業国へと脱皮し、産業が拡大した。この背景のもとに中等・高等教育の普及は著しかった。このようなことは文化の大衆化につながり、インテリ層の拡大にもつながる。大正中期から活字文化が広まり、大衆雑誌が次々と創刊されていった。活字を通して新しい外来語が一般化していった。また、新劇やオペラや活動写真などの大衆娯楽も外来語の普及に一役買った。

　外来語を位相から見ると、ロシア革命の影響もあり、労働運動用語が入ってきて盛んに使われるようになった。

大正期の外来語の状況を社会的、文化的背景から捉え、新語としての外来語として、「アナ・ボル」「プロレタリア」「ブルジョア」「サボタージュ」「ストライキ」を実際の例文とともに取り上げている。

米川（1984）では、幕末から戦前までの外来語について、文化などの背景を踏まえて説明を施している。大正期は、第1次世界大戦と関東大震災を区切りとして捉えている。世相を反映した「アナーキズム」「プロレタリア」などの語や、「サボる」「デモクラチる」「ハイカる」などの"る"ことば、「ベストを尽くす」「スタートを切る」「モーションをかける」などの慣用句、「アナ」（アナーキズムの略）「エス」（エスケープの略）などの略

語の出現を指摘している。具体例を挙げ、語形上の特徴を指摘した数少ない論文である。

こうして見てきたように、大正期の外来語を語彙という観点から見た先行研究は、他の語種との比較や、その前後の時代と合わせて量的変化を追ったもの、文化・社会的背景との関連性に言及したものが主であった。一般名詞（普通名詞）が調査対象の中心であるため、固有名詞の調査や、質的な側面からの分析を含めた研究が必要である。

4　混種語に関する先行研究

この章の3では語彙全般について取り上げたが、本研究では、外来語を含む混種語を取り上げた点が特徴的である。その理由を、先行研究をまとめることによって述べることとする。

外来語を含む混種語の研究には、鈴木（1998）や宮地（1997）、林（2001）、林（2003）、林（2004）、林（2007）、林（2011）など現代語を対象としたものが見られる。

鈴木（1998）は、『NHK日本語発音アクセント辞典』（1998年）の見出し語を対象に、外来語の語構造の特徴を明らかにしたものである。外来語と他の語種との結合形式と結合順序を調べたところ、混種語は、「英語＋漢語」の結合形式による混種語が30.5%で最多であるとする。外来語、漢語、和語の結合形式の種類と頻度をまとめ、「外来語＋漢語」が46.6%を占めているとしている。また、3語からなる混種語では、「漢語＋漢語＋英語」が最も多くなっているという。略語については、混種語も多く見られ、後半部略のパターンが多いと指摘している。

宮地（1997）では、『新明解国語辞典』（1972年刊。初版第一〇刷。）を用いて、一般的な現代洋語の形態論的特性を明らかにしている。登場する混種語は洋語語基の接辞化は見られず、「こなミルク」「カイゼルひげ」などすべて名詞である。

鈴木（1998）[44]も、宮地（1997）[45]も、混種語を日本語化の指標と捉えており、その考え方を本研究でも参考にする。

　そして、林（2001）、林（2003）、林（2004）、林（2007）、林（2011）では、外来語成分を含む混種語について、現代語を例に、継続的に研究を行い、さまざまな角度から混種語を分析している。こうした多角的な分析の観点を、本書における混種語の単位の切り方の決定や、調査結果の分析の際に参考とした。以下、それぞれの概要をまとめる。

　林（2001）では、構成要素の語種から構成要素のそれぞれの造語力、及び混種語の造語実態に関する分析を進め、次いで「語形成の単位…レベル順序付け」という観念から外来語成分を含む混種語における造語実態の要因などを解明している。

　林（2003）は、「ホラー映画」（horror movie）のような翻訳混種語と、「使い捨てカメラ」のような和製混種語を取り上げて、その特徴を考察している。その結果、翻訳混種語では和語成分があまり造語力を持たないのに対し、和製混種語では和語部分がそれなりの造語力を持っていると述べている。それにより「和語成分は外国語的な外来語成分と結び付き、外来語をより日本語化する構成要素である」（p.188）と指摘している。

　林（2004）は、外来語の複合語の略について、ア「省略語基の複合による略語」（例：ロケ＋バス→ロケバス）、イ「複合語の短縮」（①複合語短縮　例：ビニール傘→ビニ傘、②複合語省略　例：マグカップ→マグ）に分類して、複合語と混種語におけるア、イそれぞれを分析考察している。その結果、混種語と複合語の省略語基がともに前項に位置する傾向が見られたと述べている。そして、混種語の略語には外来語成分の省略語基の造語によるものが多いのに対し、複合語の方には複合語の短縮によるものが多いことが明らかにされている。

　また、林（2007）では、翻訳語の混種語において［属性＋類概念］という語構成をなしていることを指摘し、「複合名詞の主要部成分となる後項要素は意味的に類概念を表示し、限定・修飾成分となる前項要素はこの類

概念の属性や役割を表示するようになる」(p.112)と述べている。後項主要素としての外来語成分については「多くの場合は、外国原語の類概念主要素に当たる漢語成分がないため、そのまま外来語成分に音訳されている」(p.123)という。「そのような外来語成分は、基礎的語彙かそれとは対極にある専門的な用語として用いられているものが殆どである」(p.123)とも指摘している。

　林（2011）は、［外来語＋的］構造の派生語を取り上げ、従来の［漢語＋的］と比較考察している。その結果、［外来語＋的］派生語は、従来の［漢語＋的］と同じく、主に［属性限定用法］と［比喩用法］に集中しているが、［属性評価用法］も定着しつつあると指摘する[46]。さらに、［外来語＋的］派生語は、従来の［漢語＋的］派生語と違って、固有名詞と具体的な概念やものを表す語が多く、「的」と結合することにより、抽象化・概略化というプロセスを経て表現内容をぼやかしたりあいまいにしたりしていると述べている。

　ここまで現代語を対象とするものであったが、時代を遡ったものに、白井（1990）、白井（1991）がある。いずれも奈良時代から江戸時代を対象としている。白井（1990：80）では、江戸時代前期に「タバコ盆」「キセル筒」という外来語形態素を含む混種語が見られることが特色であるとする。江戸時代後期には「咥ヘギセル」「黒ビロウド」「タバコ入れ」「タバコ盆」が見られたという（白井（1991：133））。

　ここまで挙げてきたように、外来語を含む混種語を扱った研究でまとまったものは少なく、対象は現代語とするものが中心である。

　上記の研究のほかに、近代外来語の語彙の調査の中で、混種語に言及しているものに、飛田（1997）、飛田（2003）がある。明治以降の外来語史を通時的に扱い、その基礎を構築することを目的とした研究の報告書である。内容としては、飛田（2003）が飛田（1997）を引き継いでいるので、合わせて扱う。特に、混種語への言及の部分を詳しく説明する。

　まず、飛田（2003：10）では、外来語を次のように分類している。

〈日本人が借用〉
（1）日本人が日本語に借用した外国語〈純外来語〉
〈日本人が造語〉
（2）日本人が日本語に借用した外国語を組み合わせて造語した新語
（和製英語など［外国語＋外国語］）〈日本語〉和製洋語〉
（3）日本人が借用した外国語と日本語（和語・漢語）とを組み合わせて造語した新語
（混種語――［外国語＋日本語］［日本語＋外国語］など）〈日本語〉外来語混種語〉

　飛田（1997）、飛田（2003）の研究では、明治・大正・昭和の文学作品1000点から用例を採取している。外来混種語と称し、外国語＋日本語の「ガラス窓」や、日本語＋外国語の「黒羅紗」などが見られると指摘している。計量的な分析[47]の結果、「純和製洋語と外来混種語とを比較考察し、外来混種語が誕生してから純和製洋語の誕生するという法則」が発見されている。固有名詞の外来語については、「外国地名・外国人名などは、中国へ渡った宣教師が漢訳した漢訳洋書からの借用の多い」と指摘している。「純外来固有名詞は純外来地名と純外来人名とで90％を占め、地名と人名とが半々」であり、「外来混種語の場合、外来地名混種語が89％で圧倒的である」と述べている[48]。そして、固有名詞の合成語の種類として、（1）和製洋語（例：インド更紗）、（2）外来混種語（例：欧羅巴風）、（3）漢訳外来洋語（例：印度）、（4）漢訳外来混種語（例：基督教）が挙げられている。漢訳外来地名は、「英（地）の漢訳の略の和読」（例：「英」「仏」「米」）が多いこと、地名では「（地）＋漢語」が、人名では「人名＋○」が多いことを指摘している。近代語における、外来語を含む混種語についての数少ない指摘である。
　以上見てきたように、外来語を含む混種語に関する研究は、日本語化の指標とされながら、現代語に関するものが中心であり、近代語を対象とす

る研究は手薄であるといえる。そうした理由で、混種語を大きく取り上げる必要があると考えた。

5　まとめと課題

　ここまで、外来語の総合的な研究について述べ、さらに、表記、語彙、混種語という観点から、大正期の外来語に関する指摘を中心に、外来語に関する主な先行研究を概観した。

　大正期には外来語が専門的に研究され始め、「現代の外来語」として大正期の外来語を捉えた研究が見られた。

　表記に関しては、大正期に漢字表記が衰退し、カタカナ表記が優勢となっていくことが指摘されている。しかし、抽出調査での研究がほとんどであり、15年という短い期間である大正期における変遷を追うためには、抽出の間隔を見直したデータが必要である。

　語彙に関しては、計量的研究が進んでおり、その結果として、語数の推移はほぼ横ばいで、後半に増加が見え始めるとされている。その研究方法は一般名詞が中心であり、計量的な観点からの分析がされているため、固有名詞を含む質的な調査が課題である。

　また、混種語に関しては、日本語化の指標であるというのが共通認識であるが、現代語に関する研究が中心であり、近代語、特に大正期についての混種語の研究は調査分析の余地が多分に残されているといえる。

　こうした先行研究での成果と課題を踏まえ、本書では、大正期の外来語の調査を抽出の間隔を狭めて行うこと、先行研究では対象外とされることの多かった固有名詞、アルファベット表記の語、漢字圏の地名、略称、混種語に注目し、調査対象に含めることにした。

注
27　今でいえば、第一が音訳、第二が翻訳、第三が混種語にあたるものである。

28 引用部分の中に、参照ページ数が含まれていたが、それは省略した。
29 元々の論文は縦書きのため、前に出てくるものが『虞美人草』の例、後に出てくるものが『雪国』の例ということである。
30 6日分とは、下記の通りの日にちである（土屋（2000：195-196）より）。日にちの後に載せたのは主な記事である。
   1　明治5（1872）・9・13　新橋横浜間の鉄道の開業式
   2　明治28（1895）・5・14　日清戦争講和なる
   3　大正6（1917）・6・27　第一次世界大戦で前代未聞の好景気
   4　昭和7（1932）・5・16　五・一五事件（犬養首相襲撃・暗殺）
   5　昭和22（1947）・5・4　日本国憲法施行記念式典
   6　昭和37（1962）・2・21　米の人間衛星成功（グレン中佐生還）
31 井手（2005）が対象とした外国地名は下記の基準にあてはまるものである。①漢字表記とカタカナ表記の両方の表記が使用されている、②1895年から1925年までの全ての年に（いずれかの表記が）出現している、③1895年から1925年までの出現記事の総数が100以上、の3つである。
32 『太陽コーパス』とは、明治後期〜大正期の総合雑誌『太陽』から5年分を抽出した全文コーパスである。『太陽』（博文館刊）の、1895（明治28）年、1901（明治34）年、1909（明治42）年、1917（大正6）年、1925（大正14）年の、通常号の全文を掲載している。
33 深澤（2003a：29）では、（1）口語文体には片仮名表記の「受け入れ易さ」があること、（2）使用頻度の高く漢字表記が主流の地名に片仮名表記が選択されるのは、口語文体のもつ「表記の受け入れ易さ」により、漢字表記から片仮名表記へという方向性が顕在化したものであることを指摘している。
34 文語文体・口語文体の別と、漢字表記・片仮名表記の選択との関係を、『太陽』（明治28年〜昭和3年）を資料に調査している。
35 『坤輿万国全図（1602）』『海国図志（1802）』など。
36 オーストラリアについては、「管見の限り「豪」（濠）系表記は日本に多く見られる」（p.27）、フランスについては、「「佛国」という表記は中国の文献にはないもので、おそらく「法国」に準えて日本で造られたものが韓国に流入して用いられていたのではないかと思われる。」（pp.28-29）、ドイツについては、「この「独逸」という漢字表記は日本語の漢字音に読まれてこそ「ドイツ」の原音に近い音形になる。中国で造られた表記の「徳意志」などの表記の漢字音が日本語で読まれると原音とかけ離れてしまうので、日本語の漢字音で近似的な「独逸」という漢字表記を独自

に当てたのであろう。」(p.30)と指摘している。
37 明治35年の表記統一とは、明治35年11月に官報附録に告示の形で公表された『外国地名及人名ノ称ヘ方及書キ方』のことである。
38 渋沢（1967）p.68
39 渋沢（1967）p.68
40 さらに、神代種亮は、「坪内博士が古くシエクスピアを動地（shake-sphere）ゲーテを驚天としやれて書かれたのもある」と述べている。
41 国立国語研究所（2005）『太陽コーパス―雑誌『太陽』日本語データベース―』(CD-ROM) 国立国語研究所資料集14、博文館新社
42 「固有名詞については、「英」「米」「仏」「露」「伊」「墺」「印」などのように、外国名を漢字1字で記したものは外来語には含めない。」「一方、「露西亜」「仏蘭西」など国名として省略されずに表記されたものや、「パ」（パキスタン）」、「ソ」（ソ連）のようにカタカナ1字に略されたものは外来語に含める」(p.16)と述べている。
43 調査の開始年数を1911年とした理由について、「池辺三山が退社した直後の1911年に、合議制による社説の執筆が始まる。本調査では、個人の使用語彙を調査することを避けるため、合議制が開始された1911年以降の社説を調査対象とする」(p.17)と述べている。
44 鈴木（1998）は、混種語は最も日本語化されていることを証明する要素の一つであると述べている。
45 宮地（1997）は、「洋語をふくむ混種語は、洋語の日本語化の一つの指標であろう」と述べている。
46 ［属性限定用法］は、「「的」の前説語基がそのうちの一つの属性を取り上げ、後続語を限定、修飾する」(p.212)もの、［比喩用法］は、「「～的（な）～」を「～のような～」とパラフレーズすることができる」(p.212)もの、［属性評価用法］は、「～として（は）…」と言い替えられるもの(p.215)のことである。
47 飛田（2003）には、「明治大正昭和期における40作品の外来語」というタイトルで分析が掲載されているが、アルファベットは考察から除かれている。(p.10)
48 飛田（2003）の「研究成果」の項目（pp.2～3）より引用。

第3章　研究方法

　第3章では、研究方法について述べる。調査対象とした資料の選定理由や資料の概要、調査対象とした号、調査対象とした外来語の範囲などを整理する。

1　対象資料

1.1　資料の選定理由

　外来語を抽出するための資料には、『中央公論』[49]を選んだ。

　総合雑誌を選んだのは、さまざまな話題が取り上げられていること、その記事を書いた人物が明記されているため、筆者の性別や年齢、職業などが明らかであるためである。

　総合雑誌の中で対象資料を決めるにあたって、『中央公論』を資料としている国立国語研究所（1987）を参照し、実際の資料を見て判断した。国立国語研究所（1987）では、『中央公論』を選定した理由を下記のように述べている。

> 　現代雑誌90種の語い調査で対象としたもののうち、（中略）内容、対象の面で一般性があり、創刊年のふるいものをひろうとすれば、「中央公論」が適当である。これは、かたい総合雑誌だから、一般性からいえば「文芸春秋」あたりの方がいいかもしれないが、1923年（大正12年）創刊というのは、新しすぎる。「中央公論」との差は36年であるが、この36年のあいだに、雑誌の文章は文語文から口語文へ、ほぼ全面的にいれかわった。このことは、雑誌用語にとっても大きな意味をもつはずである。言文一致以後の資料だけをみたのでは、口語化に

ともなって表現がどうかわったか、というおもしろいテーマがあつか
えないことになる。以上のような理由で「中央公論」をえらぶことに
した。　　　　　　　　　　　　　　　　（『雑誌用語の変遷』p.7）

　内容、対象の面から考えて『中央公論』が適当であり、文語体から口語
体への変化を辿ることもできるという理由で、『中央公論』を選んだと説
明されている。
　大正期のみに限れば、『太陽』[50]も候補に挙がる。既に大正6年と大正14
年をデータに含む『太陽コーパス』もある。しかし、『太陽』は昭和3年
で廃刊となってしまう。明治や昭和期との連続を見ることができ、現在も
続いている雑誌であることを考えると、調査対象とする資料は『中央公
論』が適切であると判断した。

1.2　資料の概要

　ここまで『中央公論』を資料に選んだ理由を述べてきたが、ここからは
『中央公論』の歴史を概観し、大正時代の『中央公論』がどういう位置に
あったかを、『中央公論社七十年史』を参照してまとめる。
　明治19年4月、「佛教再建の一の標識として「禁酒進德」を掲げ」[51]、
「反省会」という団体が結成された。明治20年8月にはその機関誌として
『反省会雑誌』が公刊された。ここでの「反省」とは、「教界自體の新時代
に對するもの」[52]だが、さらに、「歐米心醉の餘弊は、政府、民間を問わず
甚だしいものがあつたので、まずこれが反省を求め、日本古來の傳統・遺
物のよきものへの再評價を要請した」[53]というものである。それが「次第
に内外の思潮の紹介、また一般評論を登載するようになつて」[54]、明治25
年5月『反省雑誌』と改題し、発行所も「反省雑誌社」と改められた。次
第に「社會的綜合雑誌の形態をととのえて」[55]くると、再度の改題が議せ
られて、明治32年1月号から『中央公論』と改められた。
　大正期の『中央公論』において有名なのは、大正5年1月の巻頭論文と

して掲載された、吉野作造「憲政の本義を説いて其有終の美を濟すの途を論ず」である。「吉野が本誌を舞臺にデモクラシー（民本主義）運動を開始した第一聲として、しばしば回顧される古典的論文」[56]である。これによって、「大正五年以降の誌上には、吉野の民本主義論が主流をなし、『中央公論』はいわゆるデモクラシー言論の先鋒と目されるに至った」[57]のである。

中村（1979：285-286）は、大正期の総合雑誌の状況を次のように記述している。

> 出版界でもジャーナリズムの発展は目ざましく、岩波・講談社・文春・小学館・主婦之友といった現在の大手出版社が続々と誕生した。総合雑誌では、従来の『中央公論』『太陽』『新日本』『新公論』『雄弁』に加えて、大正七年には早稲田系の『大観』が、同八年には革新的な世論を盛った『改造』、さらに『我等』『解放』、一二年には『文芸春秋』も創刊され、活況を呈した。中でも『中央公論』はデモクラシー主張を載せて最有力誌の位置を固め、急進的なインテリ層に食い込んだ『改造』がそれを追う形で、先頭集団を形成した。

ここで指摘されているように、総合雑誌が次々発刊されていた中で、大正期の『中央公論』は、総合雑誌における最有力誌であった。

筆者は男性のみであり、職業は、学者、教授、博士、外交官、政治家、評論家、思想家、浄土真宗僧などである。『中央公論』は読者も知識人エリートであったと思われる。一流大家の寄稿により知的権威として台頭した頃であり、大衆からの差別化を図っている。

記事の内容は、労働問題、社会主義などを国際的な視野で論じている。専門家の立場から最新の研究や論を取り上げ、紹介した記事も見られる。

> 大正年代の後半期は、社會改造論乃至勞働問題の急速な展開にはじま

り、反動的に襲い来たつた大戦後の經濟不況のうちに、思想對立の激化は閉塞的な不安恐怖時代の様相を示しつつ、一方曲りなりにも普選法の公布を見たのち、無產政黨の出現が、早くも内部分裂を孕んで苦難の道を歩み出していった。こうした時期の主要執筆者として數えられるものに、前期來の吉野作造・大山郁夫・田中王堂・堀江歸一・米田實・三宅雪嶺・永井柳太郎らの面々に加えて、(中略)、新たに杉森孝次郎・林癸未夫・長谷川如是閑・室伏高信らの名を顧みることができる。　　　　　　　　　　　　　　　（『中央公論社七十年史』p.179)

大正後期には、社会改造論、労働問題をはじめ、時代の風潮を捉えた文章が掲載されていたのである。

なお、本書では、外来語の出現した前後の文脈を見るために、しばしば『中央公論』からの引用を掲載している。その引用部分は、原則として原文の表記に従うこととし、できる限り反映させた。

2　調査対象号

調査対象号としたのは、1912（明治45・大正元）年[58]から1927（大正16年・昭和2年）の各1月号の計16号である。大正16年を含めたのは、大正15年12月25日に元号が昭和に改まったため、大正16年1月1日発行となっており、その表記を尊重したからである[59]。以下に該当号を挙げる。

　　『中央公論』明治45（1912）年1月号…第二十七年第一号（第二百七十四号）
　　『中央公論』大正2（1913）年1月号…第二十八年第一号（第二百八十六号）
　　『中央公論』大正3（1914）年1月号…第二十九年第一号三百号記念号（第三百号）

『中央公論』大正4（1915）年1月号…第三十年第一号（第三百十三号）

『中央公論』大正5（1916）年1月号…第三十一年一号新年号（第三百二十六号）

『中央公論』大正6（1917）年1月号…第三十二年第一号新年号（第三百三十九号）

『中央公論』大正7（1918）年1月号…第三十三年第一号新年号（第三百五十二号）

『中央公論』大正8（1919）年1月号…第三十四年第一号新年号（第三百六十五号）

『中央公論』大正9（1920）年1月号…第三十五年第一号新年号（第三百七十八号）

『中央公論』大正10（1921）年1月号…第三十六年第一号新年号（第三百九十一号）

『中央公論』大正11（1922）年1月号…第三十七年第一号新年号（第四百四号）

『中央公論』大正12（1923）年1月号…第三十八年第一号新年号（第四百十七号）

『中央公論』大正13（1924）年1月号…第三十九年第一号新年号（第四百三十号）

『中央公論』大正14（1925）年1月号…第四十年第一号新年号（第四百四十三号）

『中央公論』大正15（1926）年1月号…第四十一年第一号新年号（第四百五十六号）

『中央公論』大正16（1927）年1月号…第四十二年第一号新年号（第四百六十八号）

以後、本書では、「大正元年」「大正16年」と記述することとする。

大正期は15年と短いため、抽出調査の間隔を狭めて、大正期各年を調査

することとし、対象号は各年1月発行の1月号とした。実際の資料を手に取って各月号の違いを検討したが、季節に左右されるなどの偏りは見られなかった。1月号としたのは、各月号に比べ、1号分のページ数が多く、より多くの語を検討することができると考えたためである。

　各号分のうち、目次において、「公論」という見出しの付けられている記事を対象とした。その理由は、時代の先端を行き、流行を捉えた文章が掲載されていると判断されるためである。『中央公論』は、文芸欄にも話題となったものが多数あるが、技巧的な表現が用いられることや、作者による個性がより強く表れると考え、「公論」のみを対象とすることとした。

3　対象とした外来語

　次に、本研究での「外来語」の範囲について説明する。

　まず、抽出の対象としたのは、「第1章1.1　外来語の定義」で定義した外来語である。ここに再掲載する。

> 外国語が翻訳されずに、日本語の発音体系や語法、表記体系に沿って受容されたもの。16世紀以降に、西洋系の言語からきたものも、東洋系の言語からきたものも含むが、漢語は含まない。

そのほかに、次の項目にあてはまることを条件とした。

（1）表記は全てのものを対象とする。具体的には、漢字表記、カタカナ表記、ひらがな表記、アルファベット表記、ルビ形式（例：獨逸（ドイツ））、併記形式（例：黒點 Sun-Spot[60]）である。中でも、アルファベット表記は、一般的に外国語とされるが、「Kultur 主張」など混種語を形成することで、漢字ひらがな混じり文の日本語の文章に取り入れられていると考えられるものが見られるため、本書では外来

語の一種として扱う。

（2）外国地名を対象とする。「支那」「台灣」「上海」「青島」などアジア地域の漢字表記の地名についても含める。「牛津」などの翻訳表記も含める。

（3）音訳表記の略称・略語を含める。具体的には、外国地名の「英」「米」「歐」や、外国人名の「虞翁」「沙翁」「杜翁」「モ」（モルレー卿の略）、一般名詞の「ブル」（ブルジョアの略）などである。

（4）和製英語を含める。

調査対象外としたものは下記のとおりである。

「日本」「日」[61]「萬國」「北極」「合衆國」「泰西」[62]「洋行」「西洋」「東洋」「南洋」「東西」「東人」「西人」[63]「南海」

「ボンヤリ」「ウツカリ」「力(チカラ)」「何處(ドコ)までも」「サイフ」「モリ返した」などカタカナ表記の和語や漢語も含めなかった。

3.1　調査単位

調査単位は、特に混種語について詳細に分析するために、「第1次単位」「第2次単位」「第3次単位」と3段階を設けた。それぞれの定義は下記の通りである。

「第1次単位」とは、外来語の最も短い単位である。
「第2次単位」とは、第1次単位の次に長い混種語を表す単位のことである。
「第3次単位」とは、第2次単位よりも長い混種語を表す単位のことである。

以下、3つの段階について、具体例を挙げながら説明することとする。

<第1次単位>

まず、第1次単位とは、それ以上分けることの難しい、最も短い単位のことであり、下記のような例があてはまる。

  例　デモクラシー
  例　畫布(カンバス)

ただし、人名や書名などの固有名詞をはじめとする、外来語のみからなる複合語については、長さに関係なく、第1次単位とした。下記に挙げた例は全て第1次単位として認定した。

  例　ロイド・ジヨージ
  例　『ドン・キホーテ』

また、併記形式の場合も、第1次単位として認定した。具体例は以下の通りである。

  例　夢想 vision
  例　ノーツ・オブ・ポリチックス・アンド・ヒストリー（政治及び歴史に就ての覺書）
  例　ネツプ（新經濟政策）
  例　ヒューマン・ドキュメント（人間の記録）
  例　豫言の喇叭 Trumpet of Prophecy
  例　堡壘（バリカアド）
  例　キヤンペイン、オヴ、エヂユケーシヨン（Campaign of Education）

下記のように訳語が混種語になっている場合にも、併記されているという表記的特徴を捉えるため、分割せずに第1次単位として扱っている。

　　例　亞米利加勞働聯合會（The American Federation of Labor）

＜第2次単位＞
　第2次単位は、第1次単位に、接辞や自立語が1つ加わったものである。

　　例「亞米利加人」
　　　　第1次単位「亞米利加」
　　　　第2次単位「亞米利加人」
　　例「米國」
　　　　第1次単位「米」
　　　　第2次単位「米國」
　　例「佛蘭西革命」
　　　　第1次単位「佛蘭西」
　　　　第2次単位「佛蘭西革命」

＜第3次単位＞
　第3次単位は、混種語のうち、2つ以上の接辞を含むものや、3つ以上の自立語からなるもののことである。意味のまとまりから長い単位で捉えることが適切であると考え、このような単位を設けることとした。具体例は下記のようなものである。

　　例「亞米利加／化／し」
　　　　第1次単位　「亞米利加」
　　　　第2次単位　「亞米利加化」

　　　　　第3次単位　「亞米利加化し」
　　　例「基督／教／化／し」
　　　　　第1次単位　「基督」
　　　　　第2次単位　「基督教」
　　　　　第3次単位　「基督教化し」
　　　例「米／國／資本」
　　　　　第1次単位　「米」
　　　　　第2次単位　「米國」
　　　　　第3次単位　「米國資本」

その他の単位切りについては下記の通りに定めた。
A. ルビを伴う場合
　ルビを伴う形式の場合、ルビを最優先して抽出した。そして、意味のまとまりがわかるように、句や文は分解せずに抜き出すようにした。
　　　例「民主主義」「禮儀上の接吻」「共疲れの戰争」「筋肉が人間を造る」
　　　　（デモクラシイ）（コンゲエシショナル、キツス）（ウオア・オブ・エキゾースション）（マヲスル　メークス　マン）

　ルビと本行[64]で語構成に違いがある場合も、ルビを優先させた。例えば、「希伯來主義」なら、本行は「希伯來」と「主義」の混種語だが、ルビの「ヒブルイズム」として扱った。

B. 引用[65]されたものの場合
　ある書籍に載せられている英文をそのまま引用してきた場合や、「Muscle makes man」のようなことわざなどの決まり文句を用いている場合は、引用された部分をひとまとめにして扱うこととした。それは、英文やことわざを単語に分けてしまうと意味を捉えることが難しくなってしまうためである。日本語の文章では、こうした引用表現はまとまった形で受容されていると捉える。

なお、巻末に資料編として、抽出した外来語のデータのうち、大正元年（明治45（1912）年）1月号のデータをサンプルとして載せている。

3.2 固有名詞と一般名詞の定義

これまでの外来語研究においては、一般名詞および普通名詞の研究が中心であった。外国地名かつ有名な地名に関しては論文があるものの、固有名詞は分析対象から除外されることが多かった。本書ではこうした先行研究の状況を踏まえ、固有名詞と一般名詞の両方を対象とすることとした。橋本（2010）では、普通名詞、固有名詞、数量名詞の3種に分けているが、本書では、数量名詞は一般名詞として扱うこととする。

まず、言語学における定義を、『言語学大辞典』（p.1330「名詞の類」）によると、「固有名詞と普通名詞（広義）」について、次のように説明されている。

　　［固有名詞と普通名詞（広義）］一般に、名詞は、固有名詞（proper noun）とそれ以外の名詞である（広義の）普通名詞（common noun、一般名詞 general noun とも）とに二分される。意味的にみた場合、前者は、人名、地名などある特定の事物を個別的にとり出して指示するものであるのに対し、後者は、同一種類に属するすべての事物を共通して指示するものである。言語によっては、この両者が文法的・形態論的に異なる扱いを受けることがある。（中略）しかし、日本語を含め多くの言語では、固有名詞は普通名詞と同じ文法的扱いを受け、文法的に両者を区別することはできない。

日本語においては、文法的な区別がないため、固有名詞と一般名詞の境界は曖昧である。そこで、『言語学大辞典』の記述を踏まえた上で、本書における固有名詞と一般名詞の定義をする。

(1) 固有名詞

『言語学大辞典』では、固有名詞を次のように記述している。

> どこの言語の名詞にも、固有名詞とよばれる一群の名詞がある。たとえば、織田信長とか東京などがそれである。文法学的には名詞の中に入れられ、形態論的には概ね他の名詞と同様に扱われる。ローマ字で書くときは、多くの場合、固有名詞は大文字を頭文字にする（capitalization）。
>
> この固有名詞と他の普通名詞（common noun）の違いはどこにあるかといえば、その意味作用にある。普通名詞の場合は、日常生活の中にあって、広い意味での「物」をさす（refer）ときに用いられる。けだし、日常の言語行動が行なわれる場面では、物は何らかの意味で使用されるときに、その物を示す名詞（普通名詞）が使われるのであるが、その現実的な場面に与えられた物はすべて「個体（ラテン individuum）」ではあるけれども、その物を個体としてではなく、その物を類概念として捉えて（独 begreifen）、それを示すためにその名詞を用いるのである。
>
> （中略）
>
> 固有名詞の場合は、指向（refer）される対象（referent）は、その個体に限られる。したがって他の物をもっては換えがたい唯一のものである。
>
> （『言語学大辞典』p.588「固有名詞」）

そこで、本書における固有名詞の定義は、その語が唯一のものを指している語であることを基準とした。詳細は下記のとおりである。

（1）地名や人名、書名は全て含めた。
（2）その語が特定のものを指すと判断されるものは固有名詞とし

た。一方、その派生語であっても、該当するものを一つに絞れない場合は一般名詞とした。

　例えば、「マルクシズム」のような特定の思想・主義、「伊太利音樂」のような特定の音楽を連想させる語、「英國皇帝」などある特定の人物を指す語は固有名詞とした。一方、「マルクシスト」「マルクス主義者」は該当者を一人には絞れないため、一般名詞とした。
（３）「英」「米」「獨」「佛」など地名の略称を含めた[66]。
（４）チ氏（チェンバレンのこと）のような人名の略称を含めた。

　ただし、「袁」（袁世凱の姓）のように、漢字圏の人名で、漢字表記の名前の姓を示していることが判断できる場合は略称とはせず、「袁世凱」と同じものとして扱った。

抽出した固有名詞は、意味によって分類した。その際に、外来語部分のみの場合（第１次単位）と、混種語になった場合（第２次単位、第３次単位）という、大きくは２種類、細かくは３種類の長さで捉え、それぞれについて結果を出した。

意味の分類といえば、『分類語彙表　増補改訂版』（国立国語研究所）が有名である。しかし、固有名詞について、はっきりそれとわかる項目は、「固有人名」「固有地名」の２つしか見られない。

そこで、本書では、『日本語語彙大系』[67]（NTTコミュニケーション科学研究所監修、岩波書店、1997年）の「固有名詞意味属性体系」（pp.235～240）を参照して分類を行うこととした。固有名詞の扱いについては、「「一般名詞意味属性」より細かい精度の意味属性の分解能が必要になるため、部分的に細分化した別の意味属性体系とした」（１意味体系、p.25）とある。本書では、この分類を基に、３段階の意味分類の項目を作成した。第１段階、第２段階、第３段階と段階が進むにつれて意味領域が細かくなっている。

その語の意味を分類するにあたって、『日本語語彙大系』の索引や例として掲載されているものは、原則としてそれに従った[68]。掲載されていな

表1　固有名詞の意味領域別の分類表

〈第1段階〉	〈第2段階〉	〈第3段階〉	例		
2 地名	3 地域名	4 国際地域名	歐羅巴	歐洲	北亞米利加
		33 国（連邦内）	獨逸	ロシア	朝鮮　　露西亞側
		34 州・省等	ウキスコンシン州		コラロド州
		42 都市	巴里	紐育	露都
		43 村落	レゼント街		
		44 地方名	シベリア	ジョルジヤ	
		地域名	和蘭領	北獨逸聯邦	倫敦郊外
		略称及国名+國	英國	瑞西國	
		對+略称	對露		
		地域名列挙	英米	歐露	英佛露伊
	47 地形名	49 陸上地形名	ニューギニア島	サリフイス山	
		50 河川湖沼名	テームス河	セーヌ河	
		52 海洋名	バルト海	ダーダネルス、ボスフオラス海峡	
	54 天体名		ヘルクレス星座		
	56 建造物名		クレムリン宮殿	ハイド・パーク	丸内ビルデング
	61 交通路名		西比利亞急行列車	亞歷山三世橋	滿洲鐵道
66 人名	71 人物名		レニン	ラッセル氏	奈翁三世
	82 神仏名		基督教	エホバ神	
85 組織名	86 機関名		ロマノフ帝政	米國陸軍	マクミラン書店
	90 団体・党派名		愛蘭國民黨	ドイツ學生聯盟	印度議會
	97 学校名		ウキーン大學	牛津大學	
	103 国際組織名		ベルサイユ條約	ゼネバ國際勞働局	
	集団名		レニン系	ケレンスキー流	露西亞過激派
106 その他の固有名詞	107 歴史名	109 時代名	ルネサンス時代	エリザベス朝	
		110 事件名	サーベルン事件	佛蘭西革命	
	111 文化名	113 言語名	英語	サンスクリット語	ラテン語
		114 宗教名	基督教	マホメット教	ユダヤ教
		115 流派名	ヘレニズム		
		116 作品・出版物名	ニューヨーク・タイムス紙	ウパニシャッド	
		117 理論・方式名	ドンキホーテ式	歐羅巴藝術	
		118 法律名	フランス民法		
		119 制度名	米露通商協定		
		思想・主義名	モンロー主義	ショウキニズム	獨逸哲學
		文化・文明名	西歐文明	印度文明	獨逸文化
		原理・規則名	エルフルト綱領		
		信徒名	基督教徒　クリスチャン	ピューリタン	モルモニスト
	12 民族・人種名	120 民族・人種名	ギリシア民族	スラヴ民族	土耳其系
		国際地域名+人	アジア人	歐羅巴移民	
		国民名	英國民	英國人	露西亞人民
		住民名	ハノーヴァー人		
	121 愛称等	122 動物名	ヨークシヤ種		
		123 乗り物名	メーフラワー号		
		124 商品名	三矢サイダア		
		125 プロジェクト名	阿富汗斯坦赤化策		
		126 植物名	ポプラ		
		学術名称・専門用語	マタドール		
	課題・問題名		波蘭問題	日米問題	
	身分名		獨逸外相	印度皇帝	羅馬法王
	敬称		アスキス氏	カルゾン侯	ジョーヂ・エリオット女史

いものについて、訳語や類語を頼りに分類を行った。

　以上のような作業を経て、作成したのが表1の固有名詞の意味領域別の分類表である。なお、表中において、分類項目に「33国（連邦内）」のように、頭に数字が付いているものは、『日本語語彙大系』の枠組みを使用したものであり、名称を踏襲している。

　表1に挙げた分類項目名のうち、『日本語語彙大系』にはない項目名について説明を加える。主に混種語の場合の意味分類を行うための追加項目である。

　まず、「3地域名」の下位には、「地域名」「略称及国名＋國」[69]「對＋略称」「地域名列挙」という項目を設けている。「地域名」には、「和蘭領」のように植民地を表す語や、「滿洲」など歴史的な地名、「日米両國」のように複数地域を指す語など、既存の枠組みには入らなかったものを分類した。そして、「略称及国名＋國」「對＋略称」「地域名列挙」は、国名を含む混種語に関する項目である。「略称及国名＋國」は「英國」「米國」など、略称を中心に「國」が付いたものを分類した。「對＋略称」は「對獨戰」など該当する国との関係性を示すもの、「地域名列挙」は、「英佛露伊の總合軍」といった列挙や、「英露通商協定」の「英露」といった国家間の関係を表すものである。

　「85組織名」の下位の「集団名」には、「レニン系」「露西亞過激派」のように、「90団体・党派」ほどのまとまりをもった組織ではないが、ある特定の思想・主張を持つ集団を分類した。

　「111文化名」の下位には、「モンロー主義」などの「思想・主義名」、「西歐文明」などの「文化・文明名」、「エルフルト綱領」などの「原理・規則名」、「基督教徒」などの「信徒名」を項目として追加した。

　「120民族・人種名」の下位は、該当する語の住民が属している地域のレベルによって分類することとした。具体的には、「アジア人」などの「国際地域名＋人」、「英國民」などの「国民名」、「ハノーヴァー人」などの「住民名」という項目を追加した。

「121愛称等」の下位は、「マタドール」などの「学術名称・専門用語」、「106その他の固有名詞」の下位には、「波蘭問題」などの「課題・問題名」、「獨逸外相」などの「身分名」、「アスキス氏」などの「敬称」を追加している。

抽出した外来語は全てこの枠組みによって分類を行った。『日本語語彙大系』にもともと設けられていた枠組みは、第2段階のレベルでは該当なしの項目はなく、全体では9割近くの項目に該当語が見られた。該当のない項目には、「7都道府県」「108年号」など日本特有のものが含まれている。そのため、この分類により大正時代当時、外来語はすでに幅広い意味領域を網羅していたことがわかった。

以降、本書では固有名詞の分類については、表1の分類を用いる。

（2）一般名詞

『言語学大辞典』では、固有名詞に対する語として「普通名詞」が立項されている（p.1147）。そこには、次のように記述されている。

> 広義には、一般概念を示す名詞、すなわち同一種類に属するすべての事物に適用できる名詞をさし、固有名詞以外のすべての名詞をいう（例：人、山、水、力、友情）。
>
> 普通名詞の原語である common noun の common は、元来、固有名詞（proper noun）に対する意味で、非固有、すなわち同種の個体に共通して適用されるということである。この点で、common noun は共通（有）名詞とでも称すべきものであろう。

本研究で、「一般名詞」と呼んでいるのは、「普通名詞」という場合、広義の普通名詞と、狭義の普通名詞があるためである。以下に詳しく引用する。

英語などでも、しばしば固有名詞の普通名詞化、あるいはその逆が見られる。

　　many Newtons「多くの大物理学者」、the Abbey「ウェストミンスター寺院」、china「陶磁器」

　以上は、広義の普通名詞（一般名詞 general noun）であるが、普通名詞という名称は狭義にも用いられる。この場合は、広義の普通名詞をさらに下位区分したときの一範疇である。すなわち、伝統的な西欧の文法における広義の普通名詞は、(狭義の) 普通名詞、集合名詞 (collective noun)、質量名詞（mass noun、物質名詞 material noun と抽象名詞 abstract noun）に分けられる。そして、(狭義の) 普通名詞と集合名詞は可算名詞（countable noun）、質量名詞は不可算名詞（uncountable noun）とされる。すなわち、(狭義の) 普通名詞は、1つ、2つと数えられる——限定性、境界性をもった——単一性の個体（と捉えられるもの）をさす名詞である。

（『言語学大辞典』p.1147「普通名詞」）

　本研究で扱いたいのは、集合名詞、質量名詞を含む広義の普通名詞であるため、普通名詞ではなく、「一般名詞」と呼ぶこととする。そして、外来語を扱っている関係で、引用部分に挙げられているような「固有名詞の普通名詞化」といった現象を捉えるためというのも、「一般名詞」という呼称を採用した理由である。

　一般名詞の意味領域の分類には、『分類語彙表　増補改訂版』（国立国語研究所）を使用した。「部門」と呼ばれる、小数点第1位までの分類番号が付けられた、下記の5つに分類した。

　　1.1抽象的関係
　　1.2人間活動の主体
　　1.3人間活動—精神および行為

1.4 生産物および用具
1.5 自然物および自然現象

『中央公論』に載っている外来語が全て『分類語彙表　増補改訂版』に載っているわけではない。そこで、下記のようなルールを作り、できうる限りを分類した。

- 原則として、カタカナ表記の外来語の表している意味で分類する。
- 表記のゆれは考慮しない。例えば、「ローマンチツク」「ロオマンチック」「浪漫的（ロマンテイク）」はすべて「ロマンチック」とし、「1.3人間活動—精神および行為」に分類した。
- 翻訳漢字表記を含む二重表記では、その翻訳語も参照する。例えば、「傲慢（プラウド）」の場合、「プラウド」は掲載がないが、「傲慢」が「3.3680待遇・礼など」に分類されているため、「1.3人間活動—精神および行為」に分類した。「Individuum 個體」という併記形式の語も「個体」という訳語から「1.1抽象的関係」に分類した。
- アルファベットはカタカナに置き換えて分類した。例えば、「創造的自由 initiative」は、「イニシアチブ」から「1.1抽象的関係」とした。
- 複合語は後に来ている要素によって分類した。例えば、「イムペリアル、オペラ」は「オペラ」で分類し、「1.3人間活動—精神および行為」に分類した。
- 前後の文脈に訳語がある場合、それを参照した。例えば、「ajras（アヂラス）」は、「ajras（アヂラス）と云ふのは「逐ひ回す土地」と云ふことで牧場に當る」[70]という文脈に登場するので、「牧場」という語が属する「1.4生産物および用具」に分類した。
- 『分類語彙表　増補改訂版』に掲載されている語と同じカテゴリに属するかどうかでも分類を判断した。例えば、「爬蟲類（Theriomor-

pha)」を「爬虫類」から「1.5自然物および自然現象」と分類し、同じカテゴリに属すると判断した「Plesiosauria（長頸龍類）」「Ichthyosauria（魚龍類）」も「1.5自然物および自然現象」とした。また、「群婚（Group Marrige）ママ」は、「結婚」という語が属する「1.3人間活動―精神および行為」に分類した。

・その語の意味によっても分類した。例えば、「レフェレンダム」は「住民投票」の意味であるため、「1.3人間活動―精神および行為」に分類した。また、「cheater」は「詐欺師」の意味であるため、「1.2人間活動の主体」とした。また、「フンガア」は「Hunger」のことであり、「飢え」を意味するので、「1.3人間活動―精神および行為」とした。

4　まとめ

第3章では、研究方法について述べてきた。

調査資料には、大正時代当時、総合雑誌における最有力誌であった『中央公論』を選択した。大正元年〜大正16年までの各年1月号の「公論」部分を調査することで、筆者および読者の中心であった知識人エリートである男性がどのような外来語を用い、どのように表記していたかを調査分析することとした。

調査単位は、第1次単位、第2次単位、第3次単位の三段階に分けた。その理由は、外来語を含む混種語に注目し、その定着度を明らかにするためである。

そして、これまで手薄であった固有名詞も調査対象とするため、本書における固有名詞と一般名詞の別を、『言語学大辞典』の記述をもとに定義した。また、固有名詞の意味分類は、『日本語語彙大系』をもとにして、枠組みが足りないものについては項目名を新たに設けて分類することとした。一方、一般名詞の意味分類は、『分類語彙表　増補改訂版』を参照し

た。『分類語彙表　増補改訂版』に掲載されていない外来語についても、翻訳語や類義語から推測して分類を行ったため、その基準を具体例とともに記述した。

注
49　国立国会図書館蔵のマイクロフィッシュを使用した。
50　総合雑誌。明治28（1895）年1月から昭和3（1928）年まで博文館から発行されていた。(『日本国語大辞典第二版』、8巻 p.757)
51　『中央公論社七十年史』p.4
52　『中央公論社七十年史』p.4
53　『中央公論社七十年史』p.4
54　『中央公論社七十年史』p.5
55　『中央公論社七十年史』p.7
56　『中央公論社七十年史』p.123
57　『中央公論社七十年史』p.124
58　明治45年7月30日に大正に改元したため、大正元年分は明治45年1月1日発行分を代わりとして、調査対象号に含めた。
59　実際の発行日は昭和2年1月1日に当たる。
60　ルビ形式、併記形式については、詳しくは「第5章外来語表記の特徴」で扱う。
61　「日」は、「日本」の略称。
62　たいせい【泰西】《名》(「泰」は極の意。西の果ての意から) 西洋諸国の称。＊水流雲在楼集 (1854) 上・題新宮涼庭西遊日記後「豈及泰西教　精詣攬_天機_」＊小説神髄 (1885-86) 〈坪内逍遙〉上・小説総論「泰西 (タイセイ) のポエトリイはそもそもいかなるものぞといふに」(後略)(『日本国語大辞典第二版』8巻 p.683)
63　「西人」は、「西洋人」と同義語である。
64　「民主主義デモクラシイ」ならば、「デモクラシイ」の部分をルビ、「民主主義」の部分を本行と呼ぶことにする。
65　樺垣 (1963：84) には、大正期に、「外国の故事・成句・ことわざ・聖書や文芸作品からの引用などが多く現れだしたのもこの時期だった」という指摘があり、引用はそれだと分かる形で扱うのが適切であると考えた。
66　なお、地名が列挙されている用例については、「伊・墺・普・露」と記号によって一国一国分けて書かれている場合は、複合語とはせず、「伊」「墺」「普」「露」をそ

れぞれ抽出した。
67 『日本語語彙大系』は、「日本電信電話株式会社（NTT）が翻訳通信の実現を目指して、過去10年以上にわたって研究開発してきた日英機械翻訳システム ALT-J/E (Automatic Language Translator──Japanese to English)の「翻訳辞書」のうち、「日本語意味辞書」に関する部分を取り出し人間用の辞書としてまとめたもの」（１意味体系、ⅴページ）である。全５巻からなっており、分類についてツリー型の階層図が載っている第１巻の「意味体系」、50音順の索引が掲載されている第２～４巻の「単語体系」を主に利用した。『日本語語彙大系』では、固有名詞を大きく「地名」「人名」「組織名」「その他の固有名詞」と分け、さらに下位項目を最大９つの階層まで設けている。
68 特に、地名についてはできる限り当時の行政区画に沿った分類を行った。
69 巻末資料では「略称＋国」という項目名で示している。
70 永井柳太郎「肉食人種と菜食人種の異同を論じて東西兩文明の調和を説く」（大正６年）、p.6

第4章　外来語の品詞及び語彙的特徴

　第4章では、大正期の『中央公論』に登場する外来語の品詞的特徴と、語彙的特徴を明らかにする。1では、出現する品詞の種類と数を示し、具体例を挙げながらその特徴を分析する。2では、出現回数上位20位の語彙から、多用されている語の傾向を探る。3では固有名詞、4では一般名詞のそれぞれについて、上位語の出現傾向と、固有名詞および一般名詞全てを意味で分類した場合の結果を考察する。

1　品詞的特徴

　はじめに、大正期の『中央公論』の外来語を品詞という観点から分析する。

表2　外来語の品詞の年別延べ語数[71]

	固有名詞	一般名詞	感動詞	接頭辞	引用	不明	外来語全体
大正元年	709	110	1	0	0	6	826
大正2年	828	93	0	0	8	7	936
大正3年	1605	166	0	1	43	19	1834
大正4年	2200	201	0	0	14	7	2422
大正5年	750	47	0	0	1	0	798
大正6年	1179	61	0	0	4	0	1244
大正7年	381	51	0	0	0	7	439
大正8年	1703	210	0	0	9	10	1932
大正9年	797	383	0	0	3	3	1186
大正10年	707	81	0	0	14	2	804
大正11年	934	227	1	0	19	5	1186
大正12年	1339	305	0	0	1	12	1657
大正13年	2938	489	0	0	38	36	3501
大正14年	959	90	0	0	1	1	1051
大正15年	894	195	0	0	1	4	1094
大正16年	1361	220	0	0	3	0	1584
全年	19284	2929	2	1	159	119	22494
各品詞の割合	85.73%	13.02%	0.01%	0.00%	0.71%	0.53%	100.00%
	名詞の合計 98.75%						

まず、「獨逸」「トルストイ」「ブルジョア」「英」など、第1次単位にあたる最も短い単位を年別に見てみると、表2のような結果となる。

表2の横軸に設けたように、最も短い単位の場合、固有名詞、一般名詞、感動詞、接頭辞が出現している。引用としたのは、品詞とは別の捉え方だが、下記のように、例文や語句をそのまま原文から引用していると思われる用例のことである。

［用例1］　かの羅馬の詩人ホラティウスが歌つた「未來をあてにはせず唯だ今日を享樂せよ」Carpe diem, quam minimum credula postero といふ言葉は、

(厨川白村「異教思想の勝利」大正3年、p.108)[72]

そのほか、品詞について調べがつかなかったものに関しては不明としている。

『中央公論』の外来語の品詞に注目すると、表2からわかるように、最も多いのは名詞であり、全体の98.75%を占めている。名詞のうちでも固有名詞が多く、全ての年で固有名詞が一般名詞を上回っている。

次に、第2次単位の品詞を見てみる。そうすると、上記の第1次単位で挙がった品詞に、形容動詞、動詞が加わる。その構造を分析すると、形容動詞、動詞の語幹にあたる外来語部分が名詞化しており、それに「な」や「する」といった活用語尾が加えられて、日本語の語法に沿った形で使用されている。

その詳細をまとめたのが次の表3である。

形容動詞は、延べ80例見られ、名詞の次に多くなっている。「ローマンチックな」「ロオマンチックな」「流曼的厭世家(ローマンチック)」「浪漫的(ロマンテイク)」など表記は異なるが、ロマンチックの語彙としての出現回数は14回で、最多例である。

ここからは、後接要素に注目して分析する。

形容動詞では、「〜な」が接続する例が最も多く、延べ40例である。

表3 外来語の品詞別の延べ語数と異なり語数

日本語の品詞		活用	用例	延べ語数	異なり語数
名詞	固有名詞		亞細亞　阿富汗斯坦　土耳古　巴里　莫斯科　長春　高加索 ビスマルク　ツルゲーネフ　ルツソー　ショーペンハウエル　ワグナー 袁世凱　アンナ、カレニナ	19284	2755
	一般名詞		カレー　コツプ　ゴリラ　コンクリート　シガレツト　珈琲　プランクトン カテゴリー　カフエー　クーデター　ヂレンマ　ストライキ　ソフイスト 樂鍵　譲興　旦那　個立主義	2824	1051
			名詞全体	22108	3806
形容動詞		な	ローマンチツクな（7例）／ロオマンチツクな／ロマンテイツクな センチメンタルな（3例）／センチメルタルな　デモクラチツクな（3例） ノーマルな（2例） アンチデモクラチツクな　ホープフルな　アカデミツクな　エクセントリツクな エソテリツクな　クラシツクな　チヤーミングな　ツランセンデンタルな ビユーロクラチツクな　デリケートな　トラヂショナルな　ヒロイツクな ホスピタルな　サイクリカルな　オートクラチツクな　ナイイヴな リフアインドな　パラドキシカルな　傲慢な　本源的な　Pragmatic な	40	25
		の	演繹的の（2例）　歸納的の（2例） アカデミカルの　トラヂショナルの　デカダントの　ストイツクの エポツクメーキングの　浪漫的の　狂酔的の　古典の／古典的の	13	10
		に	デモクラチツクに　パラドキシカルに　インマネントに　エナーヂェチックに	4	4
		で	原始的的である（2例）　質的であつて　單律的であり　複律的である ローマンチツクであつた　ラデイカルである　デリケートで　ストーミーで グレートで　elemental である	11	10
		なり	實際的なり	1	1
		語幹のみ	流曼的厭世家／ローマンチツク（3例）　ルウズ　ストイツク教信者 アドリアチツク海　美的　構成的　大きい　行政的　支配	11	8
			形容動詞全体	80	58
動詞	サ変	さ	ペーブされ　ジヤステイフアイされ　純化され	3	3
		し	エキシテンドした（2例）　リンチし　ジヤンプした　デヂケートして will した（2例）　has passed した	8	6
		する	スペキユレートする　ダンピングする　プツシユす 正當化する　民本化する　teach　cheat する　refine する　would pass する	9	9
		せ	ゼルマンゼーせ　亞米利加化せ	2	2
			動詞全体	22	20
感動詞			Prosit Neu Yahr　ブラボオ	2	2
接辞			反基督教	1	1

「ローマンチツクな」が7例、「センチメンタルな」「デモクラチツクな」が各3例、「ノーマルな」が2例と繰り返し使われている。表記に注目すると、カタカナ表記が目立ち、「アンチデモクラチツクな」「ホープフルな」「アカデミツクな」「エクセントリツクな」「エソテリツクな」「クラシ

ツクな」「チヤーミングな」「ツランセンデンタルな」[73]「ビユーロクラチックな」「デリケートな」「トラヂショナルな」[74]「ヒロイックな」「ホスピタルな」「サイクリカルな」「オートクラチツクな」「ナイイヴな」「リフアインドな」「パラドキシカルな」といった用例が出現している。

　この中には、「アンチデモクラチツクな」のように、カタカナ表記することにより、10文字を超える長さとなっている語が含まれている。そうした長い語であっても、翻訳するのではなく、外来語として受け入れていることは注目すべき点である。「〜な」の接続する例には、カタカナ表記以外にも、わずかだが、「傲慢な(プラウド)」「本源的な(オリヂナル)」のような訳語を付したルビ形式の例や、「Pragmatic な」のようなアルファベットを用いた例が見られる。

　　　［用例２］　　彼は生れながら傲慢(プラウド)な性質を持つてゐた。
　　　　　　　　　　　　　　（中澤臨川「フリードリッヒ・ニーチェ」大正３年、p.27）

　［用例２］のルビに見られる「プラウド」を当時の『外来語辞典』（二松堂書店、1914年）[75]で調べると、下記に引用したように、「高慢なる」という意味が最初に載せられている。思い上がった、うぬぼれたというような否定的な意味でよく使われていたことがわかる[76]。［用例２］の本行の漢語の「傲慢」にもその意味が反映されている。

　　プラウド（Proud）［英］高慢なる。傲然なる。自負心つよき。（『外来語辞典』p.224）

　［用例３］には、アルファベットを用いた例として「Pragmatic な」を挙げている。

　　　［用例３］　　然るにPragmatic な近代人は、今迄神聖視させられて

ゐた『哲學』を、人間の活動のうちでも一番に枯渇萎靡した産物であるやうに見做し、その使徒を侮蔑の眼を以て視るやうになつた。

(中澤臨川「フリードリッヒ・ニーチェ」大正3年、p.19)

「Pragmatic」は、『外来語辞典』では「プラグマチック」として立項され、次のように記述されている。

プラグマチック（Pragmatic）［英］（一）業務の。せはしき。（二）差しでましき。おせつかいの（三）哲理的。（『外来語辞典』p.225）

この語釈には、［用例3］の意味にあてはまるものが見当たらない。直後に、「彼は第一に行爲主義(プラグマチズム)の宣傳者である。」(p.19) という文があることから判断すると、実用本位の、といった意味が近いと考えられる。
「～の」が接続する例には、「演繹的の」[77]（2例）「歸納的の」[78]（2例）「アカデミカルの」「トラヂショナルの」「デカダントの」「ストイックの」「エポックメーキングの」「浪漫的の(ロマンテイク)」「狂醉的の(デイシランピック)」「古典の(クラシツク)」「古典的の(クラシック)」がある。実際の出現例を［用例4］から［用例13］に掲載する。

［用例4］　左様な理論的、演繹的(デタクチーブ)の主張にあらずして、もつと實際的、歸納的(インダクチーブ)の研究の結果である。

(後藤新平「廣軌改築延期に反對す」大正元年、p.54)

［用例5］　然かし彼は世間普通に言ふ專問的(ママ)、アカデミカルの哲學者ではない。

(中澤臨川「フリードリッヒ」大正3年、p.18)

［用例6］　或は岩倉家では、王權回復といふ事がトラヂショナル

　　　　の 主義になつて居つたかも知れない。

　　　　　　　　　　　　　（岩邊吉太郎「岩倉公を論ず」大正元年、p.25）

［用例7］　　　デカダントの 思想が驕者なる貴族ボードレールの寝室
　　　　と饗宴とから生れ、サンヂカリストの思想が腐息の立ち迷ふてゐ
　　　　るセーヌ河の裏街から湧いて出たやうに總べての惡徳なる思想
　　　　は、

　　　　　　　　　（柳澤健「如何にして國民思想を統一し得べき乎」大正8年、p.89）

［用例8］　　　羅馬が帝政時代に入ると同時に羅馬人の道徳思想の根幹
　　　　をなしてゐた ストイツクの 倫理觀が次第に變化して、
　　（林癸未夫「生存慾と行爲慾と所有慾との飽和を理想として」大正12年、P.77）

［用例9］　　　所謂 エポツクメーキングの 事業とは卽ち改造の事であ
　　　　るから、哲學史上新時代を劃した人は固より、多少大字を以て史
　　　　上に記載せらるるやうな人々は皆一種の改造家である。

　　　　　　　　　　　　　（桑木嚴翼「哲学の新傾向」大正9年、p.175）

［用例10］　　　之を文藝史上の通用語で云へば、古典（クラシツク）時代よりも
　　　　浪漫的の（ロマンテイク）中世へ遷らうとする人文史上最も興味ある過渡期であ
　　　　つた。

　　　　　　　　　　　　　（厨川白村「異教思潮の勝利」大正3年、p.99）

［用例11］　　　また 狂醉的の（デイシランピツク） 藝術謳歌者でもない。

　　　　　　　　　　　（中澤臨川「フリードリツヒ、ニーチエ」大正3年、p.62）

［用例12］　　　そして此傾向が著るしく藝術の上に現はれて、整齋典雅
　　　　の美となり、所謂 古典の（クラシツク） 嚴正Severityと明晰Clearnessとを

なしたのである。

(厨川白村「異教思潮の勝利」大正3年、p.105)

［用例13］　例へば英吉利で試みた「思想と行爲との關係に關する獨逸流の見方と古典的の(クラシック)見方との對照」の講演の如きは、

(桑木嚴翼「哲学の新傾向」大正9年、p.175-176)

　この「〜の」は、「本当の」と同様に、形容動詞の連体形の「〜の」としての用法であると、考えられる。同じく形容動詞の連体形である「〜な」と比べると、「トラヂショナルな／トラヂショナルの」「ローマンチックな／浪漫的の(ロマンテイク)」「クラシックな／古典的の(クラシック)／古典の(クラシック)」のように、「〜な」と「〜の」の両方の例があり、ゆれていることがわかる。

　「〜に」が接続する例は、「デモクラチックに」「パラドキシカルに」「インマネントに」「エナーヂェチックに」[79]である。「インマネントに存在せるもの」[80]のように、副詞的に用いられている。

　「〜である」が付く例には、「原始的である(プリミチーヴ)」（2例）「質的であつて(コーリタチブ)」[81]「單律的であり(メロヂック)」「複律的である(シンホニック)」「ローマンチックであつた」「ラデキカルである」「デリケートで」「ストーミーで」「グレートで」「elementalである」が見られる。また、文語体の文章中には「實際的なり(プラクチカル)」という例もあった。

　活用語尾を伴わずに後接要素に接続しているのは、「行政的支配(エキスユーチーブ／アドミニストレション)」[82]「流曼的厭世家(ローマンチック)」「ストイック教信者」「アドリアチック海」である。そして、活用語尾を伴わない単独での使用例には、「美的(エツセテイク)」「構成的(コンストラクチブ)」「大きい(ビッグ)」「ローマンチック」「ルウズ」が見られる。

　例えば、下記のような用いられ方をしている。

［用例14］　畫家が彼の製作を構成的(コンストラクチブ)と公言しうる時期がくるであらう。

（中澤臨川「思想藝術の現在」大正4年、p.73）

　活用語尾を伴わない場合には、ルビ形式で訳語を伴ったものが多くなっているのが特徴的である。訳語には、「的」という接尾辞が見られ、それが後接要素との接続を明示しているといえる。
　次に、動詞に注目すると、「ペーブされ」「ジヤステイフアイされ」「純化され（レフアイン）」「エキステンドした」（2例）「リンチし」「ジヤンプした」「デヂケートして」「will した」（2例）「has passed した」「スペキュレートする」「ダンピングする」「プツシユす」「正當化する（ジヤスチフアイ）」「民本化する（デモクライズ）」「teach する」「cheat する」「refine する」「would pass する」が見られる。外来語を含む動詞について、米川（2012）では、「デパる」「モダる」など「外来語を使った「る」言葉は古く明治時代の女学生言葉や男子学生言葉に見られ」[83]たと指摘されている。大正期にも使われていたはずだが、本書の調査範囲である『中央公論』の「公論」には出現していない。「外来語（その省略形）に和語の「る」という動詞化する接尾辞をつけた「る」言葉は語形・意味・用法・使用者のいずれの点でも俗語化している」[84]とされており、公論という文脈においては選択されなかったと考えられる。

　原語の品詞をそのまま活かして使用されている例には、感動詞の「ブラボオ」[85]「Prosit Neu Yahr（プロジット ノイ ヤール）」[86]、接頭辞の「反（アンテイ）」が挙げられる。

　　［用例15］　「ブラボオ！西班牙君負けましたね」
　　　　　　　　　　　　　（千葉龜雄「平和思想の徹底のために」大正11年、p.178）

　　［用例16］　すると例の"Prosit Neu Yahr（プロジット ノイ ヤール）！"〰の聲が潮の如く
　　　　　　　湧いて來る。
　　　　　　　　　　　　　（福本日南「カイゼル論」大正元年、p.61）

第 4 章　外来語の品詞及び語彙的特徴　83

「ブラボオ」は［用例15］のように、会話文の中で使用されている。［用例16］は「"Prosit Neu Yahr！"」と括弧で括られているため、感動詞と判断される。一方、［用例17］［用例18］は同じ「プロジット、ノイ、ヤール」が使われており、元々原語では感動詞だったものだが、「～の一聲」、「～である」と後に続いているため、形式としてはどちらも名詞として使われていると判断される。表記も、原語を伴ったルビ表記からカタカナ表記となり、日本語化しているといえる。外国語の感動詞が外来語として受容されて、日本語の文章では名詞の扱いとなっているということでは、［用例19］の「左様なら」もあてはまる。

［用例17］　書生の連中がステッキを振り上げて、プロジット、ノイ、ヤールの一聲で其シルクハットを叩き落す。

（福本日南「カイゼル論」大正元年、p.61）

［用例18］　知るも知らざるも相逢へば、出逢頭がプロジット、ノイ、ヤールである。

（福本日南「カイゼル論」大正元年、p.61）

［用例19］　…それは實際は離別でありまた左様なら（フエーアウエル）であつた。』と彼は言つてゐる。

（中澤臨川「フリードリッヒ、ニーチエ」大正3年、p.54）

また、［用例20］は、「アンテイ」という接頭辞を、ルビ表記によって「反」という漢語の接頭辞と結びつけて表している例である。

［用例20］　基督教に對する反（アンテイ）基督教思想たる異教思想の源は、やはりすべての歐洲文明の源である希臘に發した。

（厨川白村「異教思想の勝利」大正3年、p.96）

第2次単位よりも長い第3次単位で名詞以外のものには、次のような例が出現している。

　　亞米利加化せ／アメリカ化する　埃及化する　歐羅巴化せ
　　基督教化して　アングロサキソン化したる
　　歐化する（3例）　米化せん／米化する　英化せん
　　英國化する　米國化する
　　渡米せる
　　佛米感染(かぶ)れし（2例）　英國感染れし[87]

　上記の例からわかるように、全て「する」がついたサ変動詞となっている。「渡米せる」の語幹となっている「渡米」は、漢語1語としても捉えられる性質を持つ語だが、本書では、「米」がアメリカの音訳の漢字表記の略称であることを理由に、外来語として捉えているため、「渡米せる」は第3次単位として数える。
　この第3次単位の中で最も多いのは、「化＋する」を語尾に伴ったものである。その内実は、4種類からなっている。

　　・「亞米利加」「歐羅巴」などの外国地名についたもの
　　・「歐」「米」などの外国地名の略称についたもの
　　・「英國」「米國」など外国地名の略称＋國の形についたもの
　　・「基督教」などの外国地名以外の名詞についたもの

　「アメリカ」という地名を例に取れば、「亞米利加」「アメリカ」の段階、「米」の段階、「米國」の段階の3種類がある。いずれも「化」という接尾辞に加えた形に、さらに「〜する」を伴うことで、第3次単位では動詞として用いられている。「佛米感染(かぶ)れし」の「感染(かぶ)れ」も、同じく接尾語的用法といえる。

第3次単位において、外来語に接辞が付き、さらにサ変動詞がついて動詞となったという混種語の例が見られることは、漢語や和語の造語力によって、外来語が日本語の語法に即して幅広く使用されているということを意味している。

2　語彙的特徴

次に、語彙という側面から特徴を捉える。

大正期の『中央公論』の外来語にはどういう語が多く見られるのかということを明らかにするために、まず出現回数の多い語に注目する。本書で対象としている大正元年～大正16年の16号分の外来語の中で、上位20位の語は表4のような結果となった。

上位20位の語には、（Ⅰ）外国地名、（Ⅱ）外国人名、（Ⅲ）一般名詞が含まれている。

表4　外来語全体の上位20位までの語[88]

1	アメリカ	1423	地名
2	ドイツ	1408	地名
3	イギリス	1347	地名
4	ヨーロッパ	822	地名
5	ロシア	777	地名
6	支那	710	地名
7	フランス	575	地名
8	オーストリア	322	地名
9	グラッドストン	251	人名
10	デモクラシー	247	一般名詞
11	ブルジョア	223	一般名詞
12	モルレー	221	人名
13	ハンガリー	210	地名
14	ギリシャ	201	地名
15	イタリア	198	地名
16	アイルランド	185	地名
17	インド	174	地名
18	ニーチェ	152	人名
19	チェンバレン	144	人名
20	満州	143	地名

（Ⅰ）外国地名

　上位20位の中には外国地名が14種類含まれている。さらには、8位までの上位語が全て地名である。そして上位3位の「アメリカ」「ドイツ」「イギリス」は延べ語数が1000を超えている。

　6位には「支那」、20位には「満州」という漢字圏の地名が上位に入っている。先行研究では、外来語を対象とする場合、漢字圏の地名は対象外となることが多かったが、大正時代は日露戦争後、満州事変（昭和6（1931）年）までの時期にあたっており、注目度が高かったと考えられる。漢字圏の地名は、「支那問題解決案」（社論、大正元年）のような、漢字圏をその中心に据えた記事に集中して出現することが多いが、「支那」「満州」はより幅広い内容の記事に見られる。本書で漢字圏の地名を含めて調査したことによって、「支那」「満州」の出現回数の多さが浮き彫りになった。

（Ⅱ）外国人名

　人名は、特定の記事に集中して何度も繰り返し登場することで数が多くなっている。9位の「グラッドストーン」、12位の「モルレー」、19位の「チェンバレン」は、蘇峰學人の「毛禮卿及其時代」（大正13年）に、18位の「ニーチェ」は中澤臨川の「フリードリッヒ、ニーチエ」（大正3年）に繰り返し登場する。詳しくは、第4章「3.1　上位20位の固有名詞」で述べる。

（Ⅲ）一般名詞

　一般名詞に注目すると、10位に「デモクラシー」、11位に「ブルジョア」が登場している。11位の「ブルジョア」は「ブル」という略語でも用いられており、それを含めて数えている。固有名詞が9割を占める中で上位語に入っていることから、それだけ注目度も認知度も高い語であったと考えられる。カタカナ表記されていることも、公論の読み手や書き手にとって

は、訳語を漢字で添えたり、アルファベットで原語を示したりする必要のない語であったことを意味している。

このように、外来語を出現回数の多い順に並べると、上位20位の語には地名が多く含まれていることがわかった。一般名詞は世相を反映した「デモクラシー」や「ブルジョア」という語が並んでいる。そして、人名は記事のテーマを反映しており、繰り返されることによって延べ語数を増やしていることが明らかとなった。

3　固有名詞

次に、固有名詞に特化して分析を行う。3.1では、固有名詞の出現回数の多い語を取り上げ、3.2では固有名詞の意味領域から見た特徴を明らかにする。

3.1　上位20位の固有名詞

前節の「2　語彙的特徴」では、全体の外来語のうちの上位20位を見たが、ここでは、固有名詞だけを抽出し、出現回数の多い順に並べた際の上位20位を表5に示している。なお、表中には現行表記を採用した。

表5に挙げた上位20位の語のうち地名が14種類見られる。

8位の「オーストリア」と11位の「ハンガリー」は、「オーストリア・ハンガリー」という形で111回使用されている。「一八六七年から一九一八年までの連合帝国」であり、「オーストリア皇帝がハンガリー国王を兼ね」るという二重帝国であった[89]。

14位の「アイルランド」は蘇峰學人の「毛禮卿及其時代」（大正13年）の記事で最も多く使用されており、156回登場している。

18位の「滿州」は、ポーツマス条約（明治38（1905）年）によってロシアから譲渡された[90]「南滿洲鐵道」の関連語（「南滿洲」「滿鐵」など）のために、出現回数を増やしている。

表5　固有名詞の上位 20 位までの語

1	アメリカ	1423	地名
2	ドイツ	1408	地名
3	イギリス	1347	地名
4	ヨーロッパ	822	地名
5	ロシア	777	地名
6	支那	710	地名
7	フランス	575	地名
8	オーストリア	322	地名
9	グラッドストーン	251	人名
10	モルレー	221	人名
11	ハンガリー	210	地名
12	ギリシャ	201	地名
13	イタリア	198	地名
14	アイルランド	185	地名
15	インド	174	地名
16	ニーチェ	152	人名
17	チェンバレン	144	人名
18	満州	143	地名
19	キリスト	129	人名
20	トルストイ	128	人名

　9位の「グラッドストーン」以下、人名が6種類見られる。

　「グラッドストーン」[91]は、「イギリスの政治家。保守党から自由党に転じ、その党首として、保守党のディズレーリとともに、二大政党による議会政治の典型を示す。蔵相を経て、四度首相に選ばれ、帝国主義と社会主義に反対して、自由主義的立場を堅持した。」[92]という人物である。蘇峰學人の「毛禮卿及其時代」（大正13年）で240回と、繰り返し用いられている。

　10位の「モルレー」は、221例全てが蘇峰學人の「毛禮卿及其時代」（大正13年）に登場する。「モルレー」とは、ジョン・モルレーという人物で、政治ではグラッドストーン最後の内閣のアイルランド大臣を務め、文学では『コブデン傳』（1881年）、『ワルボール傳』（1889年）、『クロムウェル評傳』（1900年）、『グラッドストン傳』（1903年）などを執筆している[93]。『中央公論』では、「モルレー」「毛禮」「モ」「毛」の4種の表記が用いられている。人名の略称表記については、詳しくは、第6章の「5　略称・

略語を含む表記」の人名の部分で述べる。

　16位の「ニーチェ」は、フリードリヒ＝ウィルヘルム・ニーチェのことで、ドイツの哲学者である。中澤臨川の「フリードリッヒ、ニーチエ」（大正3年）で、その生い立ちや業績が詳しく述べられており、この記事だけでニーチェという語が128回登場している。

　17位の「チェンバレン」は、蘇峰學人の「毛禮卿及其時代」（大正13年）に最も多く登場しており、その記事だけで138回繰り返されている。「チ」という略称でも呼ばれている。詳しくは第6章の「5　略称・略語を含む混種語」の人名の部分で扱う。

　19位の「キリスト」は、ここまでに登場した上位の人名に比べ、記事に特別な偏りはなく、大正元年、大正14年を除く14号分に登場しており、大正期の『中央公論』の広範囲にわたって見られる語だといえる。特徴としては、「基督敎／キリスト敎」という混種語の形で87回用いられていることが挙げられる。

　20位の「トルストイ」は、レフ＝ニコラエビチ＝トルストイ（Ljev Nikolajevič Tolstoj）[94]のことで、「戰爭と平和」や「アンナ＝カレーニナ」などを書いた帝政ロシアの小説家である。中澤臨川の「トルストイの藝術」（大正2年）に最も多く登場しており、95例が見られる。

　ここまで見てきたように、人名は、「基督」を除き、特定の記事に繰り返し登場することで延べ語数が増加しているという傾向がある。

3.2　固有名詞の意味領域

　この項では、固有名詞の意味領域に注目して分析を行う。

　第3章の研究方法の「3.2　固有名詞と一般名詞の定義」の「（1）固有名詞」でも示したとおり、固有名詞の意味分類は、『日本語語彙大系』（NTTコミュニケーション科学研究所監修、岩波書店、1997年）を基に、3段階に分けて設定した。第1段階、第2段階、第3段階と進むごとに意味分類が細かくなっていく。

3段階に分けた最大の理由は、「その他」の中の「111文化名」の下位を詳細に分析するためである。まず、「111文化名」の下位とされている「113言語名」「114宗教名」「115流派名」「116作品・出版物名」「117理論・方式名」「118法律名」「119制度名」という『日本語語彙大系』の分類を掲げ、さらに「思想・主義名」「文化・文明名」「原理・規則名」「信徒名」

表6　第1次単位の固有名詞の意味分類と該当例

〈第1段階〉	〈第2段階〉	〈第3段階〉	例			
2 地名	3 地域名	33 国（連邦内）	獨逸	ロシア	朝鮮	愛蘭
		34 州・省等	カリホルニア	サンパウロ	廣東	山東
		42 都市	巴里	維納	紐育	セラエーヴオ
		43 村落	ワアテルロオ	サクラメント	ウエストミンスター	
		4 国際地域名	歐羅巴	亞細亞	アメリカ	
		44 地方名	シベリア	ジョルジヤ		
	47 地形名	49 陸上地形名	スカンヂネビヤ	ヒマラヤ	アルプス	
		50 河川湖沼名	テームス	セーヌ	テーグリス	ナイル
		52 海洋名	バルト	サオスシー	アトランチック	
	54 天体名		ヘルクレス			
	56 建造物名		ジャコビン	パンテオン	ノートルダム	
66 人名	82 神仏名		基督	エホバ	アポロ	ディオニサス
	71 人物名		レニン	毛禮	マルクス	ロイド・ジョージ
85 組織名	86 機関名		シーメンス	ハーウエスター	ロイヤル・ダッチ	
	90 団体・党派名		コムミュン	I・W・W	スコダ	
	97 学校名		牛津	剣橋		
106 その他の固有名詞	107 歴史名	109 時代名	ルネサンス	羅馬の平和（パクス・ロオマナ）		
		110 事件名	ドック・ストライキ			
	111 文化名	113 言語名	サンスクリット	希臘語（グリーキ）		
		114 宗教名	カソリック	回々	ヒンドウ	
		115 流派名	希臘主義（ヘレニズム）	クラシック	ゴシック	デカタン
		116 作品・出版物名	タイムス	デカメロン	ウパニシャッド	
		117 理論・方式名	タクチイク	ニユージヤーナリジム（新式新聞製作法）		
		118 法律名	普通法（コンモンリー）	衡平法		
		119 制度名	アリストクラシー	コンメンダ	公正賃銀條項 Fair Wages Clause	
		思想・主義名	サンヂカリズム	ショウキニズム	コスモポリタニズム	
		文化・文明名	プロレトクリト			
		原理・規則名	テーロル・システム			
		信徒名	ピューリタン	クリスチヤン	モルモニスト	
	120 民族・人種名	120 民族・人種名	アリアン	セミチック	ラテン	ハミチック
		国民名	アメリカン			
		住民名	パリジアン	ヴアンダル	ヒクソス	マタドール
	121 愛称等	122 動物名	ホルスタイン	レグホン	シユロブシヤ	
		123 乗り物名	ドレッドノート	メーフラワー		
		125 プロジェクト名	ネツプ（新經濟政策）			
		126 植物名	ポプラ	シボマドル	サラデラ	
	身分名		イムペラトール	大僧正（アーチビショップ）	帝國大臣	

を追加して、11種類の領域を設けた。ある文化について、そこで使われる言語があり、人々が信仰する宗教があり、独特の理論・方式が生まれ、それが同じような傾向を持つ流派ともなり、法律や制度によって規制される面もある。こうした文化に関する意味領域の広がりが外来語にも現れているということができる。これに、流派や理論・方式とはまた異なる「思想・主義名」という項目名を加え、文化そのものの名前も分類できるように「文化・文明名」を追加した。この意味領域の多様性は、こうした文化の広がりを網羅するほどに、諸外国との関わりは深くなっていたということを意味している。そして、『中央公論』における大正期の外来語の急増というのは、単に延べ語数が増えたというのではなく、意味領域に広がりがあり、種類が豊富であったということができる。

3.3 換喩

固有名詞の中には、換喩によって意味の派生が起こり、もともとは地名を意味していたものが別の意味を持つようになったという例が見られる。

［用例21］　彼は本來英國々教の教職に就くべき望みを以て牛津に學んだが、

(蘇峰學人『毛禮卿及其時代』大正13年、p.192)

［用例22］　モルレー卿の如きも其文筆と而かもオックスフォードの門戸を通つて來たといふ事とは彼の荊棘の路を滑かにするために尋常ならぬ助けであつたゞらう。

(蘇峰學人『毛禮卿及其時代』大正13年、p.208)

［用例23］　彼は一八四六年に生れ英國に於て教育せられ、剣橋に學んだが、

(蘇峰學人『毛禮卿及其時代』大正13年、pp.218-219)

[用例24]　　そして當時の オツクスフオード や ケンブリツヂ の經濟學教授達は、

(石濱知行「世界の失業苦」大正16年、p.60)

　上記の［用例21］から［用例24］までは、「牛津／オックスフオード」「劍橋／ケンブリッヂ」という語で、オックスフォード大学、ケンブリッジ大学を意味している。もともとは地名であったオックスフォードやケンブリッジが、その地に居を構えるオックスフォード大学やケンブリッジ大学の意味で使われている例である。

4　一般名詞

4.1　一般名詞の上位20位までの語

　外来語の一般名詞を出現回数が多い順に並べ、表7に上位20位の語を示す。表中には、現行表記を採用した。

　1位の「デモクラシー」は、大正デモクラシーということばに代表されるように、日露戦争後から大正期にかけて盛んとなった思想である。『中央公論』にも、「デモクラシーの制度を論ず」（室伏高信、大正9年）などデモクラシーに関する記事が多数掲載されている。「デモクラシイ」という表記も併行して使われている。米川（1989：64）には、大正時代に流行した政治・社会と関係の深い語として「デモクラシー」が挙げられており、「一九一六年（大5）から大正デモクラシーの論議が盛んになり、「デモクラシー」とその訳語「民本主義」「民主主義」が流行語となった」と指摘されている。

　2位の「ブルジョア」は、「近代資本主義社会で、資本階級に属する人。また、生産手段を有する人。」[95]のことである。

　そして7位の「ブルジョアジー」は、「階級としてのブルジョアをさす語。市民階級。有産階級。特に資本家階級の意。ブルジョア階級。」[96]のこ

表7 一般名詞の上位20位までの語

1	デモクラシー	247
2	ブルジョア	223
3	プロレタリア	120
4	ギルド	56
5	サンジカリズム	42
6	パーセント	41
7	ブルジョアジー	37
8	ポンド	33
9	ドル	32
10	マルク	28
11	ガス	27
12	エネルギー	23
12	アヘン	23
12	キログラム	23
15	パン	16
15	プロレタリアート	16
17	オペラ	15
17	グラム	15
17	トラスト	15
20	ピアノ	14

とである。『外来語辞典』(勝屋英造、大正3年、p.230) を見ると、次のように書かれている。

　　ブルジョアジー (Bourgeoisie) [佛] 中等社會。特に商人階級。

　3位の「プロレタリア」は、「資本主義社会で、他に一切の生産手段を持たず、自分の労働力を資本家に売り渡して生活する賃金労働者。また、その階級。無産者。」[97]のことであり、「ブルジョア」と対になる語である。
　調査範囲には、略語である「プロ」「ブル」という語が見られた。『日本国語大辞典第二版』では、「プロ」は、「「プロレタリア」、または「プロレタリアート」の略。」[98]、「ブル」は、「「ブルジョア」「ブルジョアジー」の略。」[99]であると説明されている。「舊プロ文學の破滅と新プロ文學の創造」(林癸未夫、大正13年) に、「プロ派」「ブル派」などの形で登場している。

ここでの「プロ」「ブル」は「プロレタリア」「ブルジョア」であると判断し、そちらに含めて数えた。「時ならぬ波瀾を捲き起した階級文學の論戦」[100]とあるように、当時注目を浴びていたために、略語を使用しても読者が十分理解できる語であったということがわかる。第6章の「5.3　一般名詞の略語を含む混種語」でも詳しく取り上げる。

　4位の「ギルド」は、「親方、職人、徒弟から成る商工業者の特権的同業団体。中世のヨーロッパの都市において発達し、日本にも同種のものが存在した。」[101]というものである。単独での使用のほかに、「ギルド社會主義」という混種語の形での使用が多く見られる。「ギルド社会主義」は、「第一次世界大戦後にイギリスに起こった社会主義運動。経済民主主義をめざす改良主義で、民主的国家機構の中に職能別組合を包括する全国的ギルドを設け、生産の管理に当たることを主張した。コール（G. D. H. Cole 1889～1959）らが提唱。」[102]というものであり、当時最新の考え方であったことがわかる。

　ここまで、抽象的な名詞を見てきたが、具体的な名詞は11位の「ガス」以下に見られる。

　「ガス」は、1例を除き、全て「瓦斯」というように漢字表記である。「國政並に市政に對して私の持つ不服の廉々」（堀江歸一、大正12年）という記事では、「瓦斯會社」「瓦斯料金」「瓦斯供給量」といった形で多用されている。また、「帝都復興豫算と財政私見」（渡邊鐵藏、大正13年）では、関東大震災復興の「瓦斯事業」について述べられている。

　12位の「エネルギー」は、科学的な文脈で用いられている。

　　［用例25］　一グラムの銅貨を分解して得る エネルギー は約六十八億馬力で、

　　　　　　　　　　　　　　（中澤臨川「思想藝術の現在」大正4年、p.58）

　同じく12位の「アヘン」は「阿片」という漢字表記で書かれており、

「支那に於ける阿片問題[103]」として外交関連で登場している。

　15位の「パン」は、いわゆる食品そのものを指す例は、「翌日（あした）からパンの値段が半分に下がるとか、」(吉野作造「憲政の本義を説いて其有終の美を濟すの途を論ず」大正5年、p.34)のみである。その代わり「パンを得る」という慣用句が5例見られる[104]。

　　[用例26]　故に先に述べた現今の青年が學問すれば名利、一口に云ふパンを得る、或は名を成す、或は立身する爲めの如き、何れも現今なる時と、我國なる土地以外に心を放つ事ないが故に非宗教的と云ひたい。
　　　　　　(新渡戸稲造「現今の青年と人生に對する根本信念」大正5年、pp.169-170)

　　[用例27]　(卽ち、職業といふものによつて只單に日々のパンを得るばかりでなく、此の世に生れて來た各自のいのちを生かして行き育てゝ行くことが出來たとしたら、)
　　　　　　(小野俊一「子孫崇拜論」大正12年、p.148)

　　[用例28]　故に彼[105]が中等教育は其父の少からざる犠牲によつて出で來り、大學教育は彼の奬學金を得た自力によつて出で來り、今や己れのパンを得べく倫敦に出で來つたのである。
　　　　　　(蘇峰學人「毛禮卿及其時代」大正13年、p.197)

　　[用例29]　如何に就職が困難にしてパンを得ざる知識階級の失業者が多きかを窺ふことが出來る
　　　　　　(水野廣德「行政整理の犠牲者と新卒業生の就職難問題」大正14年、p.152)

　　[用例30]　併しパンを得ざる者あるに拘はらず菓子を食ふ者ありとすればそこに重大なる社會的禍機の發生することを免れないで

あらう。
（水野廣德「行政整理の犧牲者と新卒業生の就職難問題」大正14年、p.153）

　ここに挙げたように、「パン」は、「（比喩的に）食物。生活の糧（かて）。また、生活。」[106]の意味で使用されている。「パンを得る」という慣用句に象徴されるように、具体的な食べ物を指す語というだけでなく、抽象度の高い意味でも用いられていることがわかる。英語には earn one's bread という言い方があり、それに影響された言い回しだと考えられる。［用例26］から［用例30］以外でも、「或は中世都市國家の終末に、多くの職業を奪はれた失業者がパンを求めて都大路を漂泊した史實を發見する事が出來る」（石濱知行「世界の失業苦」大正16年、p.55）のように、労働問題を論じる中で比喩的な用いられ方をしている例がある。外来語の中でも「パン」はポルトガル語由来であり、その歴史は古い語であるが、時が経って、ただ生活に密着した語というだけでなく、パンが労働問題を語るキーワードとなっているのである。
　17位の「オペラ」は、渡邊鐵藏の「音樂私論」（大正11年）に特に繰り返し登場している。
　8位の「ポンド」、9位の「ドル」、10位の「マルク」、12位の「キログラム」、17位の「グラム」というように、通貨や重さの単位が上位に見られる。
　こうして用例を検討してみると、『中央公論』の外来語の一般名詞のうち出現回数の多いものには、当時の社会を捉えるための「ブルジョア」「プロレタリヤ」「ギルド」といった抽象度の高い語から、科学的な文脈に登場する「エネルギー」「ホルモン」、外交的な文脈に登場する「アヘン」、経済的な文脈に登場する「瓦斯」「パン」、それらを論じる上で必要な単位である「ポンド」「キログラム」といった単位などが見られることがわかった。
　また、広範囲に見られる語という観点では、例えば、1位の「デモクラ

表8 「デモクラシー」と「サンジカリズム」の年別分布状況

	デモクラシー	サンジカリズム
大正元年	0	1
大正2年	0	1
大正3年	0	1
大正4年	8	1
大正5年	8	3
大正6年	2	1
大正7年	5	1
大正8年	62	0
大正9年	117	23
大正10年	3	1
大正11年	12	2
大正12年	1	6
大正13年	13	0
大正14年	0	0
大正15年	13	0
大正16年	3	1
合計	247	42

シー」、5位の「サンジカリズム」はどちらも、表8のように、大正元年から大正16年のうちの12号分に登場している。年によって出現回数にばらつきはあるが、大正年間を通じて使用された外来語であるといえる。

次に、分析の角度を変えて、（Ⅰ）一般名詞上位20位の語がいつから使用されている語なのか、そして（Ⅱ）原語は何であるのか、という観点から考察してみる。

まず、（Ⅰ）一般名詞の上位20位の語がいつから使用されている語なのかに注目する。その判断は、『日本国語大辞典第二版』で初出とされている用例の出典の成立年または刊行年によることとする。

明治期より前、明治期、大正期の3つに分けると、次の表9のような結果となる。表中には現行表記を採用した。3つの時期の中では、明治期に入ってきた語が11語と最も多い。明治期より前のものが4語、大正期のものは5語である。明治期より前のものも、明治期のものも、引き継がれ、さらに、大正期には新語としての外来語が用いられていると捉えることができる。

表9　上位20位の一般名詞の外来語の初出年

	初出	順位	上位20位の一般名詞
明治より前	1592	15位	パン
	1713	12位	アヘン
	1833	11位	ガス
	1857	9位	ドル
明治期	1868	8位	ポンド
	1877	4位	ギルド
	1877	12位	キログラム
	1877	17位	グラム
	1881-84	17位	オペラ
	1883	1位	デモクラシー
	1890	10位	マルク
	1899	17位	トラスト
	1902	6位	パーセント
	1904	20位	ピアノ
	1908	12位	エネルギー
大正期	1914	5位	サンジカリズム
	1914	7位	ブルジョアジー
	1918	15位	プロレタリアート
	1922	2位	ブルジョア
	1923	3位	プロレタリア

　明治期より前の外来語には、「パン」「アヘン」「ガス」という一般名詞が見られる。「パン」と「アヘン」は、具体物を表す語であるが、先述したように、「パンを得る」の形で食糧を表す一種の例えとしても用いられ、「アヘン」問題を論じるキーワードとして使用されている。一般に知られているという段階よりもさらに定着の進んだ段階といえる。「ガス」は、明治期にガス会社が設立しており、大正期においては既に人々の間で身近な語であったと考えられる。また、「ドル」のような交流の盛んな国の貨幣の単位が見られる。これらはいずれも初出年から時間が経っており、短期間のうちに消えずに残っていることから、浸透度および定着度の高い語だといえる。

　明治期の外来語は、「オペラ」「ピアノ」といった文化の受容とともに入ってきたと考えられる語、「キログラム」「グラム」「パーセント」「マルク」「ポンド」といった単位を表す語のようなものから、「デモクラシー」

「トラスト」「エネルギー」といった思想を表す語や社会、経済用語まで見られる。明治期より前からの語よりも抽象度が高い語が含まれているといえる。

　そして、大正期の外来語は、「サンジカリズム」「ブルジョアジー」「プロレタリアート」「ブルジョア」「プロレタリア」と、当時盛んであった社会運動に関連する語が並んでいる。順位についても、2位、3位、5位、7位と上位の語が並んでいることから、最新の用語として受容され、公論の文章の中で繰り返し用いられていることがわかる。

　次に、（Ⅱ）原語は何であるのかという観点から分析を行う。上位20位の一般名詞の外来語の原語に注目すると、次の表10のようになる。
　いずれも『日本国語大辞典第二版』に原語として記載されているものを参照した。原語の種類としては、英語、ドイツ語、イタリア語、フランス

表10　上位20位の一般名詞の外来語の原語

原語	順位	上位20位の一般名詞
英語	1位	デモクラシー
	4位	ギルド
	6位	パーセント
	8位	ポンド
	12位	アヘン
	17位	トラスト
ドイツ語	3位	プロレタリア
	10位	マルク
	15位	プロレタリアート
	12位	エネルギー
フランス語または英語	5位	サンジカリズム
	12位	キログラム
	17位	グラム
オランダ語または英語	11位	ガス
イタリア語	17位	オペラ
	20位	ピアノ
フランス語	7位	ブルジョアジー
	2位	ブルジョア
ポルトガル語	15位	パン
オランダ語	9位	ドル

語、ポルトガル語、オランダ語が見られた。原語が2つ併記されているものについては、フランス語または英語、オランダ語または英語のように記した。

その結果、最も多いのは英語の6語であった。次に多かったドイツ語には、「プロレタリア」や「プロレタリアート」といった労働者階級を示す語、貨幣の単位である「マルク」といった語が見られた。一方、「プロレタリア」「プロレタリアート」に対立する「ブルジョア」「ブルジョアジー」という資本家階級を表す語はフランス語に由来している。そして、「オペラ」や「ピアノ」といった音楽用語はイタリア語由来である。

明治以降は英語が主流になるといわれながら、一方では専門分野別に違いがあるということがいわれてきた。大正期にあっても、全てが英語由来というのではなく、一般名詞の上位20位の語だけを見ても、全6種類の言語を由来とすることがわかった。

4.2　一般名詞の意味領域

一般名詞の意味領域の分類には、『分類語彙表　増補改訂版』（国立国語研究所）を参照した。「部門」と呼ばれる、小数点第1位までの分類番号が付けられたものを用いて、「1.1抽象的関係」「1.2人間活動の主体」「1.3人間活動―精神および行為」「1.4生産物および用具」「1.5自然物および自然現象」の5つに分類した。その結果が表11である。

5つの部門のうち、「1.3人間活動―精神および行為」に該当する語が最も多くなっている。「1.3人間活動―精神および行為」の下位分類は、心、言語、芸術、生活、行為、交わり、待遇、経済、事業であり、抽象度の高い語が該当するといえる。

美尾（1989）では、抽象概念を示す外来語について次のように述べている。

「もの」は生活の実質面にかかわり、「こと」は生活の精神面にかかわ

表11　一般名詞の意味領域

『分類語彙表増補改訂版』の部門	延べ語数
1.1抽象的関係	556
1.2人間活動の主体	733
1.3人間活動―精神および行為	903
1.4生産物および用具	345
1.5自然物および自然現象	275
不明	117
一般名詞の合計	2929

る。心の世界に外国語が根ざした観念を取り入れるということは、一大変革を意味する。便宜性だけで安易に取り入れる「もの」とは違って、「こと」の取り入れには、堅く閉ざした心になにがしかの変化が生じたか、社会的必然性のようなものがあったと予測される。事実、近年定着したと思われる外来語は、その予測を裏切らない。(p.17)

　抽象概念を示す外来語は、なにがしか大きな変化があったか、社会的必然性のようなものがあって、取り入れられるものだと述べている。大正期の『中央公論』には、「1.4生産物および用具」などの具体的なものを表す外来語よりも、「1.3人間活動―精神および行為」を表す語が多くなっているため、生活の精神面においても外来語が取り入れられており、表面的な受容にとどまらず、日本語により深く入り込んできていることがわかる。

　こうした特徴を踏まえ、下記に各部門に該当する代表例を挙げながら、さらにその傾向を分析する。なお、該当例を挙げる際に、各部門の下位分類である「中項目」[107]の見出しをつけることで、その傾向をつかむ手がかりとした。

　まず、「1.1抽象的関係」では、「量」という中項目に該当する語が多くなっている。この「量」の下位分類には「助数接辞」、つまり単位を表す語が見られる。その数は延べ249例であり、「1.1抽象的関係」全体の半数近くを占める。

1.1 抽象的関係
- 事柄…シンボル　スタイル　タイプ　データ　實(リアリテイ)
- 類…ヂレンマ　カテゴリー　レヴェル　奇論(パラドクス)　空虚(ナッシング)　階級(クラス)
- 様相…バランス　コンビニエンス　イージーゴーイング　エキス　本質(エツセンス)　プロポーション　メリット　メキヤニズム　ムード　ルウズ
- 時間…エポツクメーキング　オリジナリテイ　ゼネレーション
- 空間…カーブ　極限(リミツト)
- 力…勢力(エナジー)
- 作用…流動的 flüssige　プロセス
- 形…ギヤツプ　ボタン・ホール
- 量…磅　マルク　噸　瓦　基瓦　弗　哩　志　法　仙(フラン)　呎(セント)　パーセント　ページ　エーカー　ペンス　コレクション　リズム　テンポ　細部(デイテール)
- 真偽…ラデヰカル　フォーマル

「1.2人間活動の主体」では、「人物」に該当する語が多くなっている。一般名詞の上位20位にも入っていた「ブルジヨア」「プロレタリヤ」が見られるほか、人物を表す「〜ist」という語尾を持つ「マルクシスト」「プラグマチスト」「フアシスト」「イマジニスト」「リアリスト」などの語が多く見られることが特徴である。

1.2　人間活動の主体
- 人間…人間(マン)　自己 (Selbst)
- 人物…ヒーロー　インテリゲンツィヤ　ブルジヨア　プロレタリヤ　マルクシスト　プラグマチスト　フアシスト　イマジニスト　リアリスト　ヤンキー　ソフィスト　合理派(ラシヨナリスト)　情男情婦(スウイートハート)　聖者(セイント)　觀光客(ツーリスト)

　　　　　革命家（レボリユーシヨニスト）
・成員…コツク　パトロン　リイダー　マネージヤー　メンバア
　　　　　大僧正（アーチビショップ）　チヤムピオン　ブローカー　農民（ムジツク）
　　　　　職人（journeymen）
・公私…コロニー
・社会…カフエー　市場（マーケツト）　ミツシヨン、スクール　ユートピア
・機関…倶樂部　職人組合（トレイド・ユニオン）　ミュジアム　ギルド　トラスト
　　　　　カルテル　ホテル　コンサートホール　リーグ
　　　　　マヂヨリテイ

　「1.3人間活動—精神および行為」では、「心」に当てはまる語が目立って多い。その理由は、「デモクラシー」や、「～ism」という語尾を持つ「インターナシヨナリズム」「インダストリアリズム」「エゴイズム」「ナシヨナリズム」「ヒユウマニズム」「フアシズム」「プラグマチズム」「本然主義（ナチユリズム）」などの思想・主義を表すことばが多くなっているためである。

　1.3　人間活動—精神および行為
・心…ポイント　デモクラシー　サンヂカリズム　イデオロギー
　　　　アムビツシヨン　數學氣質（エスプリ・ゼオメトラリク）　ローマンチツク　イズム
　　　　インスピレーシヨン　本然主義（ナチユリズム）　インターナシヨナリズム
　　　　インダストリアリズム　エゴイズム　ナシヨナリズム
　　　　ヒユウマニズム　プラグマチズム　フアシズム
　　　　センセーシヨン　ホームシツク　マイナス
・言語…バイブル　バロメーター　ニユース　ステーツメン
　　　　　モツトー　プロパガンダ　プラン
・芸術…オーケストラ　デツサン　戯曲（ドラマ）
・生活…クリスマス　イムペリアル、オペラ　テニス　カルタ
　　　　　ピンポン　モード　祭祀（アポシオシス）　ストライキ　ダンス

　　　　　　　フエアープレー　センチメンタル
・行為…イニシアチーヴ　テクニーク
・交わり…クーデター　フオーラム　軍事(ミリタリー)
・待遇…レフェレンダム　ブラックメール　リコール
・経済…ボイコット
・事業…ビジネス

　「1.4生産物および用具」は、具体的な事物と直接結びついた意味分野だといえる。全体の延べ語数が決して多いわけではないが、最も多い「瓦斯」でもその出現回数が27回にとどまっていることを考えると、その分、種類が多く、幅広い意味領域で外来語が用いられていたということができる。『分類語彙表　増補改訂版』の中項目を参照して分類すると、資材、衣料、食料、住居、道具など多岐に亘って該当例が見られた。

　1.4　生産物および用具
・物品…スタンプ[108]
・資材…ステツキ　釦　パンフレット　マッチ　瓦斯　グラス
　　　　ガソリン　イルミネーション　コンクリート
・衣料…ズボン　ジヤケット　シルクハット　ネクタイ
　　　　フロックコート　コスチユウム　天鵞絨　フランネル
・食料…パン　カレー　ジヤム　バタ　シヤムペン　火酒(ヲツカ)
　　　　ジンジヤービーヤ　ビール　珈琲　シガレット　煙草
　　　　コカイン
・住居…ビルデイング　仕事場(アトリヱ)　カセドラル　バラック
　　　　シヨウ・ウヰンドー　ステーヂ　ストーヴ　ベッド
・道具…ペン　コップ　ナイフ　ピストル　サーベル　シヤベル
　　　　レンズ　ピアノ　スフィンクス
・機械…ボート　ヨット　スリーピング、カー　ラジオ　アンテナ

ポンプ
・土地利用…ガーデン　アーケード

　「1.5自然物および自然現象」は5つの分類項目のうちで、最も該当例が少なかった。その中でも、「ウラニウム」「ラジウム」などの元素をはじめとする物質や、「爬虫類（Theriomorpha）」などの動物名が多く見られた。そして、生命では、「ペスト」「窒扶斯」などの流行病の名前が挙がっている。

　例えば、「子孫崇拝論」（大正12年）には、「プランクトン」や「プレシオサウリア（長頸龍）」など、動物、身体に関する語が120例登場しており、この記事の筆者である小野俊一は生物学者である。また、中澤臨川の「思想藝術の現在」（大正4年）では、過去2〜30年の科学の進歩、改変について述べており、その中で、「ラジウム」や「エネルギー」といった語が多く見られる。この分類にあてはまる語は、専門性の高い文章や、学術について述べた文章で多用されており、テーマとの関連性が高いといえる。

1.5　自然物および自然現象
・自然…エネルギー　ハーモニー
・物質…ダイヤモンド　ウラニウム　ラジウム　ヘリウム
　　　　プラスチツク　プラズマ
・天地…ジャングル　パノラマ
・生物…原形質（プロムプリズム）
・植物…バナヽ　カヽオ
・動物…爬虫類（Theriomorpha）　マングース
　　　　アムモナイト（菊石）　バクテリア
　　　　プレシオサウリア（長頸龍）
・身体…アメーバ　バチルス　ホルモン　プランクトン　ミイラ
・生命…Influenza　ペスト　マラリヤ　窒扶斯　實扶的里　生存（エキジステンス）

上記に挙げた5つの部門に分けられず、「不明」[109]とした語が延べ117例ある。このことは、『分類語彙表　増補改訂版』では、大正期の『中央公論』に見られる外来語を全て分類するのは難しいということを意味している。不明分の分類方法については、今後の課題としたい。

　前項の「4.1　一般名詞の上位20位までの語」には、「生産物および用具」にあたるもので、かつ、大正期に初出の語は見られなかった。しかし、一般名詞全体に目を向けると大正期における新語が見られる。例えば、当時、最新の媒体であった「ラジオ」は「無線電話(ラヂオ)」という表記で登場している。

> ラジオ（英 radio）㊀《名》《ラディオ》①放送局から、受信機のある聴取者に電波を利用して、ニュース・音楽・演芸などの音声を送るもの。また、それを受信する側の装置、およびその放送内容。日本では、大正一四年（一九二五）以降、一般に普及した。
>
> 　　　　　　　　　　　　　　　　　　（『日本国語大辞典第二版』13巻、p.772）

　上記に引用したように、『日本国語大辞典第二版』の語釈には、ラジオは日本では大正14年以降に一般に普及したと書かれている。本書の調査範囲で見られた「無線電話」の例は次のような文脈で登場する。

> ［用例31］　無線電話(ラヂオ)の使用が行渡つて、街の角、家の中、いたるところに於て、都市の中心地で奏でられる音樂が聞き得るやうになつてゞなければ、現代の大都市に於て斯の如き事を望むのは最早不可能である。
>
> 　　　　　　　　　　　　　（佐藤功一「都市美論」大正13年、p.148）

　現行の電波法を見ると、「無線電話」という言い方が残っている。

三「無線電話」とは、電波を利用して、音声その他の音響を送り、又は受けるための通信設備をいう。

［用例31］は、大正13年の記事であるため、大正14年に社団法人東京放送局（JOAK）がラジオ放送が開始する前の、ラジオに関するごく初期の例だといえる。最新の外来語をいちはやく取り入れ、訳語と合わせてルビの形で示している様子がわかる。そして、その時に付けられた訳語である「無線電話」は、現在では、日常的には使われていないものの、未だ法律の中に残っている用語であることがわかった。

5　まとめ

第4章では、品詞と語彙という大きく2つの研究角度から、大正期の『中央公論』の外来語を考察してきた。

まず、品詞的特徴としては、名詞が全体の98％と最も多くなっていた。その他に、形容動詞、動詞、感動詞、接辞が登場している。形容動詞や動詞の語幹は、原語の品詞にかかわらず、外来語としては名詞化している。その名詞化した外来語に「〜する」などの活用語尾をつけて、動詞や形容動詞として日本語の語法に沿った形で用いている。こうした品詞的特徴から、翻訳するだけではなく、カタカナ表記の名詞に活用語尾を付すことによって日本語の中に取り入れられていることがわかる。

そして、語彙的特徴としては、上位20位までの語のうち、固有名詞が9割を占めていることが挙げられる。地名が多く見られ、中でも上位3位の「アメリカ」「ドイツ」「イギリス」が各延べ1000を越えており、特に関心が高かったことがわかる。人名も、「グラッドストーン」が9位に入るなど、外来語全体でも上位に入るほどの延べ語数であるが、その用いられ方は記事の内容による影響が大きい。つまり、人名の場合は、ある特定の記事の中で何度も繰り返されることによって延べ語数を伸ばしているのであ

る。

　固有名詞の意味領域に注目すると、参照した『日本語語彙大系』をほとんど網羅しており、特に、「文化名」において意味の広がりが見られる。こうして幅広い意味領域に該当する例が見られるという現象は、『中央公論』における大正期の外来語の急増が、単なる延べ語数の増加というのではなく、種類も豊富であったということを意味している。

　これまでの研究では、一般名詞が中心であり、固有名詞の研究といえば、外国地名の主要国のみが対象であり、略称や漢字圏の地名は省かれてしまっていた。また、大正期を網羅するような研究も少なかった。しかし、本書で固有名詞を対象として、大正元年から大正16年までの16号分の調査を行ったことで、外来語の中で固有名詞が大きな割合を占めていることがわかった。そして、大正期『中央公論』の外来語の実態が明らかになっただけでなく、当時の日本の外交関係や人々の関心を捉えることができる結果を得られた。

　一般名詞については、公論としての特色が色濃く表れた結果となった。最も多く出現していたのは、大正期を象徴する語といえる「デモクラシー」である。一般名詞を意味領域という観点から考察すると、思想・主義を表す「デモクラシー」などのように、「1.3人間活動―精神および行為」に分類される語が最も多く見られた。そして、次点には、出現回数の上位語に表れているように、「1.2人間活動の主体」に分類されている「ブルジョア」「プロレタリア」のような階級を表す語や、「ギルド」のような組合を表す語と、社会の仕組みを説明する語が続いている。

　全体では、「〜ism」や「〜ist」という語末を原語に持つ語や、「パーセント」「ポンド」「ドル」など単位を表す語が目立ち、抽象的な語が多くなっている。一方、具体的な語は、延べ語数は少ないものの、その種類は多岐に亘っていることが明らかになった。

　そして、一般名詞の外来語の初出年に注目すると、明治期が最も多く、明治期より前からの定着度の高い語から、明治期には抽象度の高い語も含

むようになり、大正期の新語としての外来語まで、重層的に蓄積されていることがわかった。また、一般名詞の上位20位の語の原語に注目すると、英語が最も多いが、フランス語やドイツ語など全6種類の言語を由来とする語が見られた。

　以上、まとめると、大正期の『中央公論』における外来語は、固有名詞が最も多く、その意味領域は多岐に亘り、特に文化名において広がりが見られることが明らかになった。一方、一般名詞には、抽象度の高い語が増えていることがわかった。活用語尾を付して品詞を変えて用いられたり、慣用句が使用されたりするなど、量的にも質的にも外来語が増加していることが明らかになった。

注

71　「英」「米」などの略称を含む。
72　『中央公論』から原文のまま引用している。ただし、傍点のみ反映しなかった。用例には、通し番号を付けた。また、用例に付けられた四角囲みは引用者による。以下同様である。
73　「ツランセンデンタルな」の「ツランセンデンタル」は、「transcendental」のこと。
74　「トラヂショナルな」の「トラヂショナル」は、「traditional」のこと。
75　勝屋英造（1914）『外来語辞典』東京：二松堂書店
76　現在の各種英和辞典では、proudという語に対しては「自尊心のある」という意味が1つ目に載せられている。
77　「演繹的の」の「デタクチーブ」は、「deductive」のこと。
78　「帰納的の」の「インダクチーブ」は、「inductive」のこと。
79　「エナーヂェチックに」の「エナーヂェチック」は、「energetic」のこと。
80　石濱知行「世界の失業苦」大正16年、p.54
81　「質的であつて」の「質的」は、「qualitative」のこと。
82　「行政的支配」の「エキスユーチーブ」は、「executive」のこと。
83　『外来語研究の新展開』p.74
84　『外来語研究の新展開』p.74
85　「ブラボオ」は、「Bravo」のこと。
86　ドイツ語で「Prosit Neu Jahr」は、「あけましておめでとう」の意味。

87 「實際獨逸に取るべき所が多い上、板垣の自由黨が佛米感染れし、大隈の改進黨が英國感染れし、世間が騷ぐので、獨逸を以て其頭を押へるの得策なるを認めた。」(三宅雪嶺「皇太子殿下をことほぐ」大正10年、p.40)とあることから、「英國感染れし」の「感染れ」も「かぶれ」と読ませていると考えられる。

88 「英」「米」などの略称表記も含む。「ヨオロッパ」「歐羅巴」といった表記のゆれは区別せずに数え、ヨーロッパという現行表記に代表させている。表5も同様である。

89 『日本国語大辞典第二版』 2巻 p.938、「オーストリア・ハンガリー帝国」参照。

90 『日本国語大辞典第二版』12巻 p.783、南満州鉄道」参照。

91 「虜翁」という表記も見られる。詳しくは、「第6章5.2 人名の略称を含む混種語」で説明する。

92 『日本国語大辞典第二版』 4巻 p.1049、「グラッドストーン」参照。

93 蘇峰學人「毛禮卿及其時代」(大正13年)より。

94 『日本国語大辞典第二版』 9巻 p.1438、「トルストイ」参照。

95 『日本国語大辞典第二版』 11巻 p.1077

96 『日本国語大辞典第二版』 11巻 p.1078

97 『日本国語大辞典第二版』 11巻 p.1104、「プロレタリア」参照。

98 『日本国語大辞典第二版』 11巻 p.1095、「プロ」参照。

99 『日本国語大辞典第二版』 11巻 p.1068、「ブル」参照。

100 「舊プロ文學の破滅と新プロ文學の創造」大正13年、林癸未夫著、p.123

101 『日本国語大辞典第二版』 4巻 p.618、「ギルド」参照。

102 『広辞苑 第六版』参照。

103 「支那に於ける阿片問題の重大なるは論ずるまでもなく、各國互に協力し阿片の弊害を絶滅せんことに努めて居る、一九〇六年支那光緒皇帝は自から阿片禁止令を發し、續いて一九〇九年上海に阿片會議開かれ、一九一一年には支那英國間に今後七ヶ年間支那國内に於ける阿片の栽培禁止を條件として、印度よりする對支那阿片輸出を遞減するの阿片禁止協約が出來たのは人の知るところ、又同年海牙に阿片會議開かれ、各國阿片禁止策を講じたことも周知の事實である。」(米田實「日本の外交的環境」大正14年、pp.85-86)

104 米川(1984:14)は、「スタートを切る」などの慣用句、つまり外来語と和語動詞が結合して、句を作るということは、日本語の中に一般化してきたことを示すものであると指摘する。

105 ここでの「彼」は、モルレー卿のこと。

106 『日本国語大辞典第二版』11巻 p.5、「パン」参照。
107 『分類語彙表 増補改訂版』では、小数点第2位までの数字で表されている。
108 「スタンプ」は切手のこと。
109 不明分には、アルファベット表記やカタカナ表記の語や、「〜的」という翻訳特有の表現ゆえに、その意味を『分類語彙表 増補改訂版』の分類に当てはめることが難しかったものが多数含まれている。また、「and」や「if」のように、英語では接続詞だが、日本語の文脈においては名詞となっているものも含まれている。

第5章　外来語表記の特徴

　ここまでは語彙という観点で外来語を見てきたが、同じ語であってもその表記にはバリエーションがある。そこで、本章では、大正期の『中央公論』の外来語を「表記」という観点から考察し、その実態を明らかにする。

　この章の1では外来語の表記形式、2では固有名詞の表記、3では一般名詞の表記、4では複合語の表記、5では句や文の表記、6では外来語表記のゆれ、7では外来語表記の変遷を取り上げる。

1　外来語の表記形式

　外来語の表記はカタカナに限らない。大正期の『中央公論』の外来語はどのように表記されているのか、字種に注目し、その種類や組み合わせを概観することから始める。

1.1　外来語の表記形式の種類

　大正期の『中央公論』の外来語の表記形式は三分することができる。その3種類とは、（単）単表記形式、（ル）ルビ形式、（併）併記形式である。以下のように定義する。

　　（単）カタカナのみ、漢字のみ、アルファベットのみの「単表記形式」
　　（ル）外来語をルビに置いた「ルビ形式」
　　（併）各要素を同じ大きさの字で前後に並べる「併記形式」

　これら3形式に使用されている字種を、（漢）漢字、（カ）カタカナ、

（ひ）ひらがな、（A）アルファベットで示すことにする。例えば「譲󠄁與󠄁コンセッション」は、「譲󠄁與󠄁」の部分を本行、「コンセッション」の部分をルビと呼ぶこととすると、ルビ形式で本行が漢字、ルビがカタカナであるため、「ル・漢カ」と表すことができる。また、「黑點 Sun-Spot」は、「黑點」という漢字と「Sun-Spot」が併記されているので、「併・漢A」と示すことができる。

形式と字種を単純に組み合わせると、表記の種類は、単表記形式が4種類、ルビ形式と併記形式が各16種類ということになる。2つの字種が組み合わさっているルビ形式と併記形式では、漢字と漢字の併記形式、本行がカタカナでカタカナルビというように、同じ字種が組み合わさることは考えにくい。そこで、同じ字種の組み合わせを除くと、ルビ形式と併記形式は各12種類となる。

以上、想定される組み合わせを全て挙げると、表12のようになる。

想定した表記形式28種類のうち、『中央公論』に見られたものに関して、実際の用例を挙げている。つまり、表12で用例の挙がっている13種類の表記形式は、『中央公論』に見られる表記形式ということである。

この13種類の表記について、形式別に詳しくみていく。

まず、単表記形式の場合、4種類全ての形式で該当する用例を確認でき、漢字、カタカナ、ひらがな、アルファベット[110]の全ての字種が外来語表記に用いられていることがわかる。

次に、ルビ形式で表されているものは、3種類が見られる。「襯衣しゃつ」というルビがひらがなとなっている例（ル・漢ひ）のほか、ルビがカタカナのものには、「譲󠄁與󠄁コンセッション」のように本行が漢字の例（ル・漢カ）と、「agerアーゲル privatusプリバトス」のように本行がアルファベットとなっている例（ル・Aカ）が見られた。調査範囲内には「振り漢字」と呼ばれるルビに漢字を用いる例や、ルビにアルファベットを用いるような例は見られない。また、ルビ形式の本行にカタカナやひらがなを用いる例も見られなかった。

そして、併記形式は6種類が見られる。「創意（イニシアチヴ）」「アム

表12　外来語の表記形式と『中央公論』の用例[111]

	分類記号		本行 併記（前）	ルビ 併記（後）	用例
単表記 形式	単	漢	－	漢字	—	獨逸
	単	カ	－	カタカナ	—	デモクラシー
	単	ひ	－	ひらがな	—	きゃらこ
	単	A	－	アルファベット	—	Injunction
ルビ 形式	ル	漢	カ	漢字	カタカナ	譲與（コンセツシヨン）
	ル	漢	ひ	漢字	ひらがな	襯衣（しやつ）
	ル	漢	A	漢字	アルファベット	
	ル	カ	漢	カタカナ	漢字	
	ル	カ	ひ	カタカナ	ひらがな	
	ル	カ	A	カタカナ	アルファベット	
	ル	ひ	漢	ひらがな	漢字	
	ル	ひ	カ	ひらがな	カタカナ	
	ル	ひ	A	ひらがな	アルファベット	
	ル	A	漢	アルファベット	漢字	
	ル	A	カ	アルファベット	カタカナ	ager privatus（アーゲル プリバトス）
	ル	A	ひ	アルファベット	ひらがな	
併記 形式	併	漢	カ	漢字	カタカナ	創意（イニシアチヴ）
	併	漢	ひ	漢字	ひらがな	
	併	漢	A	漢字	アルファベット	黒點 Sun-Spot
	併	カ	漢	カタカナ	漢字	アムモナイト（菊石）
	併	カ	ひ	カタカナ	ひらがな	
	併	カ	A	カタカナ	アルファベット	マクロビオチック Macrobiotique
	併	ひ	漢	ひらがな	漢字	
	併	ひ	カ	ひらがな	カタカナ	
	併	ひ	A	ひらがな	アルファベット	あたりまいのこと a truism
	併	A	漢	アルファベット	漢字	Individuum 個體
	併	A	カ	アルファベット	カタカナ	
	併	A	ひ	アルファベット	ひらがな	

モナイト（菊石）」のような漢字とカタカナ（併・漢カ、併・カ漢）、「黒点 Sun-Spot」「Indiviuum 個體」のような漢字とアルファベット（併・漢A、併・A漢）、「マクロビオチック Macrobiotique」のようなカタカナとアルファベット（併・カA）、「あたりまいのこと a truism」のようなひらがなとアルファベットの組み合わせ（併・ひA）が見られる。漢字とカタカナ、漢字とアルファベットの組み合わせでは、両者の順序を入れ替えたパターンも見られたが、カタカナとアルファベットの組み合わせでは、カタ

カナが前でアルファベットが後という用例のみしか見られなかった。カタカナを主に、アルファベットは補助的に用いられていたためと考えられる。併記形式では、漢字とひらがなの組み合わせは見られなかった。

単表記形式、ルビ形式、併記形式の3種類に共通することとして、漢字、カタカナ、アルファベットを中心に字種が選択されていることを指摘できる。ひらがなを用いた例は、単表記形式の「きやらこ」、ルビ形式の「襯衣(しゃつ)」、併記形式の「あたりまいのこと a truism」の3例のみであり、特異な例と考えられるためである。

これらの分析を通して、外国語をどのような字種に置き換えて受容しているか、という見方をすると、下記のような特徴が見られる。

- アルファベットのまま受容する
- 漢字に置き換える
- カタカナに置き換える
- ひらがなに置き換える
- カタカナとアルファベットを組み合わせるときは、カタカナをルビに置く場合と、併記形式の前半に置く場合がある
- 原語と漢字表記の訳語と組み合わせて示すときは、原語はアルファベットのまま併記するか、カタカナに置き換えてルビ形式か併記形式を取る

1.2 外来語表記の量的特徴

ここまで『中央公論』の表記形式の種類について見てきた。次に、固有名詞と一般名詞について、『中央公論』に使用されている13種類の表記形式別に該当例を数えると、表13のような結果となった。

固有名詞では、『中央公論』に見られる13種類の表記形式のうち、10種類の表記形式が使用されていることがわかった。該当する例を見ると、漢字の単表記形式（単・漢）が最も多く（延べ10943例）、カタカナの単表記形

表13　固有名詞と一般名詞の各表記形式の延べ語数とその比率

	本行	ルビ	固有名詞	一般名詞	固有名詞%	一般名詞%	全体
	併記（前）	併記（後）					
単表記形式	漢字	—	10943	233	56.75%	7.95%	11176
	カタカナ	—	8039	2138	41.69%	72.99%	10177
	ひらがな	—	0	1	0.00%	0.03%	1
	アルファベット	—	106	132	0.55%	4.51%	238
ルビ形式	漢字	カタカナ	107	303	0.55%	10.34%	410
	漢字	ひらがな	0	1	0.00%	0.03%	1
	アルファベット	カタカナ	7	8	0.04%	0.27%	15
併記形式	漢字	カタカナ	2	5	0.01%	0.17%	7
	漢字	アルファベット	42	67	0.22%	2.29%	109
	カタカナ	漢字	29	14	0.15%	0.48%	43
	カタカナ	アルファベット	6	14	0.03%	0.48%	20
	ひらがな	アルファベット	0	1	0.00%	0.03%	1
	アルファベット	漢字	3	12	0.02%	0.41%	15

式（単・カ）がそれに続いている（延べ8039例）。漢字形式のうち4624例が「露」「伊」などの地名の略称や、「沙[112]」などの人名の略称である。

一方、一般名詞では、『中央公論』に見られる13種類すべての形式が確認できる。そのうち、カタカナの単表記形式（単・カ）が2138例と最も多くなっている。

形式別に見てみると、ルビ形式では、3種類の形式のうち、本行が漢字でルビがカタカナ（ル・漢カ）という形式が主であることがわかる。

併記形式を見ると、固有名詞では、漢字とアルファベットの併記（併・漢A）が42例と最も多く、カタカナと漢字の併記（併・カ漢）が29例とそれに続く。一般名詞では、漢字とアルファベットの併記（併・漢A）が67例と最も多く、この点では固有名詞と共通している。それに続いて、カタカナとアルファベットの併記（併・カA）が14例、そしてカタカナと漢字の併記（併・カ漢）が14例使用されている。併記形式の特徴をまとめると、最多形式は漢字とアルファベットの併記（併・漢A）であり、翻訳によって外来語の意味を表している漢字に、原語であるアルファベットを添えたものである。併記形式内の字種の順序については、カタカナが前、アルファベットが後に置かれる傾向が見られる。

2 固有名詞の表記

外来語の表記について、まず、固有名詞に限ってその表記を分析する。固有名詞の中でも、「地名」「人名」「書名」の3種に焦点を当てて調査を行った。

2.1 地名の表記

はじめは、地名の表記についてである。

固有名詞についての先行研究は少ないが、地名・人名・書名の中で地名は、主要国を中心に研究が行われてきた分野ではある。

例えば、上野（1981）は外国地名について、仮名垣魯文の『西洋道中膝栗毛』を資料に、（イ）文体差と表記法の関係、（ロ）表記法の使い分け、（ハ）地域と表記法の関係、という観点で分析を行っている。その結果、次のようなことを述べている。ひらがなは会話文に使用され、「俗」としての表記として用いられているとしている。カタカナは地の文に使用されており、狭い範囲である地勢名、或いは新奇な地名に使用されているという。一方、ヨーロッパ、アジアと身近な地域には漢字表記、新しい或いは関心の低い地域にはカタカナ表記が用いられていると述べている。こうした分析の結果、当時は、地名表記は漢字で行うべきだという意識が強かったと結論づけている。

こうした先行研究の成果を踏まえ、漢字圏の地名、略称を含む全ての地名を対象に調査を行った。

（1）地名の表記形式の種類

地名の表記形式には、（Ⅰ）カタカナ表記、（Ⅱ）漢字表記、（Ⅲ）ルビ表記の形式が見られる。全体の表記の種類を示した時には見られた併記形式が地名の表記には用いられていない。

はじめに、カタカナ表記の地名に注目する。次に挙げた、国名、国際地

域名、州・省等、都市、村落、河川湖沼名、陸上地形名といった語が該当する。

　（Ⅰ）カタカナ表記
　・国名
　　　ドイツ　アメリカ　イギリス　フランス　ノルエー　スエーデン
　　　サヰェート・ロシヤ　デンマーク　　ブラジル
　・国際地域名
　　　ヨーロツパ　アジア
　・州・省等
　　　オハイオ州　サンパウロ州　ネヴァダ州　コロンビア州
　　　コロラド州
　・都市
　　　ストックホルム　セバストボール　バーミンガム　シアートル
　　　フィレンツェ
　　　ブタペスト　ライプチッヒ　レーニングラード　ワシントン
　・村落
　　　ウエストミンスター　サクラメント　ワアテルロオ
　・河川湖沼名
　　　ナイル河　テーグリス　ユーフラテス　ナイヤガラ　アマゾン川
　・陸上地形名
　　　バルカン半島　スカンヂネビヤ　ニユーギニア島　マルタ島
　　　オリムパス山

　この中にはカタカナ専用の地名と、漢字を使用している地名がある。次に、漢字表記の例を挙げる。

　（Ⅱ）漢字表記

・漢字圏の地名
　　支那　朝鮮　臺灣　滿洲　哈爾賓
・国名
　　獨逸　亞米利加　英吉利　佛蘭西　那威　露西亞　伊太利　愛蘭
　　和蘭　普魯西　洪牙利　白耳義　墨其哥　葡萄牙　埃及　羅馬尼
　　加奈陀
・国際地域名
　　歐羅巴　阿弗利加　亞細亞
・州・省等
　　山東省　四川　廣西　福建　布哇
・都市
　　維納　浦鹽斯德　北京　上海　天津　漢陽　君府　紐育
　　聖彼得堡　桑港　市俄古[113]　海牙　巴里　哈爾賓　平壤　廣東
　　莫斯科

　カタカナ表記と漢字表記の例を見比べると、カタカナ表記の方が村落や河川湖沼名、陸上地形名など、より小規模の地名にも対応しているといえる。
　「ドイツ／獨逸」「アメリカ／亞米利加」「イギリス／英吉利」「フランス／佛蘭西」「ノルエー／那威」のように両方の表記が出てくる地名もある。この表記のゆれに関しては、詳しくは第5章「6　外来語表記のゆれ」で扱う。
　なお、漢字表記の地名はほとんどが音訳であるが、一部、「牛津」「剣橋」などの意訳[114]が含まれている。
　また、漢字圏の地名に注目すると、大正期を通じてカタカナ表記が見られず、漢字表記のみである。「州・省等」については、表記に地域差が見られ、カタカナ表記ではアメリカの州を中心としているのに対し、漢字表記では「四川」「山東省」「福建」などアジアに偏っている。

そして、漢字とカタカナを合わせた表記として、数は少ないが、ルビ形式を取っているものが見られる。

(Ⅲ) ルビ形式
威爾塞(ウエルサイユ)　君府(コンスタンチノープル)　拉丁(ラテン)　元(ゲン)

ルビ形式はいずれも1回のみの使用である。それぞれ「ヴエルサイユ」「威爾塞」「コンスタンチノープル」「君府」「拉丁」「元」というカタカナや漢字の単表記形式でも使用されており、繰り返し登場するものも多い。こうした状況から、これらのルビ形式は地名の読み方の確認のために用いられた表記であると考えられる。

(2) 地名の略称表記

外国地名の略称についての研究には、先行研究でも述べたように、王 (1996) がある。その中では、「アジア」「アフリカ」「アメリカ」「イギリス」「オーストラリア」「ドイツ」「フランス」「メキシコ」「ヨーロッパ」の9つの地名を具体例に、略称について述べている。『中央公論』での略称は、「亞」「阿」「米」「英」「濠」「獨」「佛」「墨」「歐」であるが、王 (1996) に挙げられている表記と比較してみると、「濠」を除いて一致している[115]。このことから、『中央公論』での略称は一般的な表記が採用されているということが確認できる。

この9つの地名のほかに、『中央公論』に出現した略称を列挙する。

　　　伊（イタリア）　露（ロシア）　墺（オーストリア）
　　　勃（ブルガリア）　普（プロイセン）
　　　白（ベルギー）　西（スペイン）　土（トルコ）　瑞（スイス）
　　　塞（セルビア）
　　　加（カリフォルニア）

蘭（オランダ）　萄（ポルトガル）　藏（チベット）
諾・那（ノルウェー）　匈・洪（ハンガリー）
支（支那）　滿（満州）　蒙（蒙古）　韓（韓国）　鮮（朝鮮）
上（上海）　香（香港）

　ここに挙げたように、国名の「伊」「露」など、州名の「加」、漢字圏の地名である「支」「滿」などが見られる。現在では存在していないプロイセン、支那、満州、蒙古だが、当時は「普」「支」「滿」「蒙」という略称表記が使用されており、略されてもどの地域を指しているのかが理解できるような、注目度の高い地域であったことがわかる。
　ノルウェーは、「諾」「那」の2種類の略称が見られる。略さない音訳表記でも「諾威」と「那威」の両方の表記が出現している。また、ハンガリーも「匈」「洪」の2種類の略称があり、略さない音訳表記でも「匈牙利」「洪牙利」という表記が確認できる。
　王（1996）には、略称について元の音訳表記の一文字目と二文字目のどちらが選ばれているかという観点での調査がある。それをここでの例に当てはめて考えると、「墺」「白」「西」などほとんどが一文字目であるが、「蘭」「萄」「藏」「鮮」の4種類の略称は二文字目を採用した書き方である。
　二文字目が採用されている例について詳しく見てみると、次のようになっている。
　まず、「蘭」は、音訳表記では「和蘭陀」や「和蘭」などが用いられる。「和」という略称が使われることはなく、日本を意味する「和」との混同を避けているものと思われる。同じく「西藏」が「藏」としているのも、スペインの略称「西」や方角の「西」との混同を避けているものと思われる。そして、「萄」は音訳表記では「葡萄牙」、「鮮」は「朝鮮」と表記されるものである。現行表記を考えると、「葡」や「朝」という略し方もあり得るが、どちらも本書の調査範囲では1例ずつしか用例が見られな

かったため、今後も検討が必要である。

　ここまで述べてきたことをまとめると、略称が用いられているのは、主にヨーロッパの地域であり、国名を表すものが多いということがわかる。略称を用いるのは、出現回数が多い地名であり、当時それだけ注目の高い地域であったということができる。また、それらは各公論のテーマやタイトルとも直結するものである。

　こうした略称が多数用いられた時代背景の一つに、大正3（1914）年にヨーロッパで第一次世界大戦が起こったことが挙げられる。略称は国同士の関係性を示す場合にしばしば用いられており、「普佛戰爭」といった戦争や、「日英同盟」といった同盟国を表す例が目立っている。

　また略称にはしばしば「國」が付く。『中央公論』では下記の12種類である。

　　米國　英國　佛國　露國　普國　墨國　白國　墺國　伊國　洪國
　　支國　塞國

　そして、漢字での略称のほかに、「ボ・ヘ」（ボスニア・ヘルツエゴヴイナ）というカタカナの略称表記が見られる。

（3）イギリス、アメリカ、ロシア、フランス、ドイツの表記状況
　次に、大正年間を通じて出現回数の多い地名であるイギリス、アメリカ、ロシア、フランス、ドイツの5カ国に限って、略称との関係を調査する。ここでは略さない表記のことを「非略称表記」と呼ぶことにする。非略称表記と略称表記の分け方は、非略称表記は「アメリカ」「亞米利加」「阿米利加」などのカタカナ表記および音訳の漢字表記とし、略称表記は「米」「英」などの漢字1文字の表記とする。このように分けると、各年の延べ語数は表14のようになる。非略称表記すべての延べ語数と、略称表記の延べ語数を比べ、多い方に網掛けをしている。

第5章 外来語表記の特徴 123

そうすると、イギリスは大正15年以外、アメリカは大正13年以外で、略称表記の方が優勢となっている。イギリスについては、大正元年、2年、4年で非略称表記であるカタカナ表記や漢字表記は0例であり、略称表記のみが使用されている。それに対し、ドイツは、16号全てにおいて、非略称表記であるカタカナ表記や漢字表記の方が多く用いられている。ロシアとフランスは、大正の初期は略称表記だが、後期には非略称表記であるカタカナ表記や漢字表記が用いられている。非略称表記のカタカナ表記や漢字表記の方が多くなってくるのは、フランスの方がロシアよりも早い。

ここまで略称表記と、非略称表記であるカタカナ表記および漢字表記を比べてきたが、次に、非略称表記であるカタカナ表記と、漢字表記を比較

表14 イギリス、アメリカ、ロシア、フランス、ドイツの非略称表記と略称表記の延べ語数の年別比較

		大正元年	大正2年	大正3年	大正4年	大正5年	大正6年	大正7年	大正8年	大正9年	大正10年	大正11年	大正12年	大正13年	大正14年	大正15年	大正16年
イギリス	イギリス / 英吉利	0	0	2	0	15	3	3	32	7	2	5	1	13	1	33	51
	英	93	22	18	76	57	25	47	235	65	27	70	25	133	106	20	161
アメリカ	アメリカ / 亞米利加 / 阿米利加	2	4	6	1	15	2	17	9	6	1	16	2	189	18	26	38
	米	17	20	121	160	27	13	56	234	39	41	102	17	23	80	36	69
ロシア	ロシア / ロシヤ / 露西亞	6	19	8	5	7	0	2	39	46	9	6	154	19	23	46	46
	露	12	40	17	45	11	5	12	63	7	44	25	37	1	11	1	6
フランス	フランス / 佛蘭西 / 佛蘭	4	4	18	4	22	8	8	37	28	8	26	20	25	1	21	27
	佛	29	9	26	20	21	0	27	53	26	25	1	22	30	4	5	
ドイツ	ドイツ / 獨逸 / 獨乙	50	11	37	115	80	15	33	367	95	143	42	29	49	104	32	62
	獨	6	2	6	26	9	0	8	30	10	7	16	3	4	15	1	4

する。カタカナ表記には「ロシア」「ロシヤ」など、漢字表記には音訳された「亞米利加」「阿米利加」などを分類した。

表15を見ると、ドイツ、フランスは、漢字表記の方が優勢であったことがわかる。ドイツは大正元年〜6年、9年、10年ではカタカナ表記の用例が0で、大正16年にはカタカナ表記が多くなっている。フランスは大正元年〜4年、7年、14年ではカタカナ表記の用例が0で、大正15年、16年にはカタカナ表記が多くなっている。表14の結果と合わせると（表16参照）、大正初期は略称「佛」、大正5年頃から「佛蘭西」が多くなり、大正15年、16年で「フランス」が増えることがわかる。

ロシアは、表15のとおり、大正元年〜7年まではカタカナ表記の用例が0だが、大正11年からカタカナ表記の方が多い年が見られるようになってきている。

アメリカは、大正3年が4例、大正8年が9例とカタカナ表記の方が漢字表記より多くなっているが、大正元年〜14年の傾向としては漢字表記の方が多くなっており、大正15年、16年でカタカナ表記が多くなっている。

表15　イギリス、アメリカ、ロシア、フランス、ドイツのカタカナ表記と漢字表記の年別比較

		大正元年	大正2年	大正3年	大正4年	大正5年	大正6年	大正7年	大正8年	大正9年	大正10年	大正11年	大正12年	大正13年	大正14年	大正15年	大正16年
イギリス	イギリス	0	0	0	0	0	0	1	27	1	0	0	1	2	0	14	50
	英吉利	0	0	2	0	15	3	2	5	6	2	5	0	11	1	19	1
アメリカ	アメリカ	0	0	4	0	0	0	0	9	2	0	4	0	4	6	24	37
	亞米利加 阿米利加	2	4	2	1	15	2	17	0	4	1	12	2	185	12	2	1
ロシア	ロシア ロシヤ	0	0	0	0	0	0	0	10	4	2	5	7	13	10	43	44
	露西亞	6	19	8	5	7	0	2	29	42	7	1	147	6	13	3	2
フランス	フランス	0	0	0	0	1	0	1	0	15	12	1	1	5	0	13	24
	佛蘭西 佛蘭	4	4	19	4	21	7	8	22	16	7	25	19	20	1	8	3
ドイツ	ドイツ	0	0	0	0	0	0	10	55	0	0	1	6	2	4	40	
	獨逸 獨乙	50	11	37	115	80	15	23	312	95	143	41	28	43	102	28	22

第5章　外来語表記の特徴　125

　イギリスのカタカナ表記は、大正元年〜6年と、大正10年、11年、14年で0例であり、ほとんど使われていなかったことがわかる。一方で、英吉利という漢字表記は、大正元年、2年、4年、12年で0例であった。カタカナ表記に比べれば、漢字表記は一定数見られるが、略称表記の方が圧倒的に多く見られるということがわかった。

　5カ国すべてに共通する傾向として、大正初期には漢字表記が優勢だったのが、大正16年にはカタカナ表記が優勢になっている。その転換期は地名によってまちまちであるが、カタカナ化の傾向が見られるといってよい。

　最後に、略称表記と非略称表記の表（表14）に、非略称表記のカタカナ表記と漢字表記の延べ語数（表15）を合わせた総合的な表である表16を示す。

　そうすると、ドイツのように一貫して漢字表記が多い国がある一方で、アメリカやイギリスのように一貫して略称の多い国が見られる。そして、ロシア、フランスでは、大正年間に略称からカタカナ表記へという変化の

表16　イギリス、アメリカ、ロシア、フランス、ドイツの年別表記状況のまとめ

		大正元年	大正2年	大正3年	大正4年	大正5年	大正6年	大正7年	大正8年	大正9年	大正10年	大正11年	大正12年	大正13年	大正14年	大正15年	大正16年
イギリス	イギリス	0	0	0	0	0	0	0	1	0	0	0	1	2	0	14	50
					2		2	15	3	3	5	5	11	13	19	33	51
	英吉利	0	0	0	0	0	0	1	27	7	0	2	1	1	1		
				2			15	2	5	32			5				
	英	93	22	18	76	57	25	47	235	65	27	70	25	133	106	20	161
アメリカ	アメリカ	0	0	4	0	0	0	0	9	2	0	4	0	4	24	37	
	亞米利加	2	4	4	2	6	0	15	15	2	17	9	4	1	12	16	2	2	185	189	12	18	2	26	1	38
	阿米利加	0		0			1										
	米	17	20	121	160	27	13	56	234	39	41	102	17	23	80	36	69
ロシア	ロシア	0	0	0	0	0	0	0	0	0	3	1	0	0	0	0	0
	ロシヤ	0	6	0	19	0	8	0	5	0	7	0	0	2	10	39	1	46	1	9	5	6	3	154	10	19	10	23	42	46	17	46
	露西亞	6		19	8		5		7			2	29		42		7		1	147		6	13			2	
	露	12	40	17	45	11	5	12	63	7		44	25	37	5	11	6
フランス	フランス	0	0	0	0	0	0	1		0	15	12		1	0	13	24
	佛蘭西	4	4	4	4	18	4	4	21	2	7	8	8	27	31	16	28	9	7	8	25	26	19	20	20	25	1	1	4	21	3	27
	佛蘭	0															
	佛	29	9	26	20	21	0	27	53	26	25	17	1	22	30	4	5
ドイツ	ドイツ	0	0	0	0	0	0	10	55	0	0	0	1	6	2	4	40
	獨逸	50	50	11	11	35	37	115	115	80	80	15	15	23	33	312	367	95	95	143	143	41	42	28	29	43	49	102	104	28	32	6	62
	獨乙	0		0	2		6		0								16	
	獨	6	2	0	26	9	0	5	30	10	7	16		4	15	1	4

傾向が見られることがわかった。

2.2 人名の表記

人名の表記には、(Ⅰ)漢字表記、(Ⅱ)カタカナ表記、(Ⅲ)アルファベット表記、(Ⅳ)併記形式の4種類がある。

はじめに、「(Ⅰ)漢字表記」について考察する。ここではルビ形式も合わせて考察する。

明治時代には、ヘボンを「平文(へぶん)」とするように、人名に音訳の漢字を当てることがあったが[116]、大正期の『中央公論』にはほとんど見られない。

外国人名の漢字表記のうち、漢字圏の人名など原語が漢字表記であるもの(例：袁世凱　愛親覺羅)を除くと、次のような例が見られる。

基督　耶蘇　馬太　保羅(パウロ)　以賽亞書　奈破裂翁(ナポレオン)一世　奈破翁戰役
毛禮卿　亜歴山(アレキサンドル)三世　歴山第三世　路易[117]十四世　維廉(カイゼル)二世
聖彼得(サンペトロ)

「基督」「耶蘇」「馬太」(マタイのこと)「保羅(パウロ)」「以賽亞」(イザヤのこと)と、宗教関係者に漢字表記が見られることが特徴的である。ルビは読みを示すためのものだけでなく、「維廉(カイゼル)二世」のように、ルビでは「カイゼル」と示し、それが本行では「維廉二世」とウィルヘルム二世であることを示しているものがある。

大正期の『中央公論』の人名の表記では、「(Ⅱ)カタカナ表記」が優勢である。

アリストートル　ヴィクトリア　ウイルソン　カーライル　カント
ゲーテ　ジヤンダーク　シヨーペンハウエル　スターリン
スペンサー　ソクラテス　チエムバーレン　デカルト　トルストイ
ナポレオン　ニーチェ　パーネル　ビスマルク　ベルグソン

ベルンシユタイン　マルクス　ミル　ムッソリニ　ルソー　レーニン　ロイドジヨージ　ロツク　ワグナー

　人名の表記の特徴として、アルファベットのカタカナ書きが見られる。それは、例えば、「エイチ・ジイ・エルス」[118]の「エイチ」(H) や「ジイ」(G) などである。「エイチ・ジイ・エルス」という人名は、別の号に登場している「H. G. Wells」[119]のことであると考えられる。「ジエー・ダブリユー・スコット」という人名も、別の号では、「スコット教授 J. W. Scott」と書かれている。現在はよく H・G・エルスや、J・W・スコットという書き方が見られるが、大正期の『中央公論』には見られず、頭文字のアルファベットをカタカナ書きした例が用いられているのである。

　また、姓名など名前の区切りに使用する記号は複数が併用されている。「アダム、スミス」「アダム・スミス」のように、同じ人名で記号の異なるものがあるが、明確な使い分けが見られない。なお、「アリストオトル／アリストートル」といった表記のゆれは、第5章「6　外来語表記のゆれ」で扱う。

　「(Ⅲ) アルファベット表記」の用例としては、「D. Friday」「G. H. Darwin」「H. G. Wells」「Raymond Unwin」が見られる。人名のアルファベット表記はあまり多くないが、本の著者名を示す場合に用いられるという特徴がある。

　「(Ⅳ) 併記形式」としては、「スコット教授 J. W. Scott」「マック・ケナス Mac Kenas 氏」のように、カタカナとアルファベットを組み合わせた例が見られる。全てカタカナが前で、アルファベットが後という順であり、カタカナで日本語での読み方を示した後、アルファベットで原語での表記を示す形式である。カタカナ表記の部分では、アルファベットの部分で示されているファーストネームやミドルネームの頭文字が反映されていない点が、この表記形式の特徴である。

2.3 書名の表記

書名は、（Ⅰ）カタカナ表記、（Ⅱ）アルファベット表記、（Ⅲ）ルビ形式、（Ⅳ）併記形式の4種類が見られる。

「（Ⅰ）カタカナ表記」では、「クレイツエロヴア、ソナタ」「トラヴァイユ」「インフェルノ」「デカメロン」「ダイアナ・オブ・ゼ・クロッスウエース」などが見られる。

「（Ⅱ）アルファベット表記」では、「Statistics of Income-American Economic Review」「Principles of Sociology.」「The Mammoth and the Flood」「The Biology of War」「The Age of Mammals.」が見られる。特にカタカナ表記や訳語のような注記はなく、引用した文などに添えて、引用元を示す際に用いられる表記形式である。

翻訳の注記があるものには、（Ⅲ）ルビ形式と、（Ⅳ）併記形式がある。

「3）ルビ形式」では、カタカナルビに漢字の翻訳を添えた形式（ル・漢カ）が見られる。具体的には、『この人を見よ（エクセ・ホモ）』「歐洲植民史（ユーロピアン・コロニーズ）」「産業文化の將來（プロスペクツ・オヴ・インダストツリアル・シギリゼーション）」が該当する。

「4）併記形式」は、2種類見られる。

1つは、漢字とアルファベットの併記（併・漢Ａ）である。例えば、「『この人を見よ』（Ecce Homo）」「總べての鍵 Clavis universalis」「「鐘の歌」Das lied von der Gloche」が該当する例である。同じ書名が『この人を見よ（エクセ・ホモ）』と「『この人を見よ』（Ecce Homo）」というように、3）ルビ形式と、4）併記形式の両方の形式で出現しており、それぞれの表記の特色がよくわかる。この場合、外来語は、ルビ形式ではカタカナ表記、併記形式ではアルファベット表記を用いて示されている。また、翻訳の漢字表記はルビ形式では本行、併記形式では前に置かれており、どちらも翻訳を主にして読むことができるような表記になっている。

もう1つは、カタカナと漢字の併記（併・カ漢）である。例えば、「グレーターブリテン（より大なる英國）」「ザ・サーヴィス・オブ・マン（人間奉仕）」「ノーツ・オブ・ポリチックス・アンド・ヒストリー（政治及び

歴史に就ての覺書）」「「パーネルズム、アンド、クライム」（パーネル宗と罪惡）」「オン・コムプロマイス（調和について）」が挙げられる。外来語がアルファベット表記されて併記される場合には、後に置かれていたのに対し、カタカナ表記では前に置かれており、外来語を主とする表記になっていることがわかる。

　ここで挙げた用例によって指摘してきたように、書名の併記形式の特徴として、外来語を翻訳のタイトルの前に置く場合はカタカナ表記、後に置く場合はアルファベット表記を用いていることがわかった。

3　一般名詞の表記

　外来語の表記について、今野（2009）では、handkerchiefという語を例に、どのように表記されているか、特に漢字による表意的表記に注目して考察し、次のように述べている。

> 先には、既存の和語、漢語にあてられる（ことが定着している）漢字列を横滑りさせてあてるやり方について述べた。この、既存の和語または漢語の語義が書き表そうとしている外来語の語義とよく重なり合っている場合には、この「やり方」でもさほど不都合はないことになる。しかし、語義が重なり合う既存の和語、漢語がなかった場合には、①「かなり語義がずれていることを承知の上で、既存の漢字列を使う」か、②「今書き表わそうとしている外来語の語義が「よみて」に感じとられるように漢字を選び用い、いわば新鋳した漢字列によってその外来語を書き表わす」か、①②いずれかの「やり方」をとることになる。①②の「やり方」に振仮名の使用を加えることもできる。振仮名が語形を明示していることが明らかであれば、漢字列の「負担」はそれだけ軽減されていることになる。欧米の言語の語を書き表わすのに、漢語にあてられる漢字列によって書き表わした場合、欧米

系言語と中国語との語彙体系の違いから、「ずれ」がみえてしまうことがあると予想される。(pp.25-26)

ここでは、外来語を表す方法として漢字を選択する場合に、既存の語に意味の近い語があるかどうかという観点から、その問題点を指摘している。

固有名詞の場合には、その性質から既存の語を用いて意味までも示すことは難しい。そのため、前節の結果でも、原則として漢字やカタカナによって日本語の体系に沿った音に置き換えることで受容されているということが確認された。書名に関してのみ訳語と合わせて示す方法が見られた。

一方、一般名詞の場合には、具体物でも抽象的なことでも、同じものやこと、あるいは似たようなものやことについての既存の和語や漢語が存在する可能性が高い。以下に、一般名詞がどのように受容されているか、その表記に注目して詳しく見ていく。

3.1 漢字表記

まず漢字表記されたものを取り上げる。大正期の『中央公論』の外来語において、漢字表記された一般名詞の中には、「単位」が多く見られる。該当する語を下記に全て挙げる。

　　重さ…噸　瓦　瓩・基瓦　封度
　　長さ…呎[120]　哩　米突・米
　　通貨…弗　磅　法　馬克　志[121]　仙　留[122]
　　その他…基瓦米突　頁

「封度」と「磅」に注目すると、これらの語は、原語では pound、カタカナではポンド[123]と表記上は区別することはできない。本書の調査範囲に

おいて漢字表記で書かれたものを見比べると、「封度」は重さを表す単位[124]、「磅」は通貨の単位として用いられており、例外は見られなかった。よってこれらは音と意味の両方を示すことのできる表記といえる。

その他、具体物を表す語を中心に、下記のような漢字表記の一般名詞が見られた。

　　天鵞絨　釦　煙草　骨牌
　　珈琲　護謨　硝子　瓦斯　窒扶斯
　　阿片　燐寸　實扶的里[125]　倶樂部　浪漫[126]

これらの原語に注目する。『日本国語大辞典第二版』でポルトガル語が原語として載っているものは、下記の通りである。

　　天鵞絨…ビロード（veludo）
　　釦…ボタン（botaõ）
　　煙草…タバコ（tabaco）
　　骨牌…カルタ（carta）

また、『日本国語大辞典第二版』でオランダ語が原語として載っているものは、下記の通りである。

　　珈琲…コーヒー（koffie）[127]
　　護謨…ゴム（gom）
　　硝子…ガラス（glas）[128]
　　瓦斯…ガス（gas）[129]
　　窒扶斯…チフス（typheus）

ポルトガル語は16世紀頃、オランダ語は18世紀からと、いずれも西洋の

ことばの中では早い段階で接触していた言語であり、それだけ長く用いられ日本語における定着度の高い語が多いといえる。

　ポルトガル語やオランダ語由来ではない語も、漢字表記されている語は明治期には知られていたと考えられる語ばかりである。以下、『日本国語大辞典第二版』に載っている語義や語誌からまとめる。

　「阿片」は「英語では opium という。もと中国の音訳」（1巻、p.509）とされている。1840～1842年に起こったアヘン戦争など、日本においても注目度が高かったと推測される語である。

　「燐寸」は、『中央公論』内に「マッチ」という表記でも登場している。『日本国語大辞典第二版』の「マッチ」では原語表示は「（英 match）」となっており、語誌には「日本で製造されるようになったのは明治八年（1875）」（12巻、p.452）とある。勝屋英造編『外来語辞典』（二松堂書店、1914年）の「マッチ」の項目を見ると、「（一）摺附木。燐寸。」（p.260）という語釈がついている。

　「倶樂部」は、『日本国語大辞典　第二版』の「クラブ」の項によれば、「最初は社交機関の名称として用いられていたが、次第にその用法を拡大し、明治二〇年代に入ると政治団体の名称としても用いられるようになる」（4巻、p.1051）とある。勝屋英造編『外来語辞典』（二松堂書店、1914年）の「クラブ」の項目を見ると、「（一）會。組合。會舘。倶樂部。」（p.76）と書かれている。

　「燐寸」も「倶樂部」も当時の外来語辞典の語釈にその漢字が掲載されているということは、それだけ定着度の高い表記であったといえる。

　「實扶的里」は、『日本国語大辞典第二版』の「ジフテリア」の項によれば「（英 diphtheria）」（6巻 p.982）という英語由来の語である。勝屋英造編『外来語辞典』（二松堂書店、1914年）では、次のように説明されており、当時一般的な漢字表記であったと考えられる。

　　ヂフテリア（實扶的里亞）＝（Diphtheria）［獨］幼兒に多き一種の

傳染病。馬脾病。

(p.146)

「浪漫」は、単独での使用ではなく、「浪漫的」「浪漫派」「浪漫主義」といった混種語の形で用いられている。『日本国語大辞典第二版』の「ロマン主義」の項目を参照すると、「日本では明治二〇年代から三〇年代にかけて、「文学界」「明星」などの詩歌・評論を中心に展開された文芸運動をさす。個人主義・自由主義思想の発展に伴い、封建性からの自我の解放、確立を目指したが、一方、空想的・耽美的芸術をも志向した。」(13巻p.1211)と書かれている。元々は「一八世紀から一九世紀にかけて、ヨーロッパを中心に興隆した思潮。」(13巻 p.1211) である。「明治四〇年代において、「スバル」「三田文学」を中心に永井荷風・谷崎潤一郎の小説、木下杢太郎・北原白秋・吉井勇の詩歌などを代表とする耽美主義的文学の出現が、新たな展開として把捉され」[130]ていた時期であり、大正当時に流行の思想であった。

用例を挙げて見てきたように、一般名詞の外来語のうち、漢字表記されているものは、単位と、ポルトガル語やオランダ語を原語とするものが中心であることがわかった。上記に説明をほどこした以外の語も、大正時代に発行された『外来語辞典』(勝屋英造編、二松堂書店、1914年) の見出しや語釈などに載っており、漢字の当て方としては、広く知られた典型的なものが用いられていることが判明した。

3.2　ルビ形式

『中央公論』における、ルビの付いた一般名詞には、(Ⅰ) 記号、(Ⅱ) 単位、(Ⅲ) 具体名詞、(Ⅳ) 抽象名詞、(Ⅴ) 英語以外を原語とする語が見られる。複数に該当する場合は両方に数えている。

以下、一項目ずつ分析していく。

「(Ⅰ) 記号」とは、アルファベットで示された記号の読み方としてルビ

が付けられているものである。

<ruby>α<rt>アルファ</rt></ruby>線　<ruby>β<rt>ベータ</rt></ruby>線　<ruby>γ<rt>ガンマ</rt></ruby>線

ギリシャ文字の読み方がルビとして付けられており、一度読み方が示された後は、「α線」「β線」「γ線」とルビ無しで用いられている[131]。

「（Ⅱ）単位」には、漢字表記で見られたのと同様に、単位が一定数見られる。

<ruby>語<rt>ワーヅ</rt></ruby>　<ruby>片<rt>ピース</rt></ruby>
<ruby>片<rt>ペンス</rt></ruby>　<ruby>仙<rt>セント</rt></ruby>　<ruby>法<rt>フラン</rt></ruby>

ここに挙げた例は、その使用はいずれも一回限りである。
「仙」「法」のような通貨の単位には、前項の「3.1　漢字表記」にも見られた音訳の漢字が当てられた例が含まれている。一方で、翻訳の漢字表記が当てられた「語」「片」などは「ワーヅ」「ピース」といったカタカナ表記のみでの使用は見られない。『中央公論』の本文は原則ルビを振らない方針となっているため、「語」や「片」という漢字を付した二重表記を使用することで、外来語を使用しながらも意味の理解の助けになるようにしたと考えられる[132]。

「（Ⅲ）具体名詞」とは、外来語の示す対象物が具体物であるもののことである。例えば次のような例である。

<ruby>聖書<rt>バイブル</rt></ruby>　<ruby>把手<rt>ハンドル</rt></ruby>　<ruby>管弦樂<rt>オーケストラ</rt></ruby>　<ruby>實驗品<rt>ラボラトリー</rt></ruby>　<ruby>畫布<rt>カンバス</rt></ruby>　<ruby>電子<rt>エレクトロン</rt></ruby>　<ruby>樂鍵<rt>キー</rt></ruby>　<ruby>斷頭臺<rt>ギロチン</rt></ruby>

他にも、人に関係する語に次のような例が見られた。

<ruby>教師<rt>マスター</rt></ruby>　<ruby>聖者<rt>セイント</rt></ruby>　<ruby>副王<rt>ヴイセローイ</rt></ruby>[133]　<ruby>半神半人<rt>デミゴット</rt></ruby>　<ruby>團集<rt>メン</rt></ruby>　<ruby>民族<rt>ラース</rt></ruby>　<ruby>旦那<rt>シニオール</rt></ruby>　<ruby>觀光客<rt>ツーリスト</rt></ruby>

情男情婦〔スウィートハート〕　近代主義者〔モダーニスト〕

　いずれも翻訳語に当たる漢字表記が付されている。このうち「旦那」は調査範囲内に4例見られるが、「どうです、旦那〔シニオール〕この立派な形は？」[134]のように、全てが呼びかけの形で使用されている。イタリア語の「signore」が原語と考えられる。英語を原語とする語が多い中でルビ表記にすることによって、イタリア語由来の外来語を意味もわかりやすく取り入れることに成功している。「（Ⅱ）単位」でも、ルビが複数形のwordsを反映している「語〔ワーヅ〕」という例があったが、ここでも複数形のmenを反映させた「團集〔メン〕」という表記が見られる。さらにいえば、「團集」という訳語が当てられており、複数の意味であることが訳語にも反映された表記である。

　専門的な語としては次のような例が見られた。

微粒子〔コルパスクル〕　葉緑体〔クロヽプラスト〕[135]　植物群〔フローラ〕　動物群〔フヽーナ〕　原形質〔プロムプリズム〕

　「植物群〔フローラ〕」「動物群〔フヽーナ〕」は学術用語である「flora」と「fauna」をルビで示しながら、訳語によって対になる概念であることがわかるようになっている。

　　［用例32］　　外因の第二として考ふ可きは生物的外圍の變動であつて、更らに詳しく云ふならば周圍の植物群〔フローラ〕及び動物群〔フヽーナ〕に起る所の變動であるけれども、

　　　　　　　　　　　　　　　　　　　（小野俊一「子孫崇拝論」大正12年、p.194）

　「（Ⅳ）抽象名詞」としたように、パンやピアノのような具体物と密接に関わる語ではなく、より抽象度の高い語が見られる。

活動を伴うもの…仕事(タスク) 演習(セミナリー) 政治(ポリツクス) 官僚政治(ビユロクラシイ)
透感(テレパシー) 感觸(タツチ) 予斷(プレジデス) 豫知(プレコグニション) 救濟(サルベーション)
讓與(コンセツション) 大觀(アウトルツク) 自動作用(オートマキズム) 造り替(レクリエーション) 神輿(インスピレーション)

存在を伴うもの…生存物(エキジステンス) 或物(サムシング) 階級(クラス) 生命(ライフ) 同士(コンレード) 自治區(ミル) 我(エゴー)
細部(デイテール) 取り合はせ(コムビネーション) 本在(ビーイング)

概念を表すもの…奇編(パラドツクス) 逆題(パラドツクス) 青春(アドーレツセンス) 青春期(アドーレツセンス) 解放期(エマンシペーション)
古典(クラシツク) 古典的(クラシツク) 生存(エキジステンス) 道徳(モラル) 題目(モツトオ) 秩序(オーダー) 旋律(メロデイー)
過程(プロセス) 名題(プロポジション) 質量(マツス) 量(クオンチテイ) 質(クオリテイ) 本質(エツセンス)
寫眞(リアリズム) 實(リアリテイ) 無感覺(インデイフキレンス) 普通(ユニバーサルス) 擬制(フキクション) 極限(リミツト)
個立主義(セパラチズム) 潜在意識(サブリミナル) 潜在(サブシスト)

性質を表すもの…自發性(スポンタイチー) 必然性(ネセシチー) 悟性(インテリセンス) 本源的(オリジナル) 實際的(プラクチカル)
純化(レフアイン) 鞏固(ストレングス)

専門用語…優生學(ユージエニツクス) 陰極線(カリード、レー) 分別關税(デスクリネーチヴ) 羚羊(アンテロープ) 同義語(シーニーム)

「同義語(シーニーム)」「本質(エツセンス)」が２回、使用されているのを除き、いずれもその場限りの表記である。

ルビが同じ外来語だが、当てられている漢字が異なっているものには、「青春(アドーレツセンス)／青春期(アドーレツセンス)」「生存(エキジステンス)／生存物(エキジステンス)」「古典(クラシツク)／古典的(クラシツク)」というように、元の原語の品詞を示す接辞が付された例や、より文脈と合った漢字表記が付された例、「逆題(パラドツクス)／奇編(パラドツクス)」といった多義を訳し分けた例が見られる。

「(Ⅴ) 英語以外を原語とする語」は、その文章で取り上げている外国語ではどのようにいうのかを示したものや、音楽や美術などの特定の分野で用いられる英語以外の原語での言い方を示したものである。当時、日本語に最も多く取り入れられていた英語を原語とするものや、明治以前に既に定着していたポルトガル語やオランダ語などを原語とするものではないため、漢字による訳語を付し、意味を理解させる必要があったと考えられる。該当するものは下記の通りである。

不可思議論者(アグノストツタ)　概當(アブロクシメイシオン)　仕事場(アトリエ)　喜歌劇(オペレット)　帝國(ライヒス)　文化(クルツール)　自然(ナツール)　自己(モア)

また、ルビと漢字の関係を考えると、ルビが共通していながら当てられた漢字が異なっているものがある。

ペイガニズム…　異教異相(ペイガニズム)　異教思潮(ペイガニズム)　異教主義(ペイガニズム)
ヘレニズム…　希臘現世主義(ヘレニズム)　希臘思想(ヘレニズム)　希臘主義(ヘレニズム)
プラグマチズム…　行爲主義(プラグマチズム)　實用主義(プラグマテイズム)
パラドクス…　奇論(パラドクス)　逆題(パラドツクス)
オーケストラ…　管弦樂(オーケストラ)　合奏(オーケストラ)
ロマンチック…　流曼的(ロマンテイク)　浪漫的(ローマンチック)
ルネッサンス…　文化復興(ルネツサンス)　文化復興期(ルネツサンス)　文化復興期(ルネサンス)
エキジステンス…　生存(エキジステンス)　生存物(エキジステンス)
アドーレッセンス…　青春(アドーレツセンス)　青年期(アドーレツセンス)　少年期(アドーレツセンス)

そして、［用例33］［用例34］のように、派生語の区別は外来語だけでなく、翻訳漢語にも反映されている。

［用例33］　かやうな 自發性(スポンタナイチー) は凡(あ)らゆる生物の特徴であつて、
(中澤臨川「思想藝術の現在」大正4年、p.60)

［用例34］　故意にではなく全く 自發的(スポンテニアス) に、冷かな整つた、そして明晰な藝術品を作り得たのである。
(厨川白村「異教思想の勝利」大正3年、p.106)

「スポンタイナチー」の原語は名詞の spontaneity であり、「スポンテニアス」の原語は形容詞の spontaneous である。カタカナ化してしまうと

元の品詞がわからなくなってしまうが、「〜性」で名詞、「〜的」で形容詞と訳し分けられており、元にした語の品詞がわかるような訳語になっている。これはルビ形式という二重表記を取っていることによって実現される表現である。

3.3　カタカナ表記

カタカナ表記の一般名詞には、次のようなものが見られる。

　　アーケード　イニシアチーヴ　インテルナショナリスト
　　オートクラシー　オペラ　カフエー　カロリー　クーデター　コップ
　　コレクション　サンヂカリズム　シヤベル　ストライキ
　　センセーション　ソリダリテイ　ダンピング　デツセン　トラスト
　　ニユース　ホルモン　マンモス　ムード　ラジウム　パーセント
　　パトロン　ピアノ　ビール　ヒユウマニスト　プランクトン
　　プロパガンダ　ボイコット　ホームシツク

カタカナ表記の外来語には、訳語がないために外来語を使ったというよりも、あえて外来語を選択したという例が見られる。

　　［用例35］　聯合國に加勢せざりせば、バツトルに勝ちたる獨逸は恐らくワーにも勝つたであらうと思はれる。
　　　　　　　　　　　　　（水野廣德「我が軍國主義論」大正8年、p.112）

「バツトル」で個々の戦いを表し、「ワー」で戦争全体を表している[136]。外来語を使うことによって象徴的に対比させている例である。

　なお、人名のところで、「エイチ・ジイ・エルス」とアルファベットをカタカナ表記している例を挙げたが、一般名詞についても同じように、アルファベットのMを「エム」と書いた例が見られる。

第 5 章　外来語表記の特徴　139

［用例36］　今回の戦争に際して、列國の識者間に三「エム」の説
　　なるものを生じたり。

(堀江歸一「歐洲戰爭と經濟思潮の動搖」大正 9 年、p.167)

　ここでの「エム」は、Men（人）、Money（軍資金）、Munition（軍需品）のことである。
　その他、カタカナ表記のゆれについては、第 5 章「6.3　カタカナの複数表記」で扱う。

3.4　アルファベットを含む表記

　大正期の『中央公論』の一般名詞の中で、アルファベットを含む表記は、6 種見られる。その 6 種類を、用例を挙げながら示すと、単表記形式は「Sweetness」など、ルビ形式は「Sans souci(サンスウシ)」などが見られ、そして、併記形式では「明晰 Clearness」「マクロビオチック Macrobiotique」「あたりまいのこと a truism」「Money（軍資金）」に代表される 4 種のパターンが見られる。それぞれの延べ語数と、一般名詞全体における割合を示したのが表17[137]である。
　アルファベットは原語を表示する役割を担っている。単表記形式（単・A）では、「Injunction」や「Influenza」のほか、ラテン語で秋を意味する「"Antumunus"」のように原語を示すために用いられた例などが見られる。これらは外国語のままの表記であるため、日本語に取り入れられたと

表17　アルファベット表記を含む一般名詞の延べ語数とその比率

	本行	ルビ	一般名詞	一般名詞%
	併記（前）	併記（後）		
単表記形式	アルファベット	―	132	4.51%
ルビ形式	アルファベット	カタカナ	8	0.27%
併記形式	漢字	アルファベット	67	2.29%
	カタカナ	アルファベット	14	0.48%
	ひらがな	アルファベット	1	0.03%
	アルファベット	漢字	12	0.41%

いう意味では「外来語」とは一線を画すものである。しかし一方で、第3章「3　対象とした外来語」でも述べたように、「Kultur主張」「Equus型」のように漢語との混種語になっている例があり、アルファベットだからといって一概には排除できないと考えた。表17によれば、アルファベットを含む一般名詞の中では、アルファベットの単表記形式（単・A）が延べ語数で最多となっており、一般名詞全体においても4.51％を占めている。本書で全ての表記を調査したことによって、外国語の受容の仕方として、翻訳したり、カタカナに置き換えたりするのではなく、原語をアルファベットのままで表記するという選択肢があったことが明確になった。

　ルビ形式では、アルファベットにカタカナルビ（ル・Aカ）が付されている。例えば、次のような例が見られる。

> ［用例37］　　即ち"aj"（アジ）と云ふ言葉はサンスクリットにて「追ふ」と云ふ事であつて、"ajras"（アヂラス）と云ふのは「逐ひ廻す土地」と云ふことで牧場に當る。
>
> （永井柳太郎「肉食人種と菜食人種の異同を論じて東西兩文明の調和を説く」
> 大正6年、pp.6-7）

　［用例37］に見られるように、アルファベットにカタカナルビを付した例は、ある特定の言語での言い方を示すのに用いられる。単表記形式と比べると、原語を重視しながらもカタカナルビによって日本語の音韻体系に沿う読み方を示した表記となっていることが特徴である。

　原語を重視する表記としてはほかに、「Selbst自體」「carita（隣人の愛）」「Capaum去勢鶏」「pseudo-democracy仮面的民主主義」「Zweck-mässigkeit（合宜性或ひは合目性）」「pugnacity（敵抗心、奮鬪心）」のような、アルファベット表記を前に置いた、アルファベットと漢字の併記形式（併・A漢）がある。例えば、次のような文脈で用いられている。

［用例38］　即ち戦争に於て、一國をして優勝の地位に立たしむるには第一に Men（人）　第二に Money（軍資金）　第三に Munition（軍需品） を要し、

（「歐洲戰爭と經濟思潮の動搖」大正 9 年、p.167）

　この順番が重要であり、アルファベットを前、漢字を後とすることで、アルファベットに重きが置かれ、漢字表記の翻訳語によって意味が限定されるという構造になっている。アルファベットを前にした表記には、他に次のような例がある。

［用例39］　其れ以前あれ程の繁栄を極めてゐた海産の巨大なる爬蟲類 Ichthyosauria（魚龍類）　Plesiosauria（長頸龍類）　Mosasauria（滄龍類） 等は全て絶滅に歸してゐたのであるから。

（小野俊一「子孫崇拝論」大正12年、p.173）

　これは、学術名を正確に表記し、その意味を漢字表記によって意味を補足している例である。
　一方、アルファベットを補足的に用いる形式には、漢字とアルファベットの併記形式（併・漢 A）と、カタカナとアルファベットの併記形式（併・カ A）と、ひらがなとアルファベットの併記形式（併・ひ A）がある。いずれもアルファベットが後に置かれている点が共通している。「共同聯盟 Commonwealth」「營利主義 Erwerbsprinzip」「社會結合 Solidarity」「ゲロコミイ Gerokomy」[138]「あたりまいのこと a truism」など、抽象度の高い語や学術用語・専門用語の原語の表示に用いられている。
　アルファベットと漢字の併記形式（併・A 漢）では、漢字表記よりもアルファベットに重きが置かれていたのとは主従関係が逆転し、漢字とアルファベットの併記形式（併・漢 A）では、「黑點 Sun-Spot」「夢想 vision」「變移性（Ｖariability）」「龍足動物（Ｓauropoda）」「系統発生的

（phylogrnetic）」「創造的自由 initiative」「自我中心の思想 egocentricism」のように、漢字表記の訳語が前に置かれ、アルファベットで原語が補足的に示されている。「『短時日勞働者』——Kurzarbeiter, Labourers working on short time——」のように、「Kuzarbeiter」とまずドイツ語で示し、「Labourers working on short time」と英語でさらに示した三重構造のものも見られる。

　カタカナとアルファベットの併記形式（併・カA）では、「ブラキオサウルス（Brachiosaurus）」など、カタカナがアルファベットの読み方を示している。本行がアルファベットでルビがカタカナのルビ形式（ル・Aカ）と同様である。1例のみ例外が見られ、「コモリネズミ（Opossum）」のようにカタカナで日本名を示したものがある。

　以上のように、アルファベットは外国語そのままともいえるが、単表記形式でも和語や漢語と合わせて混種語として使用されることがあり、また、ルビ形式や併記形式という二重表記によって読み方や意味と合わせて示されることにより、日本語の語法に沿って取り入れられているといえる。

4　複合語の表記

　次に、複合語の表記に注目する。ここで扱う複合語とは、下記の条件を満たすものである。

- ・2語以上の外来語からなるもの
- ・訳語が付されている場合も、外来語を主に判断する
- ・「ダスマニヤン・デヴィル（Saroophilius）」のような場合は、アルファベット表記よりもカタカナ表記を優先して分類する

　竹浪（1981：202）は、大正時代の政治と経済の外来語について次のよう

に指摘している。

> 大正時代における英語出自の政治・経済関係外来語には、二語あるいは三語が連接した長大なものとか、高い英語の素養が必要な難解な単語とか、衒学的ともいうべきものがあって、あたかも、外国語をどこまで外来語として使用できるか、その可能性を試しているかのような観がある。こうした高度の外来語使用に比例して、重要な、後々も頻繁に使用される外来語も多く登場するが、その一方、その場限りで消えるうたかたのような外来語が氾濫したのもこの時代の特徴のようである。

ここで述べられているように、複合語としてさまざまな語が連結することで、語数自体も種類も格段に増える。つまり、複合語の使用は、外来語の増加の一因となっていると考えられるのである。そして、この複合語を表記の面から分析することは、ここで指摘されている「外国語をどこまで外来語として使用できるか」の可能性を考えることにつながる。

本書での調査の結果、大正期の『中央公論』において複合語にあたるものには、下記の5種類の表記形式が見られた。

1) カタカナのみからなるもの
2) 漢字とカタカナからなるもの
3) ルビ形式のもの
4) 併記形式のもの
5) 複数の表記が見られるもの

以下、該当例を挙げながら分析をしていく。

4.1 カタカナのみからなるもの

　カタカナのみからなる複合語を、記号という観点に着目して分析すると、「ボタン・ホール」のように中黒で区切るものと、「シヴィル、リバーテー」のように読点で区切るもの、「オペラバツグ」のように区切りのないものがある。人名の表記でも指摘したように、記号について、特に明確な使い分けは見られない。区切りのないものは、外来語としては、1語として捉えられていると考えられる。

　固有名詞を含む複合語には、建造物の「ウエストミンスタア・アベエ」や、思想・主義の「アメリカ・サンヂカリズム」「フランス・サンヂカリズム」「アメリカ・デモクラシー」「ロシヤ・ボルシエヴヰキ」などがある。これらはいずれも複合語全体でも固有名詞を表していることが特徴である。

　複合語を形成している固有名詞はほとんどが地名だが、人名を含む複合語も見られる。例えば、「オネスト・ジョン」という例である。別の箇所では「オネストジョン（正直ジョン。ジョンは卿の名だ。）」と混種語を含んだ注記が付いている。他にも「テーロル・システム」という用例がある。

　　［用例40］　　所謂 テーロル・システム なるものの綱領とする所は、
　　　　第一に疲勞と休養の問題に徹底的の運用を行つた事である。
　　　　　　　　　　　　　　（永井潜「體育と能率増進問題」大正9年、p.98）

　「米國人テーロル氏が、一勞働者より身を起して、研鑽努力、筋肉生理に於ける原則を實際に應用して、驚く可き能率を高め」（p.98）た人物であると説明されている。「テーロル・システム」は、この人物が確立した方式のことである。

　地名や人名などの固有名詞を含む複合語によって、外来語を含む語彙はさらに増加したことがわかる。

そして、構成要素としては、一般名詞からなるが、複合語となったことで固有名詞となったものというのもある。例えば、事件名である「ドック・ストライキ」である。この語は、下記のような文脈で登場している。

[用例41]　英國の勞働運動が政治化の傾向をもつてゐたのは一八八九年の ドック・ストライキ から一九一〇年に至るまでの時代であつた。

(室伏高信「デモクラシーの制度を論ず」大正9年、p.49)

次に、一般名詞からなる複合語を見てみる。注記のないカタカナ表記の複合語が多く見られる。中でも、出現回数の多い語である「デモクラシー」は、さまざまな語と複合している。全ての例を挙げると、下記の通りである。なお、斜線で区切ったのは、同じ語であるが、表記にゆれの見られるものである。

　　ポリティカル・デモクラシー
　　ダイレクト・デモクラシー
　　ソーシヤル・デモクラシー／ソーシャル、デモクラシー
　　　／ソシアル・デモクラシー／ソーシアル・デモクラシー
　　キヤピタリスチツク・デモクラシー
　　ブルジョア・デモクラシー／ブルジヨワデモクラシイ
　　　／ブルジヨワ・デモクラシイ
　　バロット・ボックス・デモクラシー
　　ボルシエヴヰキ・デモクラシー

上記に挙げた例は、2つに分けることができる。1つは、「political」「direct」「social」「capitalistic」のような形容詞によって「democracy」を修飾しているものであり、もう1つは、「bourgeois」「ballot box」「bolshevik」のように名詞と接続しているものである。これらは全て「デモクラシー」という語をもとに、どういう種類のデモクラシーであるのかということを、複合語によって表しているものである。「デモクラシー」という語に対し、それを修飾する語によって異なる組み合わせが増えていることは、外来語の急増につながっていると考えられる。

　他にも政治関連用語として、「デモクラテック・ガヴァーメント」「キヤスチング・ヴオード」[139]「プロレタリヤ・ポリニシアン」、経済関連用語として「ベターメント、タクス」[140]が見られる。労働関連用語としての「オーヴアー、タイム」[141]、思想・主義関連用語として「ポリティカル、リバーテー」「シヴィル、リバーテー」が見られる。そのほか、組織に関連した語としては、「ナショナル・ギルヅ」「クラフト・ユニオニズム」が登場している。

　専門用語だけでなく、「モダーン、コンビニエンス」[142]「シングル・プレー」「チーム・ウオーク」「メーン・カーレント」[143]のような抽象度の高い名詞から、「シビック・センター」「オペラ・ハウス」「シヨウ・ウキンドー」「ミツシヨン、スクール」「キネマ・フアン」「ジヤズ・バンド」「イムペリアル、オペラ」「ダンゴ・ダンス」「ボタン・ホール」「ポツケツト、モネイ」「オペラバツグ」「スリーピング、カー」のような具体的なものを指す名詞まで見られる。

　「デモクラシー」でも見られたように、列車の種類である「スリーピング、カー」、学校の種類である「ミツシヨン、スクール」というように、どういう種類のものであるかということを示すために複合語となっているものが見られる。

　その他、「ボタン」に付随して使われる「ボタン・ホール」という例がある。このように、あるものに付随するものという形で語彙が増えていくという方向もあることがわかる。

　ここに挙げたようなカタカナ表記の複合語は、翻訳や原語などの注記なしに用いられており、それだけその外来語の意味が浸透し定着していると

4.2　漢字とカタカナからなるもの

外来語の複合語の中には、漢字とカタカナからなっているものが見られる。

　　巴里コンミューン／巴里コンミュン　巴里エヂション
　　倫敦ネーション誌[144]　倫敦タイムス
　　ラテン亞米利加
　　獨逸ナウエン無線局
　　ケルテツク倶樂部　ランガース倶樂部　アセニアム倶樂部

出版物の名前など固有名詞が多いのが特徴として挙げられる。

　漢字とカタカナの2つの字種を使った外来語の複合語には、2つのパターンが見られる。1つは、「巴里」や「倫敦」、「亞米利加」、「獨逸」のように、地名が漢字書きされているものである。これは、固有名詞を含む複合語特有の現象である。もう1つは、「倶樂部」のように漢字表記が浸透している語と組み合わされているものである。

　漢字が使われている表記であるとはいっても、意味をわかりやすくするための注記の意味ではなく、音訳表記として用いられている。わかりやすさ、という点でいうと、漢字表記で書かれているのは、既に定着している地名表記や、受容時期の早い「倶樂部」といった語であるため、視覚的な認知度は高いと考えられる。

4.3　ルビ形式のもの

　外来語の複合語には、ルビ形式のものも見られる。ここまでに見てきたカタカナのみからなるものや、漢字とカタカナからなるものでは、英語を原語とするものが主であったが、この形式では、英語以外の語を原語とす

るものも多く見られるのが特徴である。

　このルビ形式には大きく分けて2種類が見られる。

　1つは、「ager privatus」「ager publicus」のように、元の語（アルファベット表記の語）が2つの語からなっているのをそのまま受容し、ルビを付けたことにより、ルビのカタカナ部分が複合語となった例である。この形式は、カタカナ表記で日本語の音韻に沿いながら、原語も示すことができる方法である。

　もう1つは、「職工組合」「勞働組合」「獨立意見」のように、ルビにカタカナで外来語の複合語が記され、本行に漢字表記の翻訳が表されているという形式である。こちらの形式では、カタカナ表記で日本語の音韻に沿いながら、漢字表記によって意味も表すことができる。なお、本行に翻訳を記した漢字表記には、「必要なる禍惡」「力の關係」といった活用語尾や助詞を含んだものも数えている。

　また、ここで使われている翻訳漢語は、必ずしもそれ単独で用いられているようなまとまりのある語とは限らず、ルビにカタカナ表記された外来語を逐語訳したものを組み合わせたような表現も見られる。例えば、「公式傳記」はオフイシアル＝公式、バイオグラフイ＝傳記の組み合わせ、「實際心」はプラクチカル＝實際、マインド＝心の組み合わせというもので、「公式傳記」や「實際心」はその場限りの訳語といえる。

4.4　併記形式のもの

　次に併記形式を取っている複合語を扱う。まず、組み合わされている字種に注目すると、形式は4種類である[145]。

　　（Ⅰ）カタカナと漢字の併記（併・カ漢）
　　（Ⅱ）カタカナとアルファベットの併記（併・カA）
　　（Ⅲ）アルファベットと漢字の併記（併・A漢）
　　（Ⅳ）漢字とアルファベットの併記（併・漢A）

まず、「（Ⅰ）カタカナと漢字の併記」（併・カ漢）には次のような例が見られる。

［用例42］　同年三月八日エーテークラブ（八十倶樂部）に於ける晩餐會に於てはスペンサー伯、ローズベリー伯、パーネルなど何れも出席しパーネルは凱旋將軍の如く滿場の驩呼を博し、彼がローズベリー伯を中に置いてスペンサー伯と握手するや滿場の熱情は其極點に達した。

(蘇峰學人「毛禮卿及其時代」大正13年、p.236)

この「エーテークラブ（八十倶樂部）」は、外来語の一般名詞を組み合わせてできた固有名詞である。複合語になっても一般名詞である例としては、「ヒューマン・ドキュメント（人間の記録）」や「ニュー、スタート新たなる出立」がある。ルビ形式で見た、ルビがカタカナで本行が漢字の形式（ル・漢カ）と似ているが、カタカナが前に置かれ、ルビよりも大きく書かれており、よりカタカナ表記を強調した表記となっているといえる。

同じく外来語を前に置く例として、「（Ⅲ）アルファベットと漢字の併記」（併・A漢）があり、「Russische Horden（ロシヤの群兵）」「balb-asiatische Barbaren（半アジア的蛮人）」などが該当する。この形式は、原語のままアルファベットで示し、後に翻訳を置くことによって、意味を明らかにしているという表記である。その順番から、アルファベットが主であり、漢字表記の翻訳は補足として添えられている表記だといえる。

次に、「（Ⅱ）カタカナとアルファベットの併記」（併・カA）としては、「タスマニヤン・デヴィル（Saroophilius）」という用例が見られた。これは、和名（タスマニヤン・デヴィル）と学名（Saroophilius）が組み合わさった例である。ルビ形式では、カタカナとアルファベットを組み合わせたものは、アルファベットの原語を日本語の音韻体系に沿うようカタカナに置き換えられた表記であったが、併記形式では、カタカナとアルファベット

は、意味は同じでも語としては別の語である。併記という形を取ることによって、読み方を示すというルビ本来の役割からは離れた使い方ができるのである。

「(Ⅳ) 漢字とアルファベットの併記」(併・漢A) の場合は、アルファベットが複合語となっているものを抽出した。そうすると、「獨身者住宅 Ledigen heim」「自然狀態 (Status naturalis)」「饑餓勞賃 Hunger lohn」「勞働組合 (Trade Union)」のように、漢字表記の訳語の後に、原語がアルファベットで表記されている例が見られた。また、「ホーム・クロフト計畫 The Home croft plan」のように「plan」＝「計畫」という一部分だけを訳した例もあった。

訳語の部分に注目すると、「新學 New Learning」「群婚 (Group Marrige)(ママ)」のように、アルファベットの部分は複合語となっているが、漢字部分の訳語は複合語とはなっておらず、熟語として訳されているものがあった。「(Ⅲ) アルファベットと漢字の併記」(併・A漢) がアルファベットを主とし、漢字で意味を補足するという表記であったのに対し、こちらの表記では、漢字表記の訳語が主となり、アルファベットで原語での言い方を補足していると捉えることができる。

4.5　複数の表記が見られるもの

ここまで複合語の表記を見てきたが、『中央公論』の中で表記がゆれているものがあった。

外来語の複合語が共通していて、複数の表記が見られたものには、次のようなものがある。ルビがカタカナで本行が漢字表記のルビ形式 (ル・漢カ) と、カタカナのみの単表記形式 (単・カ) の両方が見られた「直接民主主義(ダイレクト、デモクラシー)／ダイレクト・デモクラシー」と、ルビがカタカナで本行が漢字のルビ形式 (ル・漢カ) と、漢字とアルファベットの併記形式 (併・漢A) が見られた「職工組合(トレイド・ユニオン)／勞働組合 (Trade Union)」である。

「直接民主主義(ダイレクト、デモクラシー)／ダイレクト・デモクラシー」は、[用例43] のよう

に、まず、「直接民主主義〔ダイレクト，デモクラシー〕」というルビ形式が出てきており、その直後の文で、「ダイレクト・デモクラシー」という単表記形式が使用されている。ルビ形式で「直接民主主義」という訳語を添えて意味を示した後に、外来語のみの表記で表しているという例である。

　　［用例43］　今日までの世界に與へられたデモクラシーの制度として最も代表的なものは直接民主主義〔ダイレクト，デモクラシー〕と代議政治〔レプレゼンタチヴ・デモクラシー〕の二つである。ダイレクト・デモクラシーは希臘及びローマにおけるデモクラシーの形式である。

　　　　　　　　　　　　　（室伏高信「デモクラシーの制度を論ず」大正9年、p.54）

　一方、［用例44］、［用例45］に挙げたように、「職工組合／勞働組合（Trade Union）〔トレイド・ユニオン〕」については、同じ文章で用いられている訳ではなく、異なる文章に異なる表記が用いられている。

　　［用例44］　而もかの職工組合〔トレイド・ユニオン〕が稍もすれば、大陸の組合主義〔サンヂカリズム〕の色彩を帯びて來さうな傾向を見え出しては、愈以て油斷ならず、

　　　　　　　　　　　　　　　　　（上田敏「現代の英國」大正元年、p.53）

　　［用例45］　彼の英國流の勞働組合（Trade Union）即ち同職の勞働者が組合を造つて、

　　　　　　　　　　　　（河田嗣郎「勞働組合の合法性と徒黨論」大正15年、p.17）

　「勞働組合」という訳語が添えられた例として、［用例46］の「勞働組合〔サンヂカ、ウーブリエ〕」が挙げられる。ルビは、「フランス・サンヂカリズム」の話に合わせて、「syndicat ouvrier」というフランス語をカタカナ化した「サンヂカ、ウーブリエ」となっている。

［用例46］　卽ちフランス・サンヂカリズムの支持者としての<ruby>勞働組合<rt>サンヂカ、ウーブリエ</rt></ruby>は、最初は無政府主義によつて指導されたのではなくして社會主義、政治運動に結合することにおいて彼等の勞働運動が指導されてきたのである。

（室伏高信「デモクラシーの制度を論ず」大正9年、p.51）

『改訂増補　和英語林集成』（第三版）（p.948）巻末の英和の部を見ると、次のように書かれている。

TRADE-UNION, n, Shokunin no kumi-ai, nakama.

　3つの用例と『和英語林集成』の情報を合わせて考えると、当初、Trade Union は職人の組合として扱われていたが、明治末から大正初期にかけて「職人／職工の組合」から「勞働組合」と対応する訳語が変化したことが考えられる。

　また、複合語の範囲外にも目を向けると、「ギルド・ソーシアリズム／ギルド社會主義」、「ショップ・スチユワード・ムーブメント／ショップ・スチユワード運動」のように、一方は、一部が漢語に訳された混種語となっている例があった。

　複合語の表記には、カタカナ・漢字・アルファベットを、単表記形式・ルビ形式・併記形式で組み合わせたものが見られ、字種ごとに役割が異なり、また、各字種の配置によって主たる語とそれを補足する語が変化している。こうした関係性は、第1次単位という短い単位で見た特徴とも共通しており、語の長さが変わっても応用できるものだということが明らかになった。

5　句や文の表記

　次に、句や文の形式をとっている外来語について扱う。ここでの「句」

は、外来語が名詞句、副詞句などとなっているもののことである。そして、「文」は、外来語と訳語が文の単位で対応しているものである。いずれも語には分けず、まとまりで分析する。

楳垣（1963：84）は、こうした句や文について次のように指摘している。

　外国の故事・成句・ことわざ・聖書や文芸作品からの引用などが多く現れだしたのもこの時期[146]だった。
　　"禁断の果実"（the forbidden fruit）、"楯の半面"（the other side of the shield）、"時は金なり"（Time is money.）、バベルの塔（the Tower of Babel）、"弱き者よ汝の名は女なり"（Frailty, thy name is woman）。

本書で併記形式としているような例が掲載されている。そこで、この節では、引用されている語を、句の単位、文の単位にそれぞれ分けて分析することとした。なお、「失業には一定の限界 Margin of Unemployment」のように、訳語と外来語で句と文の判断が分かれるものがあるため、カタカナ表記およびアルファベット表記されている外来語の方の単位を優先して区別することとした。

5.1　句の表記

句の表記には、単表記形式とルビ形式と併記形式が見られる。

まず、単表記形式としては、「オルダー・オブ・メリット」という例が該当する。同じ語が「オルダー・オブ・メリット（功績勲章）」という併記形式でも登場している。

そして、ルビ形式では、ルビ部分に外来語の句が置かれ、それに訳語が付されるという形式が取られる。具体例としては、下記のような用例が見られる。

姉妹國民の聯合　　形　の　本　義　共疲れの戦争
人　類　の　太　洋
國　務　大　臣
獨　逸　製
戰　爭　權

　いずれも外来語が「オヴ／オブ」（of）や「イン」（in）、「ツー」（to）などの前置詞を介した外来語であり、外来語と訳語で語順は異なる。そのため、句である外来語全体と、その訳語全体が対応した表記となっている。訳語は、「オブ／オヴ」を「の」として訳出した「姉妹國民の聯合」のような例や、「國務大臣」「獨逸製」「戰爭權」のように熟語を対応させた例が見られる。

　併記形式では、訳語を前に置いたものと、外来語を前に置いたものが見られる。

　訳語を前に置いた形式は、漢字とアルファベットの併記（併・漢A）である。具体例を挙げると、「豫言の喇叭 Trumpet of Prophecy」「過度の勞働と不十分なる栄養 Uberarbeit u. Unterernahrung」「相對的過剰人口の最低にあるもの Der tiefste Nied rschlag」「「なまける權利」 the right to be lazy」が該当する。

　アルファベットと漢字の併記（併・A漢）では、「I'amordella spera suprima（至高の世界に對する愛）」と「"cul de sac"（『行き詰り』）」が見られる。

　定義でも述べたように、外来語が句であっても、それに対する訳は必ずしも句として訳されているわけではない。「失業には一定の限界 Margin of Unemployment」のように文として訳されたり、「『歴差』（Procession of Equinoxes）」「「革命持續」（Revolution in Permanenz）」「「能力欲」（le désir du pouvoir）」のように熟語として訳されたりしている。

5.2 文の表記

5.1では句について扱ったが、ここでは、文単位で引用されている例について取り上げられる。

最も多く見られる例は、アルファベット表記の原語と漢字表記を含む訳文が組み合わさった例である。「Gott strafe（神よ罰せよ）」のようにアルファベットが前の場合もあれば、「「生産は個人が、分配は團體が」（Individuo produktas, komunumo distribuas）」のようにアルファベットが後の場合もある。

表記の仕方としては、3種類が見られる。

1つ目は、途中に、記号のダッシュが挟まって、訳語が付されているものである。文中への挿入ではなく、原語と、それに付された訳で文が完結しており最もわかりやすい形式である。

［用例47］　Der Bauer ist nicht Demokrat――農民はデモクラアトではない。

（室伏高信「要點はこゝにある」大正13年、p.301）

同じような形式で、詩を引用し、訳語をつけたものもある。例えば、［用例48］の場合は、「終に短かい詩が載ってゐる。」という一文の後に、次のように載せられている。

［用例48］　"Ein Spiegel ist das Leben
　　　　　　 In ihm sich to erkennen.
　　　　　　 Möcht' ich das erst nennen
　　　　　　 Wonach wir nur auch Streben."
　　　　　　（人生は一つの鏡である。その中に我等自身を認めることが、即ち我等の努むべき第一の目的である。）

（中澤臨川「フリードリッヒ、ニーチエ」大正3年、p.29）[147]

2つ目は、文中で、かぎ括弧や丸括弧を付して引用であることを示しながら、訳文と原語を併記しているものである。括弧によって前後の文から切り離されるため、引用部分がわかりやすい

　　［用例49］　これは貧富の問題を平和的の手段で解決しやうとする一種の主張であつて、「生產は個人が、分配は團體が」（Individuo produktas, komunumo distribuas）と云ふことを其の標語として居る、これなども實行して見た上で、うまく行けば誠に結構である、

　　　　　　　　　　　　　（丘淺次郎「子孫を愍む」大正13年、p.166）

3つ目は、他の文の中に挿入されているという構造である、という点では上記の例と共通するが、特にかぎ括弧のような引用の印はなく、引用の部分が併記によって前後の文と明確に区別されているものである。

　　［用例50］　アメリカの一戯畫が此を表した畫はかうであつた。カイゼルが壁上にGott strafe!（神よ罰せよ）と書き、其の下に次ぎ次ぎに禮をかけ、初はイギリス、第二は日本、第三はイタリアの名を表はして居る。

　　　　　　　　　　　　（姉崎正治「文明の回顧と人生の新展望」大正８年、p.32）

アルファベットと漢字の併記（併・A漢）の他に、［用例51］の「ノー、ソレンダー（斷じて降參せぬ）」ように、カタカナ表記の文に対して訳文が付いた併記形式が見られる。［用例52］の『子はその父より優れり』（レ・フイス・ソン・プリュ・グラン・ク・ルール・ペエル）のように、カタカナ表記の文をルビで示し、そのルビに訳文が対応しているルビ形式も見られる。

　　［用例51］　彼は我等の前に立つて腕を振りつゝ、ノー、ソレンダー

第 5 章　外来語表記の特徴　157

(斷じて降參せぬ)と凱歌を奏した。此一語は鐵よりも堅かつた。

（蘇峰學人「毛禮卿及其時代」大正13年、p.254）

［用例52］　『子はその父より優れり（レ・フイス・ソン・プリユ・グラン・ク・ルール・ベエル）』といふ言葉が、彼等の心に前人の思索と行爲とに對する不斷の革命を煽つてゐるのである。

（柳澤健「子は父に優る」大正11年、p.74）

次に、文体に注目する。

『雑誌用語の変遷』では、『中央公論』が創刊された1887（明治20）年から『文藝春秋』が創刊された1923（大正12）年までの36年間に、雑誌の文章が文語文から口語文に入れ替わったと指摘している。本書での調査範囲内においても文体に違いが見られる。

それを踏まえて、併記された訳文と前後の文の文体を比べると、次の4つのパターンが見られる。

（Ⅰ）前後の文が文語調寄りであるのに対し、引用文が漢文訓読調である
（Ⅱ）前後の文が文語調寄りで、引用文も文語調である
（Ⅲ）前後の文が口語調寄りであるのに対し、引用部分が文語調である
（Ⅳ）前後の文が口語調寄りの文体であり、引用部分も口語調である

以下、4つのパターンを用例とともに詳しく見ていく。
（Ⅰ）前後の文が文語調寄りであるのに対し、引用文が漢文訓読調である
　前後の文が文語調寄りであるのに対し、引用文が漢文訓読調であるものには、［用例53］があてはまる。「or」に「然らずんば」という漢文訓読調の訳を付けることで、前後の文体とは差異化されている。

［用例53］　私は日本國民は内より外へ發展せねばならぬと言ふのである、即ち世界的帝國論者である、帝國主義である、苟も一民族として獨立す、『世界的帝國然らずんば没落 World Empire or downfoll〔ママ〕を信ずるものである、

　　　　　　　　　　　　（茅原華山「新しき世界將に生れんとす」大正4年、p.41）

（Ⅱ）前後の文が文語調寄りで、引用文も文語調である

　前後の文が文語調寄りで、引用文も文語調のものには［用例54］や［用例55］のようなものが見られる。［用例54］ではアルファベットが前に置かれているため、訳語と後の文が断絶することなくつながっている。［用例55］では、外来語がルビに置かれているため、本行のみを見ると、訳語が前後の文と似たような文体で書かれており、途切れることなく続けて読むことができる。

　　［用例54］　"What is your ism or School" 汝の主義若くは學派は何ぞと問はれて、私は某の主義を奉ず、其の學派に屬すといふのも、我れを以て彼れに歸するので、彼れを以て我れに歸するのではないから、齊しく個性の權威を認めたものではない、

　　　　　　　　　　　　（茅原華山「新しき世界將に生れんとす」大正4年、p.24）

　　［用例55］　私は曾て西洋の或國で一少女が母に追はれながら奔るのを觀た、路傍の男兒數輩少女を捕へんとしたが、少女叫びて曰く『汝は汝の事を爲せ〔マインド、ユア、ウオン、ビジネス〕、我れは將に結婚せんとするのだ』、男兒は乃ち之を放ち、少女は待合せた情男と共に自動車にて會堂に向つて馳せ去つて母をして茫然自失せしめた、

　　　　　　　　　　　　（茅原華山「新しき世界將に生れんとす」大正4年、p.28）

（Ⅲ）前後の文が口語調寄りであるのに対し、引用部分が文語調である

第5章　外来語表記の特徴　159

　前後の文が口語調寄りであるのに対し、引用部分が文語調であるものには、[用例56]のような例が見られる。

　　[用例56]　　他のあらゆる場合に於けるが如くこの場合にも、"Du kannst, denn du sollst"（可能なり、何となれば當爲なるが故に）といふカントの言葉は、吾々の困難な努力に策勵を與へてくれるのであらう。

　　　　　　　　　　　　　　　（阿部次郎「社會生活の内面的根據」大正11年、p.20）

　[用例56]の前後の文では、口語調寄りの文章であるが、この引用部分では、断定の助動詞「なり」が使用されており、文語調となっている。この文語調の訳によって、カントの言葉が格調高いものとして扱われていると読める。

　　[用例57]　　『子はその父より優れり』といふ言葉が、彼等の心に前人の思索と行爲とに對する不斷の革命を煽つてゐるのである。

　　　　　　　　　　　　　　　（柳澤健「子は父に優る」大正11年、p.74）

（ルビ：レ・フイス・ソン・プリユ・グラン・ク・ルール・ペエル）

　[用例57]の登場する文章「子は父に優る」の最後には、「それよりも我々をして勇ましく新しい道を進ませやうとするマーチは『子はその親より優れり』といふ響きだ。」(p.83)という、ここに引用したものと似た文が登場している。この時点では外来語を伴っていないが、[用例57]の訳文を踏まえたものであるといえる。[用例57]の文は全体的には口語調の文章であるが、引用部分だけが文語調となっている。しかし、それゆえにまとまりをもって捉えることができ、後で外来語を伴わずに、訳語を応用した形が出てきた場合にも、外来語ルビを伴って前述されていた引用を踏まえたものであると理解される表現だといえる。

(Ⅳ) 前後の文が口語調寄りの文体であり、引用部分も口語調である

　前後の文が口語調であり、引用部分の訳語も口語調であるものには、［用例58］のような例がある。

　　［用例58］　　實に人間本然の要求、卽ち人間の心の中にある止むに止まれない衝動が之れに鞭を與へて居るのである。フイヒテ曰くNiemand wird kultiviert, sondern jeder hat sich selbst kultiviert.『誰しも文化に導かれるのではない、自分自身が文化を作るのである』卽ち天は自から助くる者を助くるのである。
　　　　　　　　　　　　　　　　　（永井潜「人及び人の力」大正11年、p.138）

　引用部分の訳語には、二重かぎ括弧が付けられているが、文体としては前後の文との隔たりは小さいといえる。

　　［用例59］　　エマーソン曰くNo Civilization without snow 雪のない所に文化が無いのは卽ち文化が努力の賜物であることを尤も巧妙に言ひ表はしたものである。
　　　　　　　　　　　　　　　　　（永井潜「人及び人の力」大正11年、p.140）

　［用例59］は、「曰く」やアルファベットの記述により引用だということがわかるが、かぎ括弧などがないため、どこまでが訳語であるのかを明確にすることなく引用が終わり、後の文に続いている。より前後の文と一体化した例であるといえる。

　引用部分と前後の文で文体が変わらない場合、ルビに外来語を置いたり、アルファベットを前に置き訳文を後に置いて、後の文とのつながりが途切れないようにしたりするなど、訳文が外来語によって途切れないようにする工夫がなされていることがわかる。用例によっては、かぎ括弧などの引用の記号を用いないなど、より前後の文と一体化した形で引用されて

いることが明らかとなった。

　一方、引用部分と前後の部分で文体に違いが見られる場合、文語調の文脈では漢文訓読調、口語調の文脈では文語調とより硬い形式で訳されていることがわかった。それによって、引用部分が格調高くまとまりをもった印象を与える文体となっているといえる。

6　外来語表記のゆれ

　ここでは、外来語表記を「ゆれ」という観点から明らかにしていく。

　『現代表記のゆれ』では、一見したところ表記のゆれに見えるものでも、「クロス／クロース」「サファイヤ／サファイア」のように語形のゆれというべきものが含まれているという（p.18）。

　しかし、本書では、その判定が難しいものも多いため、同じ語と認定されるものでありながら、表記が異なっているものという意味で「ゆれ」ということばを用いる。

　『現代表記のゆれ』では、和語も漢語も含めて、ゆれの類型と要因を次のようにまとめている（pp.26-33）。

　　［同一文字体系内での対立によるゆれ］
　　　（ⅰ）ことなる漢字の対立
　　　（ⅱ）漢字とカナの交用におけるカナの個数の対立
　　　（ⅲ）表音文字列におけることなる文字の対立
　　［ことなる文字体系間の対立によるゆれ］
　　　（ⅳ）漢字とヒラガナの対立
　　　（ⅴ）漢字とカタカナの対立
　　　（ⅵ）ヒラガナとカタカナの対立
　　　（ⅶ）カタカナとローマ字の対立
　　　（ⅷ）漢数字とアラビア数字の対立

［文字と記号の対立によるゆれ］
　（ⅸ）文字とくりかえし記号の対立
　（ⅹ）文字とその他の記号類の対立

「（ⅲ）表音文字列におけることなる文字の対立」「（ⅴ）漢字とカタカナの対立」「（ⅵ）ヒラガナとカタカナの対立」「（ⅶ）カタカナとローマ字の対立」「（ⅹ）文字とその他の記号類の対立」には、外来語の例も載せられている。

　（2）ジーゼル－ヂーゼル　ドライブ－ドライヴ　セーター－セエタア
　　　　　　　　　　（（ⅲ）表音文字列におけることなる文字の対立、p.28)[148]

　（4）瓦斯－ガス　硝子－ガラス　曹達－ソーダ　型録－カタログ
　　　　　　　　　　　　　　　（（ⅴ）漢字とカタカナの対立、p.30）

　（3）たばこ－タバコ　てんぷら－テンプラ　かぼちゃ－カボチャ
　　　　　　　　　　　　　（（ⅵ）ヒラガナとカタカナの対立、p.31）

　（1）キログラム－kg　60ワット－60W　500カロリ－500cal
　（2）ワイシャツ－Yシャツ　エックス線－X線　フォワード－FW
　　　　　　　　　　　　　（（ⅶ）カタカナとローマ字の対立、p.31）

　パーセント－％　20ドル－20＄
　　　　　　　　　　　（（ⅹ）文字とその他の記号類の対立、p.32）

これらを参考に、大正期の『中央公論』に見られる外来語表記のゆれのパターンを調査したところ、大きく分けて、「6.1　漢字の複数表記」「6.2

漢字とカタカナの併用」「6.3　カタカナの複数表記」の3種類が見られた。

　ひらがなとカタカナの対立や、文字と記号類の対立については、調査範囲内では見られなかった[149]。また、記号類については、『現代表記のゆれ』に挙げられているように、外国由来の単位を記号で示した例は『中央公論』には見られなかった。単位が漢字表記されていることが多く、記号との対立よりも、漢字とカタカナの対立が見られた。詳しくは、「6.2　漢字とカタカナの併用」で扱う。

6.1　漢字の複数表記

　『中央公論』の外来語の用例の中で、『現代表記のゆれ』において「（ⅰ）ことなる漢字の対立」とされたものにあてはまる例としては、音訳にどの漢字を当てるかという選択と、翻訳としてどのような語を当てるかという選択の2種類の原因によってゆれが生じると考えられる。

　地名の漢字表記のゆれは小さい。そしてその「ゆれ」には、「和蘭／和蘭陀」のように、音訳に用いられている漢字は同じだが文字数が異なっているという例が多く見られる。これらは誤植の可能性があるが、短絡的に誤りだと判断することは避け、全ての表記を抽出した。

　「ゆれ」と判断したものの中でも、音訳にどの漢字を当てるかという選択において、ゆれが生じているものを分析することとする。用例は表18に挙げる[150]。なお、「Φ」としたのは、「西比利亞／西比利」の「亞」のように、一方の用例で音訳されている文字が、もう一方の用例では音訳されていないことを意味している。

　漢字のゆれとしては、「亞米利加／阿米利加」の「亞／阿」、「伊太利／以太利」の「伊／以」のように1文字目が異なっているもの、「墺太利／墺地利」の「太／地」、「西伯利亞／西比利亞」の「伯／比」のように2文字目が異なっているもの、「拉丁／拉典／拉甸」のように語末の文字が異なっているもの、「伊太利／伊太利亞」のように語末の文字の有無によって異なっているもの、といった種類が見られる。

表18 漢字表記のゆれの種類と該当表記の延べ語数

漢字のゆれ	表記	延べ	表記	延べ	表記	延べ	表記	延べ
阿／亞	亞米利加	260	阿米利加	1				
伊／以	伊太利	102	以太利	2				
波／彼	波斯	37	彼斯	4				
洪／匈	洪牙利	14	匈牙利	10				
阿／亞	阿弗利加	11	亞弗利加	4				
羅／拉	羅甸	7	拉甸	1				
那／諾	那威	5	諾威	4				
比／菲	比律賓	2	菲律賓	1				
太／地	墺太利	41	墺地利	12				
比／伯	西伯利亞	7	西比利亞	4				
弗／非	阿弗利加	4	阿非利加	1				
奈／那	巴奈馬	5	巴那馬	1				
魯／露	普魯西	38	普露西	1				
盛／聖	華盛頓	34	華聖頓	3				
逸／乙	獨逸	1100	獨乙	18				
丁／典／甸	拉丁	2	拉典	1	拉甸	1		
亞／φ	西伯利亞	7	西伯利	12				
亞／φ	普魯西	38	普魯西亞	2				
亞／φ	伊太利	102	伊太利亞	1				
古／其／格／φ	土耳古	41	土耳其	40	土耳格	1	土耳	1

　表18に載せた表記は左に挙げたものほど延べ語数が多くなっており、より慣用的な表記だったと考えられる。「拉甸」「菲律賓」「阿米利加」「阿非利加」「巴那馬」「普露西」「拉典」「伊太利亞」「土耳格」「土耳」のように1例しか見られない表記があり、それらについては、「羅甸」「比律賓」「亞米利加」「阿弗利加」「巴奈馬」「普魯西」「拉丁」「伊太利」「土耳古」「土耳其」の表記の方が当時よく使われていた典型的な表記だと考えられる。

　また、「伊太利／以太利」は102例と2例、「普魯西／普魯西亞」は38例と2例、「華盛頓／華聖頓」は34例と3例、「獨逸／獨乙」は1100例と18例、となっており、これらもその出現回数に大きな差があるため、いずれも左に示したもの（「伊太利」「普魯西」「華盛頓」「獨逸」）が、大正期の『中央公論』においては、漢字表記として典型的だったと考えられる。

　『日用舶来語便覧』の附録である「第十五章世界各國名及首都名」

（pp.306-308）を見てみても、「亞米利加」「伊太利」「獨逸」という表記が載っている。外来語辞典に載っている表記は当時の規範的表記であるということができ、『中央公論』において多用されている表記は、それと一致していることがわかった。

《魯／露》は、明治時代にはロシアについて魯西亞／露西亞というゆれを見ることができたが、大正期の『中央公論』においては「露西亞」に統一され、「魯西亞」の表記は見られない[151]。しかし、「魯」の表記がなくなったわけではなく、「普魯西」に「魯」という表記が使用されている。

以上用例を見てきた結果、漢字表記は全体として統一の傾向が読み取れる。一方で、それぞれの漢字表記の延べ語数が拮抗しているものもある。表18の中で、「洪牙利」と「匈牙利」の《洪／匈》はそれぞれの使用例が14例と10例、「那威」と「諾威」の《那／諾》はそれぞれ5例と4例、「土耳古」と「土耳其」の《古／其》はそれぞれ41例と40例と拮抗しており、時期にも偏りがない。そのため、「洪牙利／匈牙利」と「那威／諾威」と「土耳古／土耳其」は、大正期の『中央公論』では典型的な表記が定まっておらず、ゆれていた表記だといえる。

6.2　漢字とカタカナの併用

最後に、漢字とカタカナの両方の表記が見られた語について扱う。

固有名詞の焦点を当てると、特に53の地名で漢字とカタカナの両方の表記が見られることがわかった。

大正期は、外来語がカタカナ表記に変化していった時期である。大正12年5月9日官報（第3230号附録・雜報6）によって告示された「常用漢字表」では、凡例に、「四、外来語は假名で書く」と書かれている。しかし、表19に挙げた漢字もカタカナも両方が見られる地名については、漢字表記の方が優勢である。

漢字表記では多少ゆれはあるものの、略称と比べてみると、その漢字が音訳の漢字表記の一部と一致している。略称がどの国を示すのかが明らか

表19　漢字とカタカナの両方を使用している地名の表記一覧

現行表記	漢字					仮名			略称
プロイセン	普魯西	普魯西亞	普魯士	普露西	普魯亞	プロシア	プロシヤ		普
トルコ	土耳古	土耳其	土耳斯	土耳格	土耳	トルコ			土
シベリア	西比利亞	西伯利亞	西伯利	西伯比利		シベリア	シベリヤ		
メキシコ	墨西哥	墨其西哥	亞其哥	墨其利	墨耳古	メキシコ			墨
アフリカ	阿利利加	亞弗利加	阿弗利加	阿非利加		アフリカ			阿
アメリカ	亞米利加	阿米利加	合衆國			アメリカ			米
ヨーロッパ	歐羅巴	羅巴				ヨーロッパ	ヨウロツパ	ヨオロツパ	歐
イタリア	伊太利	以太利				イタリア	イタリヤ	イタリー	伊
カリフォルニア	加利福毛亞					カリホルニア	カルホルニア	カルホルニヤ	加
ウィーン	維納	維也納				ヴィン	ウキーン	ヴキーン	
ノルウェー	那威	諾威				ノルウエイ	ノルエー		諾
オーストリア	墺太利	墺地利				アウストリア	オーストリヤ		墺
ロシア	露西亞	魯西亞				ロシア	ロシヤ		露
フィリピン	比律賓	菲律賓				フイリピン	フイリツピン		
ルーマニア	羅馬尼	羅馬尼亞				ルーマニア	ルーマニヤ		
ハンガリー	洪牙利	匈牙利				ハンガリー			洪 匈
フランス	佛蘭西	佛蘭				フランス			佛 弗
オランダ	和蘭	和蘭陀				オランダ			蘭
ポーランド	波蘭	波蘭土				ポーランド			波
セルビア	塞耳比亞	塞比亞				セルヴイア			塞
ドイツ	獨逸	獨乙				ドイツ			獨
アイルランド	愛蘭	愛爾蘭				アイルランド			
ペルシャ	波斯	彼斯				ペルシヤ			
パナマ	巴奈馬	巴那馬				パナマ			
ワシントン	華盛頓	華聖頓				ワシントン			
スコットランド	蘇格蘭	蘇格蘭土							
サンクトペテルブルク	聖彼得堡	聖彼堡							
スイス	瑞西					スウィツ	スウィツツル	スキツツル	瑞
ギリシャ	希臘					ギリシア	ギリシャ	ギリシヤ	
アジア	亞細亞					アジア	アジヤ		亞
スペイン	西班牙					スペイン	スペエン		西
エジプト	埃及					エジプト	エヂプト		
スウェーデン	瑞典					スウェデン	スエーデン		
ニューヨーク	紐育					ニューヨーク			
ブルガリア	勃牙利					ブルガリア	ブルガリヤ		
ローマ	羅馬					ローマ	ロオマ		
モスクワ	莫斯科					モスクワ	モスコー		
ヴェルサイユ	威爾塞					ヴエルサイユ	ベルサイユ		
ベルギー	白耳義					ベルギー			白
イギリス	英吉利					イギリス			英
アルゼンチン	亞爾然丁					アルゼンチン			
インド	印度					インド			
オックスフォード	牛津					オックスフォード			
カナダ	加奈陀					カナダ			
樺太	樺太					カラフト			
コンスタンティノープル	君府					コンスタンチノープル			
デンマーク	丁抹					デンマーク			
ハーグ	海牙					ハアグ			
パリ	巴里					パリ			
バルカン	巴爾幹					バルカン			
ハワイ	布哇					ハワイ			
ハンブルク	漢堡					ハンブルク			
フィンランド	芬蘭					フキンランド			
ポルトガル	葡萄牙					ポルトガル			
ロンドン	倫敦					ロンドン			
ベルリン	伯林					ベルリン			
カムチャッカ	勘察加					カムチャッカ			
コーカサス	高加察					コーカサス			
コロンビア	古倫比亞					コロンビア			
サンフランシスコ	桑港					サンフランシスコ			
シカゴ	市俄古					シカゴ			
スエーデン	瑞典					スエーデン			
ゼルマン	日耳曼					ゼルマン			
デンマーク	丁抹					デンマーク			
オーストラリア						オーストラリア			濠

であったということからも、漢字表記は統一の傾向にあったといえる。「オーストラリア」のように、略称表記とカタカナ表記のみが見られ、「濠太剌利」のような音訳表記の漢字表記が出現しなかったものもあった。これは、略称表記と国名が密接に結びついており、音訳の漢字表記を介することなく理解できる状況であったことを意味している。

一方、人名については、カタカナ表記が優勢である。しかし、「カイゼル／維廉二世」「ナポレオン／奈破裂翁」「ルイ／路易」「基督／キリスト／クリスト」「毛禮／モルレー」のように、漢字とカタカナの両方の表記が見られるものもある。中でも、「基督」「毛禮」は漢字表記の方が優勢である。

一般名詞のうち、漢字とカタカナの両表記が見られるものには、表20のように、具体物を表すもの、宗教関係、単位の3種類がある。

橋本（2010：145）は、外来語の漢字表記について次のように指摘している。

表20　漢字とカタカナの両表記が見られる一般名詞

品詞・意味分類		漢字	カタカナ	
一般名詞	具体物を表すもの	瓦斯	ガス	
		倶樂部	クラブ	
		珈琲	コーヒー	
		護謨	ゴム	
		燐寸	マッチ	
	宗教関係	加特力	カトリック	
	単位	瓩	キログラム	
		瓦	グラム	
		噸	トン	
		哩	マイル	
		磅	ポンド	
		弗	ドル	
		留	ルーブル	
		仙	セント	
		馬克	マアク	マルク

本調査において、漢字制限以前に漢字表記されていた「倶楽部」の「倶」、「瓦斯」の「斯」、「燐寸」の「燐」、「噸」などは「常用漢字表」に入っていなかったため、1925年以降はカタカナ表記されるようになる。例えば、「クラブ」の用例を見ると、1922年までは全て「倶楽部」と表記されていたが、1925年以降は全て「クラブ」と表記されるようになる。一方、漢字2字とも「常用漢字表」に入っていた「煙草」は、1925年以降も引き続き使用されている。

1925年は大正14年にあたり、一般名詞全体ではカタカナ表記が多くなっているが、表20に挙げた両表記が見られる語では、「護謨」「燐寸」を除き、漢字表記の方が優勢である。その他、ルビのついた表記で、「或物／サムシング」というゆれも見られた。

6.3　カタカナの複数表記

ここでは、カタカナ表記のゆれに注目して分析をする。

橋本（2010：139）は、外来語の表記の対立について、1911〜2005年までの『朝日新聞』の社説[152]に見られる外来語（普通名詞）の用例を挙げながら、下記の11種類を示している[153]。

①長音の表記	→本書(1)長音の表記
①-1　長音の表記（母音字と長音符号）	
①-2　長音の有無	
②撥音、促音の表記	→本書(2)撥音・促音の表記
②-1　撥音の表記（ムとン）	
②-2　撥音、促音の有無	
③アとヤ	→本書(3)ア／ヤ
④チとティ、ジとディ	→本書(4)ジ／ヂ／ディ／デ
	(5)チ／ティ／チィ／チキ／テ

⑤ハ行とファ行、バ行とヴァ行
⑥ジェとゼ
⑦原語ｒの表記（長音符号とル）　　→本書(1)(ⅲ)「ル」と長音符号
⑧清音と濁音・半濁音
⑨長音と促音
⑩強勢のないｅの表記
⑪綴り字発音と原語発音

　この枠組みを参照して、大正期の『中央公論』の表記の対立の状況を明らかにしていく。

（１）長音の表記
（ⅰ）長音の表記（母音字と長音符号）
　はじめに、長音の表記に注目する。ここでは、「ヨウロツパ／ヨーロツパ」のように、母音字と長音符号でゆれている例を取り上げる。橋本（2010：139）は、長音の表記について次のような例を挙げている。

　　①‐１長音の表記（下線部　母音字と長音符号）　８語
　　エネルギ<u>イ</u>、ショ<u>ウ</u>、シンヂケ<u>エ</u>ト、バロメ<u>エ</u>トル、デ<u>イ</u>、デモンストレ<u>エ</u>ション、パ<u>ア</u>、プレ<u>イ</u>

　これに対し、大正期の『中央公論』で母音字と長音符号の両方が見られたものを表21にまとめた。
　橋本（2010）では、主たる対象とされたのは普通名詞だけであったが、本書では、『中央公論』から固有名詞と一般名詞の両方の用例を抽出している。
　母音字に当たるものは、ア・イ・ウ・エ・オの５種類すべてが見られた。さらに、母音字以外に、長音符号と対立するものとして「イデオロギ

表21　長音と母音字のゆれが見られる語

母音字	母音字を使用したもの	母音字と長音符号の併用	長音符号を使用したもの
ア		アーサーヘンダアソン	アーサー・ヘンダーソン
	ウエストミンスタア・アベエ		ウエストミンスター・アベー
	カアライル		カーライル
	クウデタア	クーデタア	クーデター
	スタンダアド		スタンダード
	パアスペクチイヴ		パースペクティヴ
		バアナード・ショウ	バーナード、ショー
	マアク		マーク
	ラツサアル		ラッサール
イ	カウツキイ		カウツキー
	カテゴリイ		カテゴリー
	グレイ		グレー
	センセイション		センセーション
	デモクラシイ		デモクラシー
	トロツキイ		トロッキー
			トローツキー
	ノルウエイ		ノルエー
	フレイドリヒ・エンゲルス		フリードリッヒ・エンゲルス
	マレイ		マレー
	メレディイス		メレヂース
	ヴォルテイア		ヴォルテーア
ウ	クウデタア		クーデター
	チュウトン		チュートン
	ニュウトン		ニュートン
	ニュウカッスル		ニューカスル
		バアナード・ショウ	バーナード、ショー
	ヨウロツパ		ヨーロッパ
	ルソウ	ルーソウ	ルーソー
		ルウツソー	ルソー
			ルッソー
	ルウズヴェルト		ルーズヴェルト
	ルウズベルト		ルーズベルト
エ	ウエストミンスタア・アベエ		ウエストミンスター・アベー
	ゲエテ		ゲーテ
	ゲエム		ゲーム
	コンドルセエ		コンドルセー
	テエヌ		テーヌ
	ハックスレエ		ハックスレー
	ヘエゲル		ヘーゲル
	ベエコン		ベーコン
	ベエベル		ベーベル
オ	アリストオトル		アリストートル
	タゴオル		タゴール
	ハノオバア		ハノーヴァー
	プラトオ		プラトー
	プロポオション		プロポーション
	ヨオロツパ		ヨーロッパ
	ロイド・ジョオジ		ロイド・ジョージ
			ロイド・ジョージ
			ロイド、ジョージ
			ロイドジョーヂ
			ロイド・ヂョーヂ
			ロイド・ジョーヂ
			ロイド・ジーョジ
ヤ	イデオロギヤ		イデオロギー
	イタリヤ		イタリー

ヤ／イデオロギー」「イタリヤ／イタリー」のような例がある。これについてもこの項で扱っている。母音字が使用されている場合は、「クウデタア」のように全てが母音字で表されており、長音符号が使用されている場合は、「クーデター」のように全てが長音符号で表されている。こういうパターンが多いが、一方で表中に「母音字と長音符号の併用」と示したように、「クーデタア」のように、母音字と長音符号が両方使用されているものが6種類見られた。

　外来語の長音の表し方については、大正14年1月28日官報（第3728號附録・雜報82、p.2）に、「外國語の長音は通則第三條以下の場合の「あ」「い」「う」のかわりに「ー」をつけて書く。」[154]とあり、大正末期には長音符号を用いることが決められていることがわかる。これを踏まえると、上記の大正期の『中央公論』の外来語調査結果には、長音の表し方が定められる前のゆれが表れているということができる。

（ⅱ）長音の有無

　次に、長音の表記の中でも、「レーニン／レニン」のように、一方には長音符号が付いているが、もう一方には付いていないという例を取り上げる。

　橋本（2010：139）は、長音の有無について次のような例を挙げている。

　　①-2 長音の有無（下線部の有無）7語
　　　イニシヤチーヴ、ジェスチューア、メージャー、ユートピア
　　　（語末）コミュニティー、バイタリティー、フェアー

特に語末については別記の形で示されている。

　同じような例を大正期の『中央公論』に探してみると、表22のような例が見られた。橋本（2010）と同様に、「コンミューン／コンミユン」のように語中において長音の有無のゆれが見られるものと、「カフェー／カフ

表22　長音符号のあるものと長音符号のないものというゆれの見られる語

長音符号のあるもの	長音符号のないもの
アーケードー	アーケード
アルゼンチーン	アルゼンチン
アンナ・カレーニナ	アンナ・カレニナ
ヴェルディー	ヴェルディ
エマーソン	エマソン
グラッドストーン	グラッドストン
コンミューン	コンミユン
スピノーザ	スピノザ
チエンバーレーン チエムバレーン チエムバーレーン チエンバレーン	チエムバレン チエンバレン
チヤーチール	チヤーチル
トリポリー	トリポリ
トローツキー	トロツキー
パーマーガゼット パーマー・ガゼット	パーマガゼット
バルフーオア バルフオーア	バルフオア
ビートマン・ホールウエツグ	ビートマン・ホルウエツグ
ピューリタン	ピユリタン
ベリー	ベリ
ボリシエヰキー ボルセヴヰキー	ボリシエヰキ ボルセヴヰキ ボルシウヰキ ボルシエヴイキ ボルシエヴヰキ
マキアベエリー マキアベリー	マキアヴェリ マキヤヴェリ マキアベリ
マコーレー	マコレー
ムソリーニ ムツソリーニ	ムソリニ ムツソリニ
メンシェヰキー	メンシエヴヰキ メンセヴイキ
レーニン	レニン
ルーソウ ルーソー	ルソウ ルソー
リンカーン	リンカン
ユートピア	ユトピア
モンテスキユー	モンテスキユ
カフェー	カフエ

第 5 章　外来語表記の特徴　173

（ⅲ）「ル」と長音符号

　そして、長音の表記の中には、母音字ではないが、長音符号と対応している「ル」という表記が見られる。これは、橋本（2010：139）では「⑦原語 r の表記（長音符号とル）」とされている組み合わせである。

　⑦原語 r の表記（長音符号とル）　3 語
　　ド<u>ル</u>－ダ<u>ラー</u>、バロメート<u>ル</u>－バロメー<u>ター</u>、マ<u>ル</u>ク－マー<u>ク</u>

　これと同じような例を、『中央公論』で調査し、その結果を表23にまとめた。ただし、本書では、原語が「r」であるかどうかにこだわらず、外来語の表記が「ル」と長音符号という形で対応しているものを挙げることにした。

表23　「ル」と長音符号のゆれが見られる語

		ル	長音符号
固有名詞		ダルウイン	ダーウイン
		ビスマルク	ビスマーク
		リンコルン	リンカーン
一般名詞		オツポルチユニスト	オツポーチユニスト

　原語を調べると、「ダルウイン／ダーウイン」（Darwin）、「ビスマルク／ビスマーク」（Bismarck）、「リンコルン／リンカーン」（Lincoln）、「オツポルチユニスト／オツポーチユニスト」（opportunist）となる。「ル」と長音符号が対応している部分を確認すると、「Da<u>r</u>win」「Bisma<u>r</u>ck」「oppo<u>r</u>tunist」では「r」表記、「Linco<u>l</u>n」では「l」表記となっている。いずれもつづりに影響された表記であるということができ、「r」と「l」を「ル」に置き換えるか、長音符号に置き換えるかという違いであるといえる。

(2) 撥音・促音の表記

ここまでは長音の表記について見てきたが、次に撥音と促音の表記に注目する。

橋本 (2010：139) では、次のような例が挙げられている。

②-1 撥音の表記（下線部ムとン）3語
コ<u>ム</u>ミュニケ、ダ<u>ム</u>ビング、ヂレ<u>ム</u>マ
②-2 撥音と、促音の有無　2語
（撥音）コ<u>ン</u>ミュニケ　　（促音）ファ<u>ッ</u>シズム

ここに示したように、撥音については「ム」で表記するか、「ン」で表記するか、そもそも表記しないのか、という点でゆれが起こっている。表24に示したように、『中央公論』の用例の中にも「ム／ン」のゆれが確認できる。

表24　撥音の表記（ムとン）のゆれが見られる語

ム	ン
コロムビヤ	コロンビア
チエムバレン	チエンバーレーン
チエムバレーン	
チエムバレーン	
ハムブルグ	ハンブルグ
シヤムペン	シヤンパン
ヂレムマ	ヂレンマ
テムポ	テンポ
シムフオニー	シンフォニイ
	シンホニイ
シムボル	シンボル
調和について（オン・コムプロマイス）	オン、コンプロマイス

表24に挙げた語の原語は、「Colu<u>m</u>bia」「Cha<u>m</u>berlain」「Ha<u>m</u>burg」「cha<u>m</u>pagne」「dile<u>m</u>ma」「te<u>m</u>po」「sy<u>m</u>phony」「sy<u>m</u>bol」「On Co<u>m</u>promise」である。下線を引いたように、「ム」と「ン」のゆれが生じて

表25　促音の表記の有無

促音有	促音無
グラッドストン	グラドストン
ニイッチェ	ニイチエ
フリードリッヒ	フリードリヒ
ムッソリニ	ムソリニー
	ムソリーニ
モッツアルト	モツアルト
ルッソー	ルソー
	ルソウ
オックスフォード	オクスフオード
ニューカッスル	ニューカスル
フイリッピン	フイリピン
ライプチッヒ	ライプチヒ
フアッシヨ	フアシヨ
ルネッツサンス	ルネサンス

いるところは、原語ではすべて「m」であることがわかる。

撥音の有無については、「グラッドストン／グラドスントン」のゆれが該当する。

促音については、先述したように橋本（2010）では、その有無が指摘されている。本書の調査では、表25のようなゆれが見られた。発音との関係で文字にしたときにそこに促音を入れるかどうかが、ゆれの原因になったと考えられる。原語の綴りからわかる一つの法則として、「Mussolini」「Rousseau」「Philippines」「Renaissance」など、同じアルファベットが2つ重なる部分に促音の有無が生じていることが指摘できる。

（3）ア／ヤ

次に、「ア／ヤ」の対立を見る。

橋本（2010：139）には、次のような例が挙げられている。

　③アとヤ　2語
　　イニシアティーヴ−イニシヤチーヴ、カナリア−カナリヤ

表26 「ア／ヤ」のゆれが見られるもの

ア	ヤ
アジア	アジヤ
アビニシア	アビニシヤ
アラビア	アラビヤ
ヴイクトリア	ヸクトウリヤ
	ヰクトウリヤ
カルホルニア	カルホルニヤ
ギリシア	ギリシヤ
セルビア	セルヴイヤ
セルヴィア	
ブルガリア	ブルガリヤ
プロシア	プロシヤ
ペルシア	ペルシヤ
ロシア	ロシヤ
イタリア	イタリヤ
コロンビア	コロンビヤ
ルーマニア	ルーマニヤ
マセドニア	マセドニヤ
スカンヂネビア	スカンヂネビヤ
クリミア	クリミヤ
シベリア	シベリヤ
ボヘミア	ボヘミヤ
ボスニア	ボスニヤ
ウイリアム・レン	ウイリヤム・レン
トレヴェリアン	トレヴエリヤン
ソーシアル・デモクラシー	ソーシヤル・デモクラシー
ピアノ	ピヤノ
マラリア	マラリヤ
プロレタリア	プロレタリヤ
フエビアン	フエビヤン

　これに対し、『中央公論』では表26のような例が見られた。この「ア／ヤ」の両方の表記が見られる用例についてはイ列の音の次の「ア」の音であるという点が共通している。

（4）ジ／ヂ／ディ／デ
　ここからは2つの項を使って、「（4）ジ／ヂ／ディ／デ」、「（5）チ／ティ／チイ／チヰ／テ」という表記のゆれを見ていく。

第 5 章　外来語表記の特徴　177

　これらの項を設定するにあたって参照したのは、橋本（2010：139）である。そこでは、「④チとティ、ジとディ」という項目で次のような用例が挙げられている。

　④チとティ、ジとディ　3 語
　　イニシヤチーヴ－イニシアティーヴ、パーソナリチー－パーソナリティー、クレジット－クレディット

　本書では、チとティのゆれのグループと、ジとディのゆれのグループに分け、関連して登場する表記を追加してまとめた。
　はじめに、ジ／ヂ／デイ／デのゆれを見る。関連して登場する 4 つの表記をまとめて見出しとして出したが、表27に挙げたように、「ジ／ヂ」「デイ／ヂ」「ディ／デ」という 3 種類の組み合わせが見られた。
　「ジ／ヂ」のゆれに見られた語の原語を調べると、「percentage」「bourgeois」「Lloyd George」「Egypt」である。下線を引いたように、カタカナ表記の外来語にした場合に「ジ」や「ヂ」となっているのは、もともと

表27　ジ／ヂ、デイ／ヂ、ディ／デのゆれが見られるもの

		ジ	併用	ヂ
ジ／ヂ		エジプト		エヂプト
		パーセンテイジ		パーセンテーヂ
		ブルジョワ		ブルヂョア
		ブルジュア		
		ロイド・ジョージ	ロイド・ジョーヂ	ロイド・ヂヨーヂ
		ロイド・ジョージ	ロイドジョーヂ	
		ロイド、ジョージ		
		ロイド・ジーヨジ		
		ロイド・ジヨオジ		
		デイ		ヂ
デイ／ヂ		ハーデイング		ハーヂング
		メレデイス		メレヂース
		ディ		デ
ディ／デ		ビルディング		ビルデング

は「ge」や「gy」であったことがわかる。

次に、「デイ/ヂ」のゆれが見られた語の原語を調べると、「Har<u>di</u>ng」「Mere<u>di</u>th」である。下線を引いたように、片仮名表記にした場合、「デイ」や「ヂ」となっているのは、もともとは「di」であったことがわかる。

そして、「ディ/デ」のゆれが見られた語の原語は「buil<u>di</u>ng」である。これも「ディ/ヂ」と同じく、もともとは「di」であったことがわかる。

つまり、原語を中心とする観点からまとめると、「ge」「gy」は「ジ」「ヂ」、「di」は「デイ」「ヂ」「デ」と表記されていたということになる。それを体現している表記として、「ロイド・ジヨーヂ」「ロイドジヨーヂ」という「ジ」と「ヂ」が混ざった表記が見られる。これは「George」の初めの「Ge」が「ジ」となり、後の「ge」が「ヂ」となっている例であり、一語の中にもゆれが生じている。

一方、視点を変えて、カタカナ表記から考えると、「ジ」と表記されている外来語の原語は「ge」または「gy」、「ディ」と「デ」は di、そして「ヂ」は「ge」「gy」「di」の3種であるということになる。

（5）チ/ティ/チイ/チキ/テ

表28　チ/ティ、ティ/チイ、チ/チキ、チ/テ、ティ/テのゆれが見られるもの

		チ	ティ
チ/ティ		センチメンタリズム	センティメンタリズム
		ローマンチック	ロマンテイック
		モーチーフ	モーティーフ
		ティ	チイ
ティ/チイ		パースペクティブ	パアスペクチイブ
		チ	チキ
チ/チキ		デモクラチック	デモクラチキック
		チ	テ
チ/テ		プラグマチズム	プラグマテスム
		ティ	テ
ティ/テ		ユーフラティス	ユーフラテス

次に、チ／ティ／チィ／チヰ／テのゆれを見る。関連して登場する5つの表記をまとめて見出しとして出したが、表28に挙げたように、「チ／ティ」「ティ／チイ」「チ／チヰ」「チ／テ」「ティ／テ」という5種類のゆれが見られた。

原語を調べると、「Euphrates」の「te」を除き、「sentimentalism（英）」「roman<u>ti</u>c（英）」「mo<u>ti</u>f（仏）」「perspec<u>ti</u>ve（英）」「pragma<u>ti</u>sm（英）」「democra<u>ti</u>c（英）」は全て「ti」という表記の部分にゆれが見られることがわかる。

「チ」に関するゆれとしては、「チ／ツィ」が見られる。「インテリゲンチヤ／インテリゲンツィヤ」が例に挙げられる。この原語は「intelligen-<u>tsi</u>a（露）」であり、「tsi」が「チ」や「ツィ」と表記されたことがわかる。

ここまで外来語表記のゆれについて見てきた。大正期を含み、新聞の普通名詞を調査対象とした橋本（2010）と比較した結果、雑誌を調査対象とし、固有名詞も対象に含んだ本書においても同様の結果が得られた。橋本（2010）の結果にはなかったものや、別のパターンのゆれが見られたものを次にまとめる。

- 原語rの表記を長音符号とルで表すもののほかに、「リンコルン／リンカーン」（Lincoln）のように、「l」の表記を「ル」と長音符号の両方で表している例が見られた。
- 「ge」「gy」は「ジ」「ヂ」、「di」は「ディ」「ヂ」「デ」と表記されている。
- 「ti」は「チ」「ティ」「チイ」「チヰ」と表記されている。
- 「tsi」は「チ」や「ツィ」と表記されている。

こうした仮名遣については、大正15年5月12日の官報（第4113号附録・雑報146）の「當字の廢棄と外國語の寫し方」に整理されている。その規則で従来の書き表し方とされているものに「ジ」と「ヂ」、「チ」と「ティ」

が含まれており、本書で取り上げたゆれと一致している。これを踏まえると、大正期の『中央公論』の外来語には、カタカナ表記の外来語の仮名遣が整理される前のゆれが見られるということができる。

7　外来語表記の変遷

前項で大正期全般の『中央公論』の表記的特徴が明らかになった。次は固有名詞と一般名詞の表記を年別に調査し、表記の変遷を明らかにしたい。

分析にあたり、表12に挙げた表記形式を、漢字中心の表記と、カタカナ中心の表記と、その他の表記の3種類に分けた（表29参照）。なお、表記形式には複数の字種が用いられるが、漢字を含むかどうかを基準として分けている[155]。

年別の割合を求めると、表30のようになる。

この中で、カタカナを含む表記と漢字を含む表記に焦点を当て、『中央公論』の表記の変遷を述べる。

ここで先に、その他に挙げた表記について指摘する。ひらがな単表記（単・ひ）及びひらがなとアルファベットの併記（併・ひA）の例は全体で2例のみのため、固有名詞でも一般名詞でも、アルファベットのみの単表記形式（単・A）が結果に大きく表れている。固有名詞と一般名詞の全体

表29　カタカナを含む表記と、漢字を含む表記と、その他のそれぞれに該当する表記形式

カタカナを含む表記	漢字を含む表記	その他
カタカナのみ	漢字のみ	アルファベットのみ
本行アルファベット＋ルビカタカナ	本行漢字＋ルビカタカナ	ひらがなのみ
	本行漢字＋ルビひらがな	ひらがな＋アルファベットの併記
カタカナ＋アルファベットの併記	漢字＋カタカナの併記	
	漢字＋アルファベットの併記	
	カタカナ＋漢字の併記	
	アルファベット＋漢字の併記	

表30 固有名詞と一般名詞の漢字を含む表記とカタカナを含む表記の年別の割合

	固有名詞			一般名詞		
	漢字を含む表記	カタカナを含む表記	その他	漢字を含む表記	カタカナを含む表記	その他
大正元年	61.5%	38.4%	0.1%	21.8%	76.4%	0.0%
大正2年	52.9%	46.9%	0.2%	59.1%	30.1%	10.8%
大正3年	54.8%	43.9%	0.2%	51.2%	44.6%	3.0%
大正4年	64.5%	35.4%	0.1%	32.3%	54.2%	13.4%
大正5年	82.0%	18.0%	0.0%	10.6%	89.4%	0.0%
大正6年	61.7%	38.3%	0.0%	18.0%	59.0%	23.0%
大正7年	79.5%	20.5%	0.0%	35.3%	56.9%	7.8%
大正8年	73.5%	26.0%	0.5%	13.8%	82.9%	3.3%
大正9年	57.0%	40.7%	2.4%	13.3%	85.4%	1.3%
大正10年	57.6%	41.9%	0.6%	24.7%	75.3%	0.0%
大正11年	65.4%	34.6%	0.0%	29.1%	66.5%	4.4%
大正12年	43.8%	53.4%	2.7%	17.4%	77.0%	5.6%
大正13年	50.7%	48.9%	0.3%	14.9%	79.8%	5.3%
大正14年	67.8%	32.2%	0.0%	43.3%	56.7%	0.0%
大正15年	22.8%	75.7%	1.5%	2.6%	92.8%	4.6%
大正16年	47.2%	52.2%	0.5%	15.5%	84.5%	0.0%

数の違いから割合は異なるが、出現数としては大きな違いは見られない。年別の割合の変遷でいえば、固有名詞では、ひらがな表記やアルファベット表記が漢字を含む表記やカタカナを含む表記に比べると圧倒的に少ないといえる。また、一般名詞では、大正6年のように漢字表記を上回る年があるが、全体には減少の傾向にあるといえる。

次に、漢字を含む表記とカタカナを含む表記の変遷を固有名詞と一般名詞に分けて調査する。グラフ1では、固有名詞の漢字を含む表記とカタカナを含む表記の割合をグラフにし、グラフ2では、一般名詞の漢字を含む表記とカタカナを含む表記の割合をグラフにした。

まず、固有名詞はグラフ1に見られるように、大正元年から大正11年まで漢字表記の方が多い。大正12年、大正15年、大正16年と、大正の終わりになってカタカナ表記が多く見られるようになっている。大正12年5月2日に臨時国語調査委員会が発表した常用漢字表の凡例には、「二、固有名詞には本表にない文字を用ゐても差支ない。たゞし外國（支那を除く）の

グラフ1　『中央公論』の固有名詞の漢字を含む表記とカタカナを含む表記の変遷

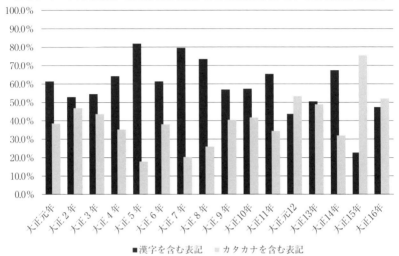

グラフ2　『中央公論』の一般名詞の漢字を含む表記とカタカナを含む表記の変遷

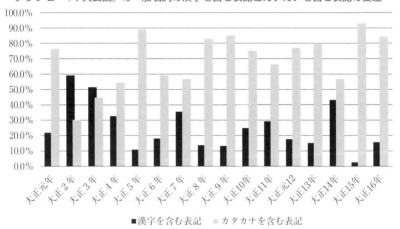

人名地名は假名書とすること。」とあり、大正後期には地名は仮名書きする方向に定められている。それが『中央公論』における外来語の固有名詞の表記にも現れている。同時に、大正後期になっても、現実には漢字表記が多く使われていたことがわかる。

漢字表記が多くなっている理由は、固有名詞のうちの大多数を占める地名が漢字表記されているからだと考えられる。地名は、中国語の漢字表記の影響で、漢字による音訳表記やその略称を借用してきた背景がある。楳垣（1963：126-127）は、中国語の漢字表記を学び、それを借用したことについて次のように述べている。

　　江戸時代には、かな文字表記法より漢字表記法が多かった。その理由は、わが国は鎖国政策のため欧米の知識の取り入れがおくれ、よほどその点で進んでいた中華の書物から学ぶことが多かった。そのため、「巴里（パリ）」「紐育（ニューヨーク）」などの表記法をもそのまま借用したらしい。漢字は視覚的にまとまって目に訴えるから、1字ずつ読まねばならないかな文字表記より便利だという点と、字数が少なくてすむという点が、こういう漢字表記のいつまでも使われる原因で、「英語」や「米国」などがいつまでも使われている理由もそこにある。

　また、金（1999）によると、中国の文献にも「英吉利」「佛蘭西」が見られる。漢字音の違いによって、中国では、ロシアは「魯西亜」、ドイツは「德意志」「德国」と書かれ、全く同じ表記ではないものもあるが、地名を漢字表記することに中国語の影響があるのは確かである。
　一般名詞は、グラフ2のとおり、大正2年、大正3年で漢字表記が上回っているが、その他の年では、カタカナ表記の方が優勢である。漢字の割合は、大正初期に比べて中期以降で減っており、漢字からカタカナへという傾向が見られる。固有名詞に比べて一般名詞では大正期全般にわたってカタカナを含む表記の比率が高いことも明らかになった。

8　まとめ

　第5章では、外来語表記の特徴について扱った。具体的には、外来語の

表記形式の種類を明らかにし、固有名詞と一般名詞それぞれの表記の特徴を示した。さらに、複合語や句や文といった長い単位での調査分析を行い、ゆれについても言及した。

まず、大正期の『中央公論』の外来語には、13種類の表記形式が見られることがわかった。『中央公論』では、ルビのない縦書きの漢字ひらがな混じり文を原則として用いていることを考えると、全ての字種を組み合わせて、訳語を付す、日本語での読み方を示す、原語のまま示すなど、外国語受容の試行の跡が見られる。

表記形式の量的な変化として、大正期は漢字からカタカナへの転換期だといわれてきた。規則としても、大正12年には、常用漢字表の凡例で、外国の人名地名は仮名書きし、外来語は仮名で書くことが定められており、先行研究でも大正後期にカタカナ表記が増えるという指摘がある。

本書では、『中央公論』を資料に、固有名詞を調査対象に含め、大正期の各年1月号の調査を行い、抽出の間隔を狭くしたことで、より多くのサンプルを得て分析考察することができた。その結果、大正期の漢字からカタカナへという転換は、一般名詞でも固有名詞でも見られた。ただし、固有名詞では漢字表記の割合が大正末期になっても高く、一般名詞の方がカタカナ表記の比率が高いことがわかった。固有名詞に漢字表記が多いのは、地名での漢字表記の多用が原因である。

そして、固有名詞とともに、これまでの研究ではほとんど対象とされてこなかったものに略称表記がある。まず、地名を中心に見られる漢字表記は、明治期には中国からの表記と日本独自の表記とが混在していたのと比べると、ゆれがあってもある表記に用例が集中しており、典型的と呼べる表記があるなど、ゆれが小さくなっているといえる。特に、略称表記はほとんど1つに統一されており、国名と略称表記が一対一となっていたことがわかった。大正期の『中央公論』における国名とその略称表記の関係について、出現回数の多いイギリス、アメリカ、ロシア、フランス、ドイツに限定して調査すると、「英」「米」は既に略称表記が多用されており、

「佛」「露」は大正期にカタカナ語使用へと変化しており、「獨」は大正期には、ほとんど地名を列挙する際にしか使用されていなかったことが判明した。

　表記のゆれについては、漢字の複数表記、漢字とカタカナの併用、カタカナの複数表記が見られた。漢字に関するゆれは小さいといえる。カタカナの複数表記は、長音や促音、拗音、四つ仮名などを中心に見られ、先行研究と一致する結果も見られた。漢字に比べると、ゆれは大きいといえるが、大正末には「仮名遣改定案」によってカタカナ表記のゆれも統一する動きが起きている。

　また、先行研究にはない試みとして、本書ではアルファベットを含む表記を外来語として抽出した。アルファベットは外国語そのままともいえるが、単表記形式でも混種語として使用されている。また、句や文、書名、専門用語を中心に、ルビ形式や併記形式という二重表記によって、原語の引用と、読み方や意味が合わせて示され、日本語の語法に沿って取り入れられていることがわかった。

　そして、文の単位の外来語に付された翻訳に注目し、引用部分の文体が周辺の文体と差がある場合、より文語調寄りの、硬い文体で訳されていることを指摘した。

　こうして見てきたように、大正期の『中央公論』では、制度も実態もカタカナ表記化の傾向が強くなっていった中で、ルビ形式や併記形式といった二重表記、そして地名の漢字表記や略称表記、原語を示すアルファベット表記といった表記形式が活用されていたことが明らかになった。

注

110　「B部落」のようなアルファベットの1文字の表記も含まれている。

111　漢字を優先して判断することにしたため、漢字と仮名の両方が含まれている場合は漢字として分類した。例えば、「取り合はせ（コムビネーション）」であれば、ルビ形式で、本行が漢字であり、ルビがカタカナであるという分類になる。

112 シェークスピアを「沙翁」と記している。本書では、「沙翁」を、「シェークスピア」の略である「沙」に、「翁」は年を重ねた男性を意味する語であると捉え、混種語という考え方を取っている。
113 「市俄古」は、「シカゴ」のこと。
114 荒川（2000）では、意訳地名として「剣橋」「牛津」「聖林」「桑港」を取り上げている。
115 王（1996）では「濠洲」の形が紹介されている。王（1996）が対象としているのは、1905年から1984年の資料である。
116 石井（2014c）p.181参照。
117 「路易」は「ルイ」のこと。
118 「エイチ・ジイ・エルス」（上田敏「現代の英國」大正元年、p.49）
119 「H. G. Wells」（小野俊一「子孫崇拝論」大正12年、p.163）
120 「呎」は、「フィート」のこと。
121 「志」は、「シリング」（shilling）のこと。
122 「留」は、「ルーブル」（rouble、RUR）のこと。
123 本書の調査範囲におけるカタカナの「ポンド」の例はすべて通貨の単位に関するものであった。
124 「封度」は米田實「日本の外交的環境」（大正14年）の記事で使用されている。
125 「實扶的里」は、「ジフテリア」であり、「英 diphtheria」のことである。
126 「浪漫」は、「ロマン」であり、「フランス roman」のことである。
127 『日本国語大辞典第二版』（5巻 p.506-507）の「コーヒー」の語誌には、下記のように書かれている。
　（１）近世後期に蘭学書にしばしば見えるように、オランダ語の koffie に由来する。（後略）
　（２）（前略）現在使われている「珈琲」は文久二年（一八六二）の「英和対訳袖珍辞書」に見えるが、明治三〇年代末頃から徐々に定着し始め、以後もっぱらこの表記が使われるようになった。
128 『日本国語大辞典第二版』（3巻 p.1073）の「ガラス」の語誌には、下記のように書かれている。
　（１）江戸時代は、もっぱら「ビードロ」が用いられ、のちには「ギヤマン」も使われたが、「ガラス」が一般化し、「ビードロ」「ギヤマン」を追いやった。
　（２）はじめは板ガラスを指しており、ガラス一般の意で広く用いられるようになるのは、明治時代になってからである。「硝子」という表記も、最初は「ビード

ロ」に当てたもので、のちに「ガラス」と読むようになった。

129 『日本国語大辞典第二版』（3巻 p.632）によれば、「ガス」の語誌には、「日本への紹介は、江戸時代末期の蘭学者による。」と書かれている。

130 「ロマン主義」『日本国語大辞典第二版』（13巻 p.1211）

131 第6章「2.3 アルファベット表記を含む混種語」でも改めて指摘する。

132 第6章「4 一般名詞からなる混種語」でも改めて指摘する。

133 「副王ヴイセローイ」の「ヴイセローイ」は、「viceroy」のこと。

134 柳澤健「歐州文明の衰退と米國文明の興隆」（大正13年、p.47）参照。4例ともこの記事で使用されている。

135 「葉緑体」の「クロヽプラストクロ・ブラスト」は、「chloroplast」のこと。

136 「バットル」は battle、「ワー」は war のことと思われる。

137 表内の用語については本書第5章「1.1 外来語の表記形式」を参照。

138 「ゲロコミイ Gerokomy」は、養老長生法のこと。

139 「キヤスチング・ヴオード」は、「casting vote」のこと。

140 「ベターメント、タクス」とは「betterment tax」のことで、改良税のこと。

141 「オーヴアー、タイム」は、「over time」のことで、時間外労働のこと。

142 「モダーン、コンビニエンス」は、文明の利器のこと。

143 「メーン・カーレント」は、「main current」で、主潮のこと。

144 「倫敦ネーション誌」と「獨逸ナウエン無線局」は、全体では混種語だが、外来語を2つ含み、それらの表記が異なるという点に注目してここで取り上げた。

145 括弧内の記号は、「第5章1.1 外来語の表記形式の種類」で示したものである。

146 楳垣（1963）は、1906–1926（明治39–大正15）年の21年間を、新文化誕生期と呼んでいる。ここでの「この時期」とは、この新文化誕生期のことである。

147 改行は本文のままである。

148 引用部分のゆれの記号は、原典のまま、「ジーゼル－ヂーゼル」と「－」で表記した。本書での用例は、長音符号と区別するために、「／」を使った記述している。以下、引用部分については同様である。

149 『現代表記のゆれ』で、ひらがなとカタカナの対立の例として挙げられている「たばこ」は、『中央公論』にも語としては登場しているが、漢字表記されている。

150 表18に挙げた例以外に、次のようなゆれが見られた。

愛蘭／愛爾蘭　維納／維也納　和蘭陀／和蘭　聖彼得堡／聖彼堡　蘇格蘭／蘇格蘭土　塞耳比亞／塞比亞　佛蘭西／佛蘭　波蘭／波蘭土　歐羅巴／羅巴

なお、本書では、「愛蘭／愛爾蘭」のように、表記のゆれを「／」で区別するこ

とにしている。長音符号との区別を明確にするためである。

151　シャルコ（2016）の「各国国名及地名称呼関係雑件」の調査により、ロシアの音訳表記が「魯」から「露」に変わった理由は、1874年7月頃、ロシアの公使館から「「魯」は「魯鈍」の熟字であるため、別の字に変えてほしい」という抗議があり、その結果であることが明らかになっている。

152　標本は1911年から2005年までの毎月1日分の社説である。つまり、1年365日（あるいは366日）のうち12日をとるため、標本サイズは約30分の1である。（橋本（2010）、pp.17-18）

153　ルビ表記の語については、本体の漢字表記は省略し、外来語のみを記すとある。（橋本（2010）、pp.138-139）

154　「通則第三條以下」に関しては、詳しくは、本書p.23に引用している。

155　漢字を含むかどうかを最初の判定基準とし、漢字が含まれる場合は全て「漢字を含む表記」とした。それ以外で、カタカナが含まれる場合は「カタカナを含む表記」とし、アルファベットやひらがなによる表記の場合は「その他」とした。

第6章　外来語を含む混種語

　第6章では、外来語を含む混種語について取り上げる。先行研究（宮地（1997）、鈴木（1998））では、混種語は日本語化の指標であると指摘されていた。例えば、固有名詞なら、「國」「町」などがつくと、その地名がどの行政区域に当たるのかが明確になり、「帝」「大佐」などがつくと、その人物の所属する地位や身分が明らかになる。一般名詞であれば、「資本主義的デモクラシー」のように、修飾語によって種類を示すことや、単位を表現することができるようになる。それは和語や漢語の造語力によるものと考えられる。また、「～する」など和語の活用語尾を付すことで、名詞だけではなく、日本語の語法に沿った形で動詞や形容動詞に品詞を変えることができるのである。このように、外来語が和語や漢語と結びつき混種語として使用されることは、それだけ外国語の日本語化、つまり定着が進んだと考えられる。

　そこで、この章の1では、「外来語を含む混種語」と題して、語種の組み合わせを取り上げ、2では、語種と表記の関係を明らかにする。3では固有名詞、4では一般名詞、5では略称・略語を含む混種語を取り上げ、混種語による外国語の日本語化について考察する。

1　外来語を含む混種語

　はじめに、語種の組み合わせという観点から、外来語を含む混種語を取り上げる。

　まず外来語に語や接辞など1つの要素が付いて混種語となっている第2次単位の用例を見る。結合形式は次の4種類がある。

A　外来語＋和語
　　　B　和語＋外来語
　　　C　外来語＋漢語
　　　D　漢語＋外来語

　これら4種類をさらに、地名や人名などの構成要素や、品詞によって分類したのが表31である。
　「A外来語＋和語」の形式では、名詞のほか、動詞、形容動詞が見られる。「～する」「～な」など和語の活用語尾が付いて、日本語の語法に沿った変化をさせているのである。つまり、ここでの外来語は、意味では外来の要素を残しながら、語法の上ではすっかり日本語の中に取り込まれているといってよい。
　そして、外来語を含む混種語が名詞である場合にも日本語化が見られる。例えば、「ズボン吊」のように、一般名詞の外来語が和語と複合して混種語になった場合はもちろんのこと、「ナイル河」のように、固有名詞を含む混種語にもいえる。「ナイル河」の場合は、混種語化しても固有名詞だが、混種語になると「河」という部分に意味の中心が移り、陸上地形名である「河」の中での「ナイル」と呼ばれるものという意味になる。さらに、固有名詞を含みながらも混種語全体では一般名詞化している「獨逸魂」や「カイゼル鬚」などでは、その性質がより顕著になるといえる。外来語では「獨逸」という国名や、「カイゼル」という人名を示すだけだったのが、「魂」や「鬚」という語が後につくことで、そちらに意味の中心が移り、どういう「魂」なのか、どういう「鬚」なのか、という種類を表すものに変わるのである。この固有名詞を含む混種語については、本章の「3　固有名詞を含む混種語」で詳しく扱う。
　「B和語＋外来語」の形式では、例えば、「西ヨーロツパ」のように東西南北を冠して、外国地名が指し示す地域の中でも、どの地方であるのかを示している用例が見られる。「A外来語＋和語」の場合と比べ、この形式

においては、「丸内ビルデイング」「名古屋コーチン」のように、日本の地名を冠した用例が見られるのが特徴的である。また、そのように地名を冠して混種語となることによって、一般名詞であった外来語が混種語では固有名詞となっている。

　「C　外来語＋漢語」の形式は、A〜Dの4つの形式の中で最も数が多い。「佛蘭西革命」「歐羅巴人」のように、外来語の後に漢語が接続しているため、漢語の造語力の高さに引きずられた結果と考えられる。

　「D　漢語＋外来語」の形式は、「C 外来語＋漢語」の形式に比べて、外来語が後に来るため、外来語の意味を色濃く残した例が多い。例えば、地域名なら「中央亞細亞」といったアジアの中での位置を示すような例が見られる。また、「非マルクシスト」のように、「マルクシスト」を基準とし「そうではないもの」だということを表現している。また、数字の後に続く貨幣や度量衡などの単位が見られることも特徴である。

　次に、第3次単位となっている混種語の例を挙げる。

　　ⅰ）地名を含み、当該混種語が固有名詞であるもの
　　　南滿洲鐵道會社　現ソヴイエト政府　南スラヴ民族
　　ⅱ）人名を含み、当該混種語が固有名詞であるもの
　　　コペルニクス的變革　非ガムベッタ黨
　　ⅲ）一般名詞からなる混種語であるもの
　　　大セルヴィア主義

「南滿洲鐵道會社」「非ガムベッタ黨」「大セルヴイア主義」のように外来語の前後に漢語が置かれている例が出現している。また、「コペルニクス的變革」のように、「的」という接辞を介して形成されている混種語が見られる。

表31　混種語の語種の組み合わせと、構成要素による分類

語種の組み合わせ	混種語の構成	用例
A 外来語+和語	ⅰ）地名を含み、当該混種語が固有名詞であるもの	ナイル河　テームス河　獨逸側／ドイツ側
	ⅱ）地名を含み、当該混種語が一般名詞であるもの	獨逸魂　アメリカ魂　亞米利加魂　獨逸熱　獨逸嫌い
	ⅲ）人名を含み、当該混種語が一般名詞であるもの	グラドストン嫌ひ　カイゼル鬚　ヴァージル氣取り　ホーメル氣取り　ヴェルディもの
	ⅳ）その他固有名詞を含み、当該混種語が一般名詞であるもの	ユーエス・スチール株　ネップ（新經濟政策）成り金
	ⅴ）一般名詞からなる混種語であるもの	ズボン吊　タンゴ踊　硝子戸　コンミッシヨン取り
	ⅵ）当該混種語が動詞であるもの	refineする　スペキュレートする　ダンピングする　ペープされ　リンチし　エクステンドした　ジャンプした　正當化する　民本化する　亞米利加化せられ　歐羅巴化せられ
	ⅶ）当該混種語が形容動詞であるもの	アンチデモクラチツクな　オートクラチックな　ビユーロークラチックな　ロマンチックな　ロマンテイックな　パラドキシカルな　サイクリカルな　プラクチカルな　ノーマルな　ホープフルな　ツランセンデンタルな　ナイイヴな　デリケートな　インマネントに　傳奇なる
B 和語+外来語	ⅰ）地名を含み、当該混種語が固有名詞であるもの	東プロシヤ　東亞弗利加　西オーストラリア　西ヨーロッパ　西亞弗利加　南獨逸　南アフリカ　南亞弗利加　南アメリカ　南亞米利加　北アメリカ　北亞米利加　北ヨーロッパ　北ドイツ
	ⅱ）当該混種語が固有名詞を表すもの	三矢サイダア　丸ビル　丸内ビルデイング
	ⅲ）当該混種語が一般名詞を表すもの	名古屋コーチン
	ⅳ）一般名詞からなる混種語であるもの	巻煙草
C 外来語+漢語	ⅰ）地名を含み、当該混種語が固有名詞であるもの	獨逸帝國　スカンヂネビヤ諸國　コロラド州　ニユーギニア島　アフリカ大陸　歐羅巴人　希臘藝術　和蘭陀語　愛蘭自治問題　オーストリヤ政府　エルフルト綱領　海牙會議　墺太利大使館　ウエストミンスター寺院　剣橋大学　クリミヤ戰爭　亞米利加主義　佛蘭西革命　露西亞使節　羅馬法王　ヴェルサイユ平和條約
	ⅱ）人名を含み、当該混種語が固有名詞であるもの	ウキルヘルム二世　毛禮卿　テーラー夫人　チエムバレーン氏　ニユートン式　カント哲學　ナポレオン戰爭　デカルト観　ケレンスキー時代　馬太傳　アスキス内閣
	ⅲ）一般名詞からなる混種語であるもの	アンチ・プロレタリア的　デモクラシー思想　コレラ病　珈琲園主　ギルド社會主義　阿片問題

第6章　外来語を含む混種語　193

D 漢語＋外来語	ⅰ）地名を含み、当該混種語が固有名詞であるもの		小亞細亞　中央露西亞　全ロシヤ　新ロシア　舊歐羅巴
	ⅱ）人名を含み、当該混種語が固有名詞であるもの		和製ムッソリニ
	ⅲ）一般名詞からなる混種語であるもの		毒瓦斯　落花生バタ　金ボタン　腸窒扶斯 植物性プランクトン 國際的カルテル　國際トラスト 原始的ケーオス　機械的エネルギー 革新クラブ　鉄筋コンクリート 地方ブル　第三インターナショナル共 産黨インターナショナル 社會的デモクラシー 非マルクシスト 数百萬馬克　百三十億五千萬マルク　二十マーク 一ルーブル　巴里五十二法　六億弗前後 四十三ドル　十億ダラー　三萬磅 七億九千萬ポンド　一シリング 七千瓦　一〇グラム　五十七キログラム 五憶千噸　十一萬餘トン　二千五百封度 〇・四米突　十メートル　二百三十萬哩　千ヤード 一エーカー 一立方米 十五パーセント　二千八百カロリー 二三語　三十萬片 二六二頁　二センテンス

2　混種語の表記

　表31の用例からわかるように、混種語の表記は、原則として外来語がカタカナ表記となっている。ここでは、その原則からは外れている「2.1　カタカナ表記のみからなる混種語」「2.2　漢字表記のみからなる混種語」「2.3　アルファベット表記を含む混種語」「2.4　外来語ルビによる混種語」の4種類を取り上げる。

2.1　カタカナ表記のみからなる混種語

　はじめに、カタカナ表記のみからなる混種語を取り上げる。本書の調査範囲内では、該当するのは1例のみであった。

［用例60］　勞働總同盟がその今日までのボルシエヴヰズムを放棄したとしたら、そのゆくべき道は、その五、六年前の傳統へ、更にまた最初の傳統たる スヾキブンジ・シブザワエイイチ・エンド・コムパニイ へと復歸することがその一つでなくてはならぬ。

(室伏高信「要點はこゝにある」大正13年、p.299)

［用例60］は、前後の文脈から「鈴木文治」と「澁澤榮一」という人物名が含まれていることがわかる。鈴木文治については、「日本の勞働運動の本流を代表する人として鈴木文治氏が最も適任であるべく、その五、六年前の傳統へと復活しつゝある。」(p.298)とある。「エンド・コムパニイ」というのは、「and company」のことであると考えられ、会社名として書かれていると読み取れる。

2.2　漢字表記のみからなる混種語

混種語の中には、外来語部分が漢字表記されているため、漢字表記のみで構成されているものが2200例ある[156]。略称・略語については、本章の「5　略称・略語を含む混種語」で扱うため、ここでは、省略形は含めていない。

表32に挙げたように、大きく分けて漢字表記の地名を含むもの、人名を

表32　漢字表記のみからなる混種語の種類

混種語の種類		用例	延べ語数
漢字表記の地名を含む混種語	漢字圏の地名を含む混種語	北京問題　支那政府　滿洲鐵道會社	361
	漢字圏以外の地名を含む混種語	北印度　獨逸語　希臘文明	1336
漢字表記の人名を含む混種語		基督教　路易十四世	304
上記以外の固有名詞を含む混種語		加特力教會　韃靼人　希伯來思想	41
漢字表記の一般名詞を含む混種語		七噸貨車　腸空扶斯　瓦斯會社　珈琲園主	158

含むもの、地名・人名以外の固有名詞を含むもの、一般名詞を含むものが見られる。地名はさらに、「北京」や「支那」など漢字圏の地名を含むものと、「印度」「獨逸」「希臘」などの漢字圏以外の地名を含むものに分けられる。

地名を含む混種語のうち、「獨逸・獨乙」を含むものが244例と最も多い[157]。「愛蘭・愛蘭土」が121例、「希臘」「印度」が各92例、「亞米利加」が90例と続く。「アイルランド」というカタカナ表記を使用した混種語が2例のみ、「ギリシヤ」「ギリシア」というカタカナ表記を使用した混種語が6例のみ、「アメリカ」というカタカナ表記を使用した混種語は16例のみ、「印度」はカタカナ表記を使用した混種語が見られないことから、いずれも漢字表記が優勢である。

漢字圏の地名でカタカナ書きされている例はない。そのため、漢字圏の地名で漢字表記された漢語や和語と結びついて混種語を形成しているものは全てこれに当てはまる。地名を含む混種語のうち、漢字圏の地名を含む混種語は21%を占めており、361例が該当する。その361例のうち、「支那」を含む混種語が165例である。「支那政府」「支那人」「支那革命」「支那問題」などさまざまな語と結びついており、種類も豊富であったことがわかる。

「支那」については、記事タイトルに注目すると、冒頭に無記名で書かれている社論の「支那問題解決案」（社論、大正元年）、「支那問題の解決とは何ぞ」（社論、大正4年）で取り上げられている。『中央公論』の公論における「支那」に対する関心の高さを窺わせる。

地名を含む混種語については、カタカナ表記を含めて、「3.1　地名を含む混種語」においても分析考察を行う。

2.3　アルファベット表記を含む混種語

この項では、アルファベット表記を含む混種語について扱う。

ここでいうアルファベットには、「X線」「α線」「β線」「γ線」「B部

落」などアルファベット1文字の表記も含んでいる。「X線」「α線」「β線」「γ線」というのは特定の意味を持った専門用語である。それに対し、「B部落」は次のような用いられ方をしている。

　　［用例61］　　即ちAの部落が B部落 と鬭ふまでには、その原因として必ず何等かの憎悪或は怨恨があつて彼等を騙つてそこに至らせる爲である。

　　　　　　　　　　　　（千葉亀雄「平和思想の徹底のために」大正11年、p.173)

　「Aの部落」と「B部落」というのは、例えで使われている表現である。「某」や「ある」、「甲」「乙」など代替表現が考えられる中で、「A」「B」という表記を選択していることは注目すべき点である。
　その他、アルファベット表記を含む混種語には、「Labour-saving machine 大學」「Raymond Unwin 氏」「Sozialdemokrat 紙」「"Surra" 病」「"Nagana" 病」「Kultur 主張」「Equus 型」といった用例が見られる。「大學」から大学名、「氏」から人物名、「紙」から出版物名、「病」から病名、「主張」から思想・主義、「型」からあるもののタイプであることが示されている。核となる意味の部分が漢字で書かれており、何を指す語であるかがわかりやすい表記になっている。
　また、アルファベット表記には、和語「する」と結びついて動詞化されることで混種語となり、日本語の体系に組み込まれているものがある。具体例を挙げると、「refine する」「cheat する」「teach する」「will し」のように、原語でも動詞である語を日本語においても動詞として使用している例である。この「refine」「cheat」「teach」「will」はそれ単体では日本語の文の中での動詞としての機能は失われ、名詞として扱われるが、「する」がついてサ変動詞となることで動詞としての機能を獲得している。同じような例に、「Pragmatic な」「elemental で」のように、原語部分は形容詞としての機能を失って外来語の名詞として扱われているが、和語の活

用語尾が付くことで混種語となり、日本語での形容動詞となっている例がある。

　サ変動詞に話を戻すと、原語が動詞のみという原則からはずれる「would passする」「has passedした」が見られる。これらについて前後の文脈を確認しながら分析を行う。

　　［用例62］　　今までの考では無限とは唯だあらゆる極限(リミット)を超過する空想的な或る量のやうに思はれてゐたものが、彼の證明に由れば無限は他の有限の數の如く明らかに存在する。換言すれば、我等の想像上で would passする ばかりでなく、事實 has passed した所の『具體的無限』がある。
　　　　　　　　　　　　　　　（中澤臨川「思想藝術の現在」大正4年、p.66）

　ここでの「would pass」「has passed」は、英語の助動詞の意味の違いを利用して、極限を想像上で超過するだけでなく、実際に超過したということを説明している。

　これらの例は、音韻的、表記的な面では日本語化があまり進んでいないが、語彙・語法としては日本語の一部として捉えられていると考えられる。より後ろに置かれた語の意味を重視する日本語においては、アルファベットの後に漢語や和語を付すことによって日本語として受容することが可能である。こうした受容の方法から、アルファベット表記された語の中には、外国語をそのまま引用したものだけでなく、日本語の語法に沿うように用いられ、外来語と呼べるものが含まれているといえる。

2.4　外来語ルビによる混種語

　本書で混種語と判断したもののなかには、訳語の一部に外来語ルビがついたものがある。該当する例は表33に挙げている。語種の組み合わせごとに考察していく。

表33 外来語ルビを用いた混種語の種類

語種の組み合わせ	混種語の構成	用例
A 外来語＋和語	当該混種語が動詞であるもの	正当化する（ジヤスティフアイ） 民本化する（デモクライズ） 亞米利加化せられ（アメリカナイズ） 歐羅巴化せられ（ユーロピアナイズ）
C 外来語＋漢語	ⅰ）地名を含み、当該混種語が固有名詞であるもの	拉丁語（ラテン）
	ⅱ）人名を含み、当該混種語が一般名詞であるもの	聖彼得参詣（サンペトロ）
	ⅲ）人名を含み、当該混種語が固有名詞であるもの	亞歴山三世橋（アレキサンドル）
	ⅳ）一般名詞からなる混種語であるもの	對角線的（ダイヤゴナル） 不可思議論者（アグノストツク） 一様平等主義（イーブンエターナル）
D 漢語＋外来語	一般名詞からなる混種語であるもの	二三語（ワーブ） 三十萬片（ピース） 經濟演習（セミナー） 世間的怜悧（クルークハイト）

A 外来語＋和語

この組み合わせには、「当該混種語が動詞であるもの」が見られる。具体例を挙げると、「正當化する(ジヤスティフアイ)」「民本化する(デモクライズ)」「亞米利加化せられ(アメリカナイズ)」「歐羅巴化せられ(ユーロピアナイズ)」と、全て「化」という接辞のついた訳語が付され、さらに和語の「する／す」がついたサ変動詞であるという点が共通している。

C 外来語＋漢語

この組み合わせに該当する語は4種類に分けられる。

「ⅰ）地名を含み、当該混種語が固有名詞であるもの」には、「拉丁語(ラテン)」が当てはまる。「ⅱ）人名を含み、当該混種語が一般名詞であるもの」には、「聖彼得参詣(サンペトロ)」が、「ⅲ）人名を含み、当該混種語が固有名詞であるもの」には、「亞歴山三世橋(アレキサンドル)」が挙げられる。「ⅳ）一般名詞からなる混種語であるもの」には「對角線的(ダイヤゴナル)」「不可思議論者(アグノストツク)」「一様平等主義(イーブンエターナル)」である。ⅰ）〜ⅲ）が音訳表記を主とする漢字表記であるのに対し、ⅳ）は翻訳を示す漢字表記である。カタカナルビと本行の漢字を使って読むと混種語だが、「一様平等主義」のように、本行の漢語だけでも語として成立す

るような表記になっている。

D　漢語＋外来語

　この組み合わせの混種語は、「一般名詞からなる混種語であるもの」が該当する。具体的には、「二三語（ワーツ）」「三十萬片（ピース）」という単位や、「經濟演習（ゼミナー）」「世間的怜悧（クルークハイト）」が見られる。「C 外来語＋漢語」の「ⅳ）一般名詞からなる混種語であるもの」で指摘したのと同様に、本行の漢字部分だけでもその語が成立するような表記になっている。

3　固有名詞を含む混種語

　次に、外来語を含む混種語のうちで、特に固有名詞を含むものを取り上げる。固有名詞を含む混種語の中でも、数の多かった「3.1　地名を含む混種語」と「3.2　人名を含む混種語」について見る。混種語となることで所属する意味領域が明らかになっていること、そして、繰り返し使われることによって一般名詞化している語が見られることの２点を指摘する。

3.1　地名を含む混種語
（１）地名を含む混種語の意味領域

　地名を含む混種語には、混種語全体で地名を表すものと、他の領域の意味を表すものの２種類がある。前者の、混種語全体で地名を表すものには、表34のような種類と用例が見られる。

　第１次単位には見られず、混種語の形になって初めて見られる意味領域に、「地域名」「略称及国名＋國」「對＋略称」「地域名列挙」「交通路名」がある。

　大正期は、外来語の表記が大きく変わり、漢字からカタカナへ移行したといわれる。それに対し、本書の調査で、混種語を形成する場合、地名の一部においては漢字表記が優勢だとわかった。その一部とは、「国（連邦

表34 地名を含み地名を意味する混種語

〈第1段階〉	〈第2段階〉	〈第3段階〉	例			
2 地名	3 地域名	33国(連邦内)	愛蘭自由國	大英帝國	露西亞側	
		34州・省等	ウキスコンシン州	サンパウロ州	廣東省	
		42都市	リオ市	伯林市	シカゴ市	露都
		43村落	レゼント街	フランツ・ヨセフ街		
		4 国際地域名	歐洲	北亞米利加		
		44地方名	北ボルネオ	南滿洲	中央露西亞	サンパウロ地方
		地域名	和蘭領	北獨逸聯邦	倫敦郊外	中央アジア
		略称及国名+國	英國	米國	佛國	露國
		對+略称	對獨	對支	對露	
		地域名列挙	英米	歐露	英佛獨	佛獨露墺
	47地形名	49陸上地形名	ジヤマイカ島	バルカン半島	サリフイス山	ヒシズークーシユ山脈
		50河川湖沼名	テームス河	セーヌ河	ゼネバ湖畔	ミシシツピイ河畔
		52海洋名	バルト海	ダーダネルス、ボスフオラス海峡	マグダレナ灣	
	54天体名		ヘルクレス星座			
	56建造物名		クレムリン宮殿	丸内ビルデング	ハワーデン城	威爾塞宮
	61交通路名		滿洲鐵道	亞歷山三世橋	西比利亞急行列車	

内)」、「国際地域名」、「略称及国名+國」、「對+略称」、「交通路名」である。それぞれが漢字表記となっている理由は、「国(連邦内)」は国名、「国際地域名」では「歐羅巴」「亞米利加」などの大陸名、「略称及国名+國」「對+略称」では「略称」が漢字表記であり、「交通路名」では漢字圏の鉄道(「滿洲鐵道」など)が頻出するためである。

「對+略称」の形は、「對獨」が6例、「對支」が5例、「對露」が4例と、3語が特に多い。具体的には、「對獨」は「日本の今回對獨開戦の為めに」[158]のように戦争の相手として、「對支」は「米國の對支政策」[159]のように政策の相手として、「對露」は「歐羅巴諸国の對露投資」[160]のように投資の相手として使われている例が見られる。このように、外交政策を述べる際に、「對+略称」の形が使われており、大正期の『中央公論』では特に、ドイツ、中国、ロシアに注目が集まっていたことがわかる。

地名を含む混種語には、混種語全体でも地名を表しているもの以外に、機関名の「東印度商社」、団体・党派名の「愛蘭國民黨」、学校名の「牛津大学」、国際組織名の「ヴエルサイユ平和條約」、集団名の「北獨逸聯合」、歴史名の「佛蘭西革命」、文化名の「伊太利音樂」、民族・人種名の「スラヴ民族」、身分名の「羅馬法王」といったものが見られる。さらに下

表35 地名を含む混種語の意味分類（混種語全体で地名を意味するものは除く）

〈第1段階〉	〈第2段階〉	〈第3段階〉	例			
85組織名	86機関名		東印度會社	満洲鐵道會社	臺灣総督府	
	90団体・党派名		愛蘭國民黨	ドイツ學生聯盟	印度議會	
	97学校名		ウキーン大學	牛津大學		
	103国際組織名		ヴェルサイユ平和條約		ベルン協約	
	集団名		北獨逸聯合	露西亞過激派	マンチエスタア派	
106 その他の固有名詞	107歴史名	109時代名	羅馬時代	希臘時代	伊太利ルネツサン時代	
		110事件名	愛蘭問題	華盛頓會議	佛蘭西革命	
	111文化名	113言語名	希臘語	獨逸語		
		114宗教名	希臘正教	羅馬舊教	セルヴィア正教	土耳古正教
		115流派名	ヘレニズム	ギリシヤ式	獨逸流	
		116作品・出版物名	倫敦タイムス紙	佛蘭西小説	希臘悲劇	愛蘭詩
		117理論・方式名	獨逸式			
		118法律名	フランス民法	英吉利法	獨逸憲法	羅馬法
		119制度名	ソキエト制度	倫敦協約	露西亞共産制度	
		思想・主義名	希臘思想	アメリカ主義		
		文化・文明名	希臘文明	印度文明	獨逸文化	
		原理・規則名	エルフルト綱領			
		信徒名	印度回々教徒			
	120民族・人種名	120民族・人種名	希臘人	支那人	蒙古人種	ゼルマン民族
		国際地域名＋人	アジア人	歐羅巴移民	歐羅巴人	
		国民名	露西亞國民	獨逸國民	印度國民	
		住民名	羅馬人	巴里人	ハノーヴァー人	
	身分名		獨逸皇帝	印度總督	羅馬法王	

位の〈第3段階〉の分類や、それらに該当する用例は表35の通りである。

（2）一般名詞となった混種語

　こうした固有名詞のほかに、外国地名に和語が付き混種語となることで、［用例63］の「獨逸魂」、［用例64］の「アメリカ魂」のように一般名詞となっているものがある。

> ［用例63］　此等の數例を以てするも獨逸魂の堕落歴々蔽ふ可らずと謂ふべし。
>
> 　　　　　　　　　　　（社論「精神界の大正維新」大正5年、p.5）

> ［用例64］　又之を精神的に解し、全然アメリカ魂になることであるとすれば、之は第一日本國の爲めに好ましいことでない。

(吉野作造「學術上より觀たる日米問題」大正3年、p.158)

　また、［用例65］の「亞米利加化せ」、［用例66］の「歐羅巴化せ」のように、外来語の地名に、漢語の「化」を伴い、さらに和語のサ変動詞が付いて、混種語となっているものがある。

　　［用例65］　　その趣味に於いてその思想に於いてその生活振りに於いて殆んど全く 亞米利加化せ られたこれ等の移民たちが、恰かも亞米利加そのものの代表者のごとくになつて母國歐羅巴に歸還して來るといふことは、亞米利加主義を歐羅巴の土壤の上に散布傳播する上に於いて、これほど強い端的な力となるものはない。
　　　　　　　　　　(柳澤健「歐洲文明の衰頽と米國文明の興隆」大正13年、p.52)

　　［用例66］　　即ち、今日世界が殆んど到る處 歐羅巴化せ られてゐる理由はと言へば、直接この殖民のお庇であると言はなければならぬ。
　　　　　　　　　　(柳澤健「歐洲文明の衰頽と米國文明の興隆」大正13年、p.51)

　漢語の「化」と和語の「する」を伴い、サ変動詞化することで、その地名の文化や思想が持つ特徴を帯びているという意味で用いられている。
　このように、外来語の固有名詞に漢語や和語が付いて混種語となることで、一般名詞や動詞となっている例が見られる。

3.2　人名を含む混種語
（1）人名を含む混種語の意味領域

　人名を含む混種語には、（Ⅰ）「漢数字＋世」という形式のもの、（Ⅱ）敬称を付したもの、（Ⅲ）身分を表すもの、（Ⅳ）組織を表すもの、（Ⅴ）歴史を表すもの、（Ⅵ）文化を表すもの、（Ⅶ）一般名詞の7種類がある。

(Ⅰ)「漢数字＋世」という形式のもの

　　　ウイルヘルム一世　ウイルヘルム第二世

　　　フリードリヒ三世　ルイ十四世　エドワード第七世

　　　奈破裂翁一世　那翁一世　那翁三世　歴山三世

　公論中には、ある人物の生い立ちを記したものも多く、その中に出現する人名には、「漢数字＋世」という形式を取るものも多い。受け継がれていく名前の部分は外来語で示し、「漢数字＋世」という漢語を付けてそれぞれの人物を区別している。

(Ⅱ)敬称を付したもの

　◆尊敬の意を表すもの

　「氏」がつくもの

　　　ヴアン・ハメル氏　レジナルド・スミス氏　ドラモンド氏

　　　ヴアーレー氏　デルカツセ氏　フアリエール氏　ジヨーレ氏

　　　ウエツプ氏　ジユオー氏　ジルブレス氏　テーロル氏

　　　デュウイ氏　ドルネイ氏　メルセンス氏　オイケン氏

　　　ブリヤン氏　ヘレー氏　マードック氏　ランサム氏

　　　ロイド・ジョージ氏　ロングフオード氏　愛親覺羅氏

　　　ウイルソン氏　ウ氏　ハーデイング氏　ハ氏　レーニン氏　レ氏

　「公」がつくもの

　　　ビスマルク公　ビユーロー公　ホーヘンローヘ公

　「君」がつくもの

　　　アスキス君

　「輩」がつくもの

　　　ウヰルソン輩

　「女史」がつくもの

　　　ジョーヂ・エリオット女史

「嬢」がつくもの
> マルブィダ、ドメーセンブッグ嬢

◆社会階層を表す敬称

「陛下」がつくもの
> カイゼル陛下　ヴィクトリア陛下　オーガスタ・ヴィクトリア陛下

「卿」がつくもの
> グレー卿　カーゾン卿

「侯」がつくもの
> カルゾン侯

「伯」がつくもの
> カーナーバーン伯

◆家族関係を表す敬称

「夫人」がつくもの
> ウエーデル夫人

「未亡人」がつくもの
> パテソン未亡人

「夫妻」がつくもの
> カーライル夫妻

「父子」がつくもの
> ルーズヴェルト父子

　人物名に付けられた敬称に注目し、「尊敬の意を表すもの」「社会階層を表す敬称」「家族関係を表す敬称」の3種に分けた。

　「尊敬の意を表すもの」では、最も多く使用されている例は「〜氏」であった。相手を敬うことを示すための接辞である。現在では男女問わず「氏」を用いる場合があるが、当時は社会的地位や名声のある女性に対する敬意を込めた表現として「女史」という敬称を使用していた。

　「社会階層を表す敬称」はその人物の身分を表しており、「家族関係を表

第 6 章　外来語を含む混種語　205

す敬称」はその人物の家族間における立場を表している。例えば、「ウエーデル夫人」の「夫人」から女性であること、「ウエーデル」という男性の配偶者であることがわかる。「パテソン未亡人」の「未亡人」からは、夫に先立たれた女性であるということがわかる。「〜夫妻」「〜父子」という言い方は、それを付けると、夫と妻、父と子という2人の人を表し、さらには両者の関係を示すという特徴を持った敬称である。

　つまり、人名を含む混種語のうち、敬称を付したものには、その人物の階層や性別を明らかにするものが見られるとまとめることができる。

（Ⅲ）身分を表すもの
　　王…レホボアム王
　　大王…フリードリッヒ大王
　　皇后…オーガスタ・ヴイクトリア皇后
　　妃殿下…オーガスタ・ヴイクトリア妃殿下
　　親王…ハインリッヒ親王
　　宰相…サーベル宰相
　　公爵…フオン・ホーヘンローヘ公爵　デオンシヤイア公爵
　　子爵…ブライス子爵
　　伯爵…ハツフエルト伯爵
　　伯爵夫人…ハツフエルト伯爵夫人　ミユンヘツチ伯爵夫人
　　　　　　ウエーデル伯爵夫人　ホーヘナウ伯爵夫人
　　将軍…カブリピイ将軍　スマーツ将軍　モルトケ将軍
　　大将…モルトケ大将
　　教授…フリーチエ教授　デリツク教授　ホーランダー教授
　　提督…ジエリコウ提督
　　兵…ルイ・カザミヤン兵　アスチス兵
　　博士…ライアン博士　ロエニング博士　パトリツク博士
　　　　　ル・ボン博士　ルードヰヒ・フランク博士

王家…スチユアード王家
　　先生…ラヴイス先生

　ここに挙げた例は、人物名に付けることによって、その人物の身分を表しているものである。同じ人物が、「オーガスタ・ヴイクトリア皇后」「オーガスタ・ヴイクトリア妃殿下」のように、後接する語によって、その時々の身分の違いが呼び分けられているという現象も見られる。
　さらに、身分を表す語をそれが表すものの違いに注目して再分類した。「君主を表す語がついたもの」「管理的職業を表す語がついたもの」「軍人であることを表す語がついたもの」「専門的・技能的職業を表すもの」の４種類である。

　　◆君主を表す語がついたもの
　　　　ウイルソン大統領　カラカラ帝　ソロモン王　ヴイクトリア女皇
　　　　ヴィットロ・エマヌエル皇帝　アウガスタス大帝
　　◆管理的職業を表す語がついたもの
　　　　アスキス首相　サーベル宰相
　　◆軍人であることを表す語がついたもの
　　　　キチナー元帥　ジエリコウ提督　ロビンス大佐
　　◆専門的・技能的職業を表すもの
　　　　チツテンデン教授

　身分を表すものは、その人物がどのような職業についているのかが明らかになる。外国人名の部分が聞き慣れないものである場合にも、どのような立場にある人物かを理解するための手がかりとなっているといえる。
　これらの身分を表す混種語は、人名と身分を示す語という組み合わせだけでなく、外国地名と身分名というパターンでも見られる。例えば、「獨逸外相」、「前土耳其陸相」、「印度兵」、「羅馬法王」などが例に挙げら

れる。

(Ⅳ) 組織を表すもの
　　《機関名》
　　　　　軍…張作霖軍　ホーヘンゾルレン軍
　　　　　政府…レーニン政府
　　　　　内閣…ロイド・ジョージ内閣　ヴイヴイアン内閣
　　　　　　　　ドユーメルク内閣　ブリアン内閣　リボ－内閣
　　　　　政治…カイゼル政治
　　《団体・党派名》
　　　　　党…ロオド・ハルスベリ黨　ウイルソン黨
　　　　　倶楽部…コブデン倶楽部
　　　　　大学…ソルボンヌ大學　エール大學
　　　　　集団…キリスト教青年會

　人名を含み、組織を表す混種語には、機関名と団体・党派名が見られる。本書で対象とした公論では諸外国の政治に関する記述も多いため、人名に「内閣」や「黨」を付した混種語が出現している。

(Ⅴ) 歴史を表すもの
　　《時代》
　　　　　朝…エリザベス朝
　　　　　王朝…ロマノフ王朝　ジヨオジ王朝
　　　　　時期…ヴイクトリア中期
　　　　　時代…ケレンスキー時代　ガムベツタ時代　ベリクレス時代
　　　　　　　　ゲーテ・ハイネ時代
　　《事件》
　　　　　戦争…奈破翁戰役　奈翁戰争

問題…ベルンシユタイン問題　ドーズ案

　人名を含み歴史を表す混種語には、時代と事件に関するものがある。時代に関する語は、その一時代を築いた人物や統治していた人物が示されている。また、事件に関する語には、「戦争」や「問題」といった漢語を付した用例を分類した。

（Ⅵ）文化を表すもの
　《宗教》
　　　　基督敎　キリスト教
　《方式・理論》
　　　　式…オウエン式　ムツソリニ式
　　　　説…ダーウイン説　マルクス學説
　　　　論…カイゼル論
　　　　学問…グロチユス哲學
　《流派》
　　　　派…マルクス派　ラツサアル派　ケーレンスキー派
　　　　　　バクニン派　ヘーゲル派　レーニン派　ヘーゲル一派
　　　　　　スミス一派　クエネー一派　ゴムパアス一派
　　　　系統…マルクス正系
　《作品・出版物》
　　　　伝…馬太傳
　《原理・規則名》
　　　　エルフルト綱領
　《思想・主義》
　　　　主義…オウエン主義　マルクス主義　マルクス派産業組合主義
　　　　　　　モンロー主義
　　　　主義者…マルクス主義者　ブランキ主義者

　　　　フエビアン社會主義者
　　　型…ハムレット型
　　　観…デカルト観　ロツク観　バークレ観　ヒユーム観

　人名を含む混種語においても、「文化を表すもの」が幅広い意味領域にわたって見られる。特に、「方式・理論」「流派」「思想・主義」など、その人名に代表される世界観を表す語に該当例が多いことがわかる。

(2) 一般名詞となった混種語
　(1)の冒頭で、(Ⅶ)一般名詞として挙げたように、人名を含む混種語には、和語や漢語と結びつくことで、混種語全体が一般名詞になっている例が見られる。

　　［用例67］　　詩が頗るお得意で、之は皇太子時代から御作を伺ふのである。希臘の神話なども屢々詩にせられる。此處に頗る ホーメル氣取り が見える。又羅馬の古英雄などをも屢々歌はれた。此處は即ち ヴアージル氣取り とでもいふだらう。
　　　　　　　　　　　　　　　　　　　（福本日南「カイゼル論」大正元年、p.66）

　［用例67］の「ホーメル」は、「ホメロス」（Homēros、英 Homer）、「ヴアージル」は、「ウェルギリウス」（Vergilius、英 Virgil）のことであり、いずれも英語の発音の影響を受けた呼び方である。ホーメルは古代ギリシャの叙事詩人であり、「ヴアージル」はローマ古典期の代表的な詩人である。カイゼルの作る詩を、それぞれの詩人の生きた時代と照らし合わせて、古代の詩人気取りであるといっている例である。「〜気取り」は、他の固有名詞を当てはめて応用ができる言い回しではあるが、ここに挙げた用例は、その文脈でのみ使われる一回限りのつながり方である。同様の例が［用例68］に見られる。

［用例68］　今、亞米利加人の物質追跡の姿をよくよく眺めて見る。どうも、それは單純なるシヤイロック的貧慾(ママ)の姿ではない。一の信仰に驅られた、超俗的な熱情の姿である、

(柳澤健「歐洲文明の衰頹と米國文明の興隆」大正13年、p.62)

この「シヤイロツク」とは、「ヴェニスの商人」に登場する高利貸しのことである。アメリカが物質中心の国柄であることを説明する際に、「シヤイロツク的貧慾」という語によって高利貸しシャイロックの強欲さを例に挙げ、そのような単純なものではないことを表現している。

一方で、定型表現化したものも見られる。

［用例69］　「カント」は「カント」以前の思想に對して「コペルニクス」的變革を與へたとされる人である。

(牧野英一「法律の社會觀・社會の法律觀」大正8年、p.74)

ここでの「コペルニクス的變革」とは、「カント」が示した思想がそれまでの思想を覆すものだったということを、コペルニクスが地動説を提唱し、従来の天動説を否定して革命を起こしたことになぞらえた表現である。詳しくは、第6章「3.3　情報の付加とイメージの固定化」の「(Ⅲ)コペルニクス的變革」で述べる。

［用例68］と［用例69］では、「〜的〜」という形をとることで、「貧慾」「變革」といった名詞の表すものを、それらしい人名に象徴させていることがわかる。どちらも形式的には同じだが、［用例69］の「コペルニクス的變革」は、現代でも「コペルニクス的転回」という形で使われており、定着した表現だといえる。

同様に混種語の形で一般化した例には、「カイゼル鬚」のような「人名＋名詞」という形式もある。詳しくは、第6章「3.3　情報の付加とイメージの固定化」の「(Ⅱ)カイゼル鬚」で述べる。

このように人名を含む混種語には一般名詞化したものが見られる。今でも辞書に載せられている語は定着した語であるといえることから、大正期の「コペルニクス的變革」や「カイゼル鬚」の例は定着しつつある語として捉えることができる。

3.3　情報の付加とイメージの固定化

ここまで地名や人名を含む混種語を見てきたが、地名や人名は、和語や漢語と結びつき混種語となることで、情報が付加される。

それは、単純に要素と要素の足し算ではない。例えば、「フランス革命」なら、ただ「フランス」で起こった「革命」というだけではない。「フランス革命」の場合は、市民が起こしたものであるといった特徴も情報として付加され、共有されて用いられるのである。つまり、混種語になることによって「革命」のような後接する要素に重きが置かれ、革命の種類の1つとして、そのやり方や思想を含んだ意味を持つようになるのである。

「ホーメル氣取り」「ヴァージル氣取り」といった一回限りの例においても同様である。ただ古代の詩人気取りだというだけでなく、ホーメルやヴァージルという具体的な人名からその詩の特徴を連想させることで、さらなる意味が付加され、結果的に情報量が増えるのである。

固有名詞が混種語として用いられることによって生じるのは、情報の付加だけではない。

ここでは、固有名詞の略称を含めて扱い、全体で一般名詞となっているものの中で、ある種典型となっている「英國紳士」「カイゼル鬚」「コペルニクス的變革」の3語を取り上げ、イメージの固定化について考察する。

なお、本書における「イメージ」は、辞典に載っているような語義にとどまらず、その語から想起され当時の人々に共有されていたことを指すことばとして用いている。

（Ⅰ）英國紳士

まず、「英國紳士」という語を取り上げる。『中央公論』では次のような文に登場している。

[用例70]　彼は決して惡人ではなく其見掛けよりも其胸中は寧ろ親切でもあり人情もある男であつたが彼は十九世紀より寧ろ十八世紀流の英國紳士を氣取り兎角眞面目臭つて物いふものを冷笑し世の中を茶化して暮すといふが如き傾がありそれで「總好かん」の投票には何時も絶對多數を博するといふが如き人であつた。

(蘇峰學人『毛禮卿及其時代』大正13年、p.246)

「十八世紀流の英國紳士」とあるが、『イギリスの生活と文化事典』では、18世紀中期のイギリスの社会構成の特色として、「紳士」と呼ばれる層が厚いことが指摘されている（p.809）。紳士と同義語として用いられた「ジェントルマン」を『角川外来語辞典第二版』で引くと、「身分が高く勤労しないで生活できる人」(p.523) という意味が載っている。

イメージをより明確にするために、同時代の文献で「英國紳士」を探すと、次の例が見つかった。

[用例71]　かれはしかし、自分が遍歴したほかの國の國民よりも、英國人が好きであった。英國紳士の氣風のなかには、どことなく、日本のサムライかたぎに似たものがある。そんな感銘をかれは受けたのである。英國紳士の、あのいやに四角四面の冷やかさのかげには、いつも變らぬ親切——かれは、それを一再ならず經驗した——と、友情の大きな力、また、やたらに無駄には人にかけないが、じつに深い情のこもった情誼、それから、世界の半ばを自分のものに領有したあの膽の太さ。——そういうものが隠されていることを、うかがい知ることができたのであった。

(小泉八雲『心』明治29年（『明治文学全集48』p.226))

第 6 章　外来語を含む混種語　213

　ここでは、英國紳士は、「いやに四角四面の冷やかさ」があると書かれている。『中央公論』からの引用をもう一度見てみると、「其見掛けよりも其の胸中は寧ろ親切でもあり人情もある」「英國紳士を氣取り兎角眞面目臭つて物いふものを冷笑し世の中を茶化して暮す」とある。これらを合わせて考えると、「英國紳士」に対し、態度が冷やかだが心の中は親切、という共通したイメージがあったとわかる。

　この混種語が繰り返し用いられることにより、「英國」と「紳士」の結びつきは強くなる。その結果、「紳士」のいる国であり、その紳士に象徴されるように、冷ややかな態度だが心の中では親切である、という「英國」へのイメージの固定化が起こるのである。

（Ⅱ）カイゼル鬚

　次に、「カイゼル鬚」という語を取り上げる。本書の調査範囲内では次のように使用されている。

　　［用例72］　　帝か修飾家であるかといふ事は有名なる彼の カイゼル鬚 にて知らるゝであらう。

　　　　　　　　　　　　　　　　　　（福本日南「カイゼル論」大正元年、p.78）

　これはカイゼルが「カイゼル鬚」と呼ばれるひげをするようになったエピソードが述べられた部分からの引用である。引用部分に先立って、「即ち今日の世界に飛ぶ鳥を落すウィルヘルム第二世陛下の御經歷如何と顧れば、」(p.63)とあるように、カイゼル＝ウィルヘルム二世であることが明記されている。

　『日本国語大辞典第二版』で「カイゼル」と「カイゼルひげ」を調べてみると、下記のように語釈が載っている。

　　カイゼル（ドイツ Kaiser）《カイザー・カイザル》─ローマ帝国のカエ

サル(シーザー)のドイツ名。㈡《名》ドイツ皇帝の称号。わが国ではウィルヘルム二世をさすことが多い。

(『日本国語大辞典第二版』3巻 p.224)

カイゼルひげ【―髭】《名》《カイゼルひげ》(ドイツ皇帝ウィルヘルム二世のひげがそうであったところから)左右両端を上にはねあげた八字型の口ひげ。

(『日本国語大辞典第二版』3巻 p.224)

「カイゼル」は、ドイツ語で「ドイツ皇帝の称号」の意味である。それが日本では、ウィルヘルム二世を指すことばとして使われている。その原因としてウィルヘルム二世がしていた「左右両端を上にはねあげた八字型の口ひげ」が、カイゼルひげと呼ばれ、広まったことが大きく影響していると考えられる。

米川(1983b)は、日本での「カイゼルひげ」の流行について次のように述べている。それまで幕府はフランスの軍隊を模範としていたが、普仏戦争でフランスが負けたことをきっかけに、ドイツ軍隊式にきりかえた。ウィルヘルム二世の在位期間は、日本の明治21年～大正7年であり、この間に日本から多くの軍人がドイツに派遣されていた。つまり、最初は軍人の間から流行り始めたものだったのである。

大正期の『中央公論』でも、「有名なる彼のカイゼル鬚」と使われており浸透していたことがわかる。この特徴的に跳ね上がったひげについて、その後の文章では、青年の時には平凡な顔だったが、「鬚の天に上ると共にエラさうな顔になつて來られた」、「鬚の角度と共に皇帝の自尊心が高まつて來た」と書かれている。この記述から、カイゼルひげによって威厳が生じると捉えられていたことがわかる。「カイゼル鬚」ということばには、そのひげが作り出す雰囲気までも含まれているのである。

「カイゼル鬚」が一般名詞として繰り返し使用された結果、混種語の一

部となっている「カイゼル」は固有名詞としてウィルヘルム二世のことだと印象づけられ、さらには、ひげの特徴的な人物だというイメージの固定化が起こっている。

(Ⅲ) コペルニクス的變革

　次に、「コペルニクス的變革」という語を取り上げる。第6章「3.2　人名を含む混種語」で一般名詞となった混種語でも取り上げたように、『中央公論』では次の文に見られる。

　　［用例73］　「カント」は「カント」以前の思想に對して「コペルニクス」的變革を與へたとされる人である。
　　　　　　　　　　（牧野英一「法律の社會觀・社會の法律觀」大正8年、p.74）

『日本国語大辞典第二版』には、同義語とみなすことができる「コペルニクス的転回」という見出しがある。

　　コペルニクスてき‐てんかい【―的転回】《名》（ドイツ Kopernikanische Wendung の訳語）①カントが自分の認識論上の立場を特徴づけた言葉。主観は対象に従いそれを映すとする従来の考え方を逆転させ、対象が主観に従い、主観の先天的な形式によって構成されると主張して、これを天動説に対して地動説を主張したコペルニクスの立場になぞらえた。②従来の考え方とは根本的に異なる画期的な考え方。また、その状況。
　　　　　　　　　　（『日本国語大辞典第二版』5巻 p.1023）

　①の意味として引用したように、カントが自分の認識論上の立場を、天動説に対して地動説を主張したコペルニクスの立場になぞらえて使ったことばである。『中央公論』の用例では、「「カント」はカント以前の思想に

對して「コペルニクス」的變革を與へたとされる人である」という文脈に登場しており、これは①の意味で用いた例である。

「コペルニクス的變革」という混種語が用いられ、定着することで、コペルニクスという天文学者に対して画期的な考えをした人だというイメージが固定化したといえる。

一方、②の意味として、「従来の考え方とは根本的に異なる画期的考え方」と書かれている。これは、カントとは関係なく用いられるもので、現代も使われている、より一般化が進んだ用法である。大正期の『中央公論』の用例は、イメージの固定化の早い例であったといえる。

4　一般名詞からなる混種語

次に、一般名詞からなる混種語について考察する。一般名詞からなる混種語は、第6章冒頭で示した4種の結合形式[161]に照らして考えてみると、「A 外来語＋和語」「C 外来語＋漢語」「D 漢語＋外来語」の3種類が見られる。具体例は下記に示す。なお、Dについては下位分類も示した。

  A 外来語＋和語
   ズボン吊　タンゴ踊[162]　硝子戸　コンミッション取り　巻煙草
  C 外来語＋漢語
   アンチ・プロレタリヤ的　B部落　Equus 型
  D 漢語＋外来語
   D-1 具体名詞
    D-1-1 日常語
     鉄筋コンクリート　毒瓦斯　落花生バタ　金ボタン　腸窒扶斯
     三萬磅　百三十億五千萬マルク　七千瓦　十五パーセント
    D-1-2 専門用語
     植物性プランクトン

　　　　國際的カルテル　國際トラスト
　　　　革新クラブ　第三インターナショヨナル　共產黨インターナショナル
　　D-2 抽象名詞
　　　　地方ブル　非マルクシスト　社會的デモクラシー
　　　　原始的ケーオス　機械的エネルギー

「D-1具体名詞」のうち、「D-1-1日常語」に分類した中には、単位が多く見られる。そこで単位の種類について調査をすると、「（Ⅰ）貨幣の単位が付いたもの」「（Ⅱ）度量衡の単位が付いたもの」「（Ⅲ）その他の単位が付いたもの」の3種類に下位分類できる。

　表36[163]に示したように、単位は漢字表記とカタカナ表記の両方が見られるものが多い。

　カタカナ表記が見られず、漢字表記および漢字を含むルビ表記が見られたものは、下記のとおりである。

　　　仙　仙(セント)　封度　立方米[164]　基瓦米突[165]　語(ワーヅ)　片(ピース)

一方、漢字表記が見られず、カタカナ表記のみが見られるものには次のようなものがある。

　　　ミルレース[166]　リラ[167]　キロ　エーカー　ヘクター
　　　平方キロメートル　パーセント　カロリー　センテンス　ヘルツ

表36　貨幣・度量衡・その他の単位を含む混種語

		漢字表記	用例		カタカナ表記	用例	
（Ｉ）貨幣の単位		弗	六億弗前後	14	ドル	四十三ドル	14
					ダラー	十億ダラー	5
		仙	三十仙	1			0
			二仙(セント)	1			
		馬克	数百萬馬克	13	マルク	百三十億五千萬マルク	3
					マアク	七九マアク	2
					マーク	二十マーク	10
		磅	三萬磅	23	ポンド	七億九千萬ポンド	5
		志	十志	3	シルリング	一シルリング	2
		片	一片(ペンス)	1	ペンス	八ペンス	2
		留	一留	2	ルーブル	一ルーブル	20
		法	四十億六千二百十二萬二千五百法	3			0
			一法(フラン)半	1			
				0	ミルレース	四百ミルレース	4
				0	リラ	百五十萬リラ	7
（Ⅱ）度量衡の単位	重さ	瓦	七千瓦	12	グラム	一グラム	3
		瓩	一瓩	2	キログラム	五十七キログラム	10
		基瓦	二〇基瓦	13			
		噸	十六噸	14	トン	十一萬餘トン	1
		封度	二千五百封度	4			0
	長さ	米突	〇・四米突	4	メートル	十メートル	6
				0	キロ	一千キロ	2
		哩	二百三十萬哩	11	マイル	百マイル	1
		碼	一億碼	1	ヤード	千ヤード	1
		呎	三五二呎	1			0
	広さ			0	エーカー	三エーカー	5
				0	ヘクター	五十ヘクター	1
				0	平方キロメートル	一平方キロメートル	2
	体積	立方米	一立方米	1			0
（Ⅲ）その他の単位		基瓦米突	約四十五万億基瓦米突	3			0
				0	パーセント	六十五パーセント	41
				0	カロリー	二千八百カロリー	5
				0	センテンス	二センテンス	1
		語	二三語(ワード)	1			0
		片	三十萬片(ピース)	1			0
		頁	二六二頁	3			0

　また、両方の表記が見られるが、カタカナ表記より漢字表記の方が、延べ語数が多いものは次のとおりである。

　　磅　志　瓦　噸　哩　呎

一方、両方の表記が見られるが、漢字表記よりカタカナ表記の方が、延べ語数が多いものは次のとおりである。

　　ペンス　ルーブル　メートル

次に、「デモクラシー」に注目し、それを含む混種語を取り上げ、その構成を分析する。なお、一般名詞においても出現回数が多く、第5章の「4.1　カタカナのみからなるもの」では、多数の複合語が見られることを指摘している。

表37に示したように、「デモクラシー」を含む混種語には、「デモクラシー」が後に置かれる「名詞＋的＋デモクラシー」「名詞＋デモクラシー」「接辞＋デモクラシー」と、「デモクラシー」が前に置かれる「デモクラシー＋名詞」「デモクラシー＋接辞」の形式が見られる。

「デモクラシー」が後に置かれる場合、「消費者デモクラシー」のようにデモクラシーの種類を表したものや、「非デモクラシー」のように、「非」という接頭辞を付けてそうではないものを表したものなど、「デモクラシー」に重きが置かれた用例が見られる。「世界的デモクラシー」や「社會的デモクラシー」「資本的デモクラシー」のように、「的」を介したものも、どういう種類のデモクラシーなのか、その傾向を示しているという点で共通するところがあるといえる。

一方、「デモクラシー」が前に置かれる場合、「デモクラシー思想」「デ

表37　デモクラシーを含む混種語

混種語の構成	用例
名詞＋的＋デモクラシー	世界的デモクラシー　國際的デモクラシー　政治的デモクラシー 社會的デモクラシー　地理的デモクラシー 資本的デモクラシー　資本主義的デモクラシー
名詞＋デモクラシー	消費者デモクラシー　現代デモクラシー
接辞＋デモクラシー	新デモクラシー　舊デモクラシー　非デモクラシー
デモクラシー＋名詞	大デモクラシー本源地　デモクラシー思想　デモクラシー思潮
デモクラシー＋接辞	デモクラシー派

モクラシー派」といった例が見られる。「思想」や「派」という漢語の方に意味の中心が置かれ、そのひとつのあり方として「デモクラシー」が挙げられた表現だといえる。

　第5章の「4　複合語の表記」で挙げた、「デモクラシー」が形成する複合語の例と共通するものが見られる。具体的には、「ポリティカル・デモクラシー」「ソーシャル・デモクラシー」「キヤピタリスチック・デモクラシー」である。複合語では、「ポリティカル」「ソーシャル」「キヤピタリスチック」という外来語の知識が求められたのに対し、混種語では、「政治的」「社會的」「資本主義的」という漢語から意味の推測が可能である。

　一方、複合語との形式的な相違点を考えると、混種語は、接辞を前にも後にも付けることができる点が挙げられる。特に、デモクラシーの後に漢語が付く用例も見られることが特徴的だといえる。漢語の持つ造語力によって、「デモクラシー」という一語がさまざまな視点から捉えられ、その種類を増やしていることがわかる。

5　略称・略語を含む混種語

　本節では、略称・略語を含む混種語を取り上げる。その際に、非略称表記との関係性にも注目し言及する。

　地名の略称については第5章の「2.1　地名の表記」で、人名の略称が見られることは第4章の「3.1　上位20位の固有名詞」で既に指摘した。ここでは、地名や人名の略称を含む混種語という観点からその種類を明らかにしていく。

　さらには、固有名詞だけでなく、一般名詞の略語を含む混種語が見られる[168]ため、それについても、第6章「5.3　一般名詞の略語を含む混種語」で取り上げる。

　まず、略称を含む混種語を意味分類に注目して分類すると、表38のよう

表38 略称を含む混種語の意味領域別一覧

〈第1段階〉	〈第2段階〉	〈第3段階〉	例			
2 地名	3 地域名	33国（連邦内）	北米合衆國	大英帝國	濠洲	
		34州・省等	加州			
		42都市	墺都	露都	寒都	華府
		4 国際地域名	歐洲			
		44地方名	中米	南米	北歐	南阿
		地域名	英領印度			
		略称及国名＋國	英國	露國		
		對＋略称	對露	對獨開戰	對墺戰爭	
		地域名列挙	英米	歐露	英佛露伊	
	47地形名	49陸上地形名	米大陸	歐大陸		
		52海洋名	英海峡			
	61交通路名		東支鐵道	滿鐵	歐露北方鐵道	
66 人名	71人物名		奈翁三世			
85 組織名	86機関名		虞翁第二内閣	米國陸軍	獨軍	英國下院
	90団体・党派名		日英同盟	米國勞働黨		
	103国際組織名		反墺同盟條約			
	集団名		反英派			
106 その他の固有名詞	107歴史名	109時代名	歐米模倣時代			
		110事件名	日露戰爭	佛國革命	歐洲大戰	普佛戰爭
	111文化名	113言語名	英語	佛語		
		115流派名	英國風			
		116作品・出版物名	虞翁傳	英文學		
		117理論・方式名	征韓論	米化論		
		118法律名	加州土地法	濠洲聯邦憲法		
		119制度名	米露通商協定	日米通商條約	佛露協定	英獨海軍協定
		思想・主義名	歐化主義	濠州主義	英國主義	
		文化・文明名	西歐文明	歐洲文明		
	120民族・人種名	120民族・人種名	墺匈人	歐米人	英人	
		国際地域名＋人	歐洲人			
		国民名	英國民	英國人		
		住民名	滿韓移民			
	121愛称等	125プロジェクト名	鮮米増殖計畫			
		身分名	獨帝	加州知事		
		敬称	チ氏	モ卿	微伯	那翁

になる。

　表の中でも、地名、特に地域名では、「加州」や「英國」などその略称が示す地域の行政単位を添えて表すものが中心に見られる。他にも「英米」「獨墺」といった地域名列挙が見られる。こうした第2次単位の語に、さらに名詞を接続させることで、「日英同盟」「獨軍」などの組織名、「日露戰爭」などの歴史名、「英國主義」などの文化名、「歐洲人」などの民族・人種名などに派生している。

人名は、「奈翁三世」などのように、「漢数字＋世」のついたもののほかに、「虞翁第二内閣」などの機関名や、「獨帝」などの身分名、「チ氏」「微伯」といった敬称に用例が見られる。

略称を含む混種語というのは、外来語が略称という形でも理解される語であったこと、さらに、和語や漢語と結びついて混種語となっているという2つの側面から考えて、日本語として最も定着が進んだ形だといえる。

ここからは、略称・略語を含む混種語について、地名と人名の略称、さらには一般名詞の略語に注目して考察していく。

5.1　地名の略称を含む混種語

地名の略称表記については、先行研究で、橋本（2010：16）が、「固有名詞については、「英」「米」「仏」「露」「伊」「墺」「印」などのように、外国名を漢字1字で記したものは外来語には含めない。」「一方、「露西亜」「仏蘭西」など国名として省略されずに表記されたものや、「パ」（パキスタン）」、「ソ」（ソ連）のようにカタカナ1字に略されたものは外来語に含める」としているように、地名の漢字表記の略称は調査対象外とされることが多かった。

地名の略称表記を調査した数少ない研究に、王（1996）があり、「アジア」「アフリカ」「アメリカ」「イギリス」「オーストラリア」「ドイツ」「フランス」「メキシコ」「ヨーロッパ」の9つの地名について分析している。また、孫（2015）は、「英国」「米国」の成立過程を考察している。

ここでは、まず、「（1）イギリス、アメリカ、ドイツの場合」として、地名の略称を含む混種語のうち、「イギリス」「アメリカ」「ドイツ」を例に、略称表記と非略称表記を含む混種語を分析する。「（2）カタカナ表記の地名の略称を含む混種語」では、カタカナ1文字に略された地名を含む混種語を扱う。そして、「（3）一般名詞となった混種語」では、地名の略

第 6 章　外来語を含む混種語　223

称を含む混種語で一般名詞となっている例を取り上げる。

（１）イギリス、アメリカ、ドイツの場合
　第１次単位では、略称の多いイギリスとアメリカ、そして、略称の少ないドイツという結果が出たが、第２次単位や第３次単位の場合の混種語の特徴を明らかにする。

（Ⅰ）イギリス
　「イギリス」というカタカナ表記を含む混種語は、「イギリス人」のみである。また、「英吉利」という漢字表記を含む混種語は、「英吉利人」「英吉利法」「英吉利工場法」のみである。
　それに対し、略称「英」を含む混種語は多数見られる。第２次単位までの用例を表39に挙げる。

表39　「英」を含む混種語

〈第１段階〉	〈第２段階〉	〈第３段階〉	
2 地名	3 地域名	33国（連邦内）	大英帝國
		地域名	英領　英帝國
		地域名列挙	英露　英佛　英米　英露　英獨　英伊　英蘭　英米佛　英佛伊　英佛獨　英米蘭佛　英米露佛　英獨露伊　英佛露伊
	47地形名	52海洋名	英海峡
85組織名	集団名		反英派　親英派
106その他の固有名詞	111文化名	113言語名	英語
		115流派名	英文學
	120民族・人種名	国民名	英人
		身分名	英王　英兵

　さらに、第３次単位では、「英米佛自由國」「英領印度」「英帝國會議」「日英艦隊」「英佛戰爭」「英獨戰爭」「英獨問題」「英獨海軍協定」「日英條約」「英露通商協約」「英露協約」「英米人」などが見られる。
　第１次単位が略称「英」であり、それに「國」がついて第２次単位が

表40 「英國」を含む混種語

〈第1段階〉	〈第2段階〉	〈第3段階〉	
2 地名	3 地域名	地域名	英國領土　英國屬領　英國植民地
	47 地形名	52 海洋名	英國海峡
	56 建造物名		英國大使館
85 組織名	86 機関名		英國上院　英國下院　英國政府　英國議會
	90 団体・党派名		英國自由黨　英國勞働黨　英國内閣
			英國々立教會
106 その他の固有名詞	111 文化名	114 宗教名	英國々教
		115 流派名	英國流　英國風
		116 作品・出版物名	英國タイムス　英國文人傳叢書
			英國十二政治家傳叢書
		117 理論・方式名	英國式
		118 法律名	英國法
		思想・主義名	英國主義　英國労働組合運動
	120 民族・人種名	国民名	英國人　英國民　英國人種　英國種
		身分名	英國皇帝　英國大使　英國皇太子
			英國々王　英國海軍卿

「英國」となったものが71例である。それにさらに単語や接辞が接続し、第3次単位を形成しているものには表40のような例が見られる。

　ここまで見てきたように、「イギリス」が混種語を形成する場合、「英」という略称が主に使用されていることがわかった。中でも「英國」という形を含む混種語は、広範な語と結びついて使用されているといえる。

(Ⅱ) アメリカ

　カタカナ表記の「アメリカ」を含む混種語には次のようなものが見られた。

　　アメリカ風　アメリカあたり　現代アメリカ主義　現代アメリカ式
　　アメリカ法律扶助會　アメリカ合衆國

「イギリス」よりは多いが、カタカナ表記を含む混種語はほとんどないといえる。

表41 「亞米利加」を含む混種語

〈第1段階〉	〈第2段階〉	〈第3段階〉		用例
2 地名	3 地域名	33国（連邦内）		亞利加合衆国 [ママ]
		地域名		亞米利加本土
85組織名	86機関名			亞米利加政府
106その他の固有名詞	111文化名	115流派名		亞米利加流
		117理論・方式名		亞米利加式
		思想・主義名		亞米利加主義　亞米利加觀
				亞米利加平和運動
		文化・文明名		亞米利加文化　亞米利加文明
	120民族・人種名	120民族・人種名		亞米利加人　亞米利加印度人
		国民名		亞米利加公民

そして、漢字表記の「亞米利加」を含む混種語には表41のようなものが見られた[169]。

国名とは不可分である「地域名」や「民族・人種名」のほか、「文化名」に用例が集中しているのが特徴的である。これは、アメリカの流派、理論・方式、思想・主義、文化・文明が注目されていたことを意味する。

次に、略称「米」を含む混種語の中でも、第2次単位までのものを見る。

表42 「米」を含む混種語

〈第1段階〉	〈第2段階〉	〈第3段階〉	用例
2 地名	3 地域名	33国（連邦内）	北米合衆國
		地域名列挙	米佛　米露　米蘭佛　英米佛　英米露佛
85組織名	86機関名		米友協會
	120民族・人種名	国民名	米人

表42から、略称「米」は、主に地域名列挙の際を中心に用いられていることがわかる。第3次単位までに範囲を拡げると、地名の列挙に、「條約」や「戰爭」といった名詞が付き、列挙された地域同士で起こった出来事を示す語となっている。具体的には、「歐米各國」「南米諸共和國」「歐米諸國」「鮮米増殖計畫」「英米人」「歐米人」「英米種」「日米通商條約」「日米問題」「日米戰爭」「米露通商協定」などである。

次に、第1次単位が略称「米」であり、それに「國」がついて第2次単位が「米國」となっているものを見る（表43）。

「アメリカ」「亞米利加」「米」の場合と比べ、「米國」は、団体・党派名の「米國共和黨」や、プロジェクト名の「米國案」、身分名の「米國大統領」「米國々務卿」など、広範な語と結びつき、該当する意味領域が拡大している。

表43　「米國」を含む混種語

〈第1段階〉	〈第2段階〉	〈第3段階〉	用例
2 地名	3 地域名	地域名	米國領土
85 組織名	86 機関名		米國外務省　米國政府　米國々家　米國海軍　米國赤十字社　米國銀行
	90 団体・党派名		米國共和黨
106 その他の固有名詞	111 文化名	115 流派名	米國系統　米國流
	120 民族・人種名	国民名	米國人民　米國人　米國民　米國國民
		住民名	米國市民
	121 愛称等	125 プロジェクト名	米國案
		身分名	米國大統領　米國々務卿　米國商務卿　米國使節

(Ⅲ) ドイツ

カタカナ表記の「ドイツ」を含む混種語には、「ドイツ人」「ドイツ兵」「ドイツ國」「ドイツ風」「ドイツ學生聯盟」「近代ドイツ人」が見られる。

一方、漢字表記の「獨逸」には、表44のような例が見られる。

この結果から、漢字表記の「獨逸」「獨乙」を含む混種語は、アメリカやイギリスのどの表記を含む混種語よりも幅広い意味領域で使用されていることがわかる。

第3次単位までに範囲を拡げると、「獨逸皇后陛下」「獨逸帝國刑法」「獨逸的舊思想」「獨逸賠償問題解決案」「獨逸文學史」が見られる。

表45には、略称「獨」を含む混種語の中でも、第2次単位までのものを挙げる。

表44 「獨逸」を含む混種語

〈第1段階〉	〈第2段階〉	〈第3段階〉	用例
2 地名	3 地域名	33 国（連邦内）	獨逸國　獨逸側　獨逸大帝國　獨逸帝國　獨逸聯邦　北獨逸聯邦
		地域名	獨逸邊　獨逸諸都市
	56 建造物名		獨逸大使館
	61 交通路名		獨逸國有鐵道
85 組織名	86 機関名		獨逸海軍　獨逸軍　獨逸征討軍　獨逸軍隊　獨逸議會　獨逸國家　獨逸宮廷　獨逸政府　獨逸辯護士會
	90 団体・党派名		獨逸社會民主黨　獨逸社會黨
	集団名		北獨逸聯合
106 その他の固有名詞	107 歴史名	110 事件名	獨逸革命
	111 文化名	113 言語名	獨逸語
		114 宗教名	近世獨逸新教
		115 流派名	獨逸流　獨逸文學
		116 作品・出版物名	獨逸現代詩　獨逸音楽
		117 理論・方式名	獨逸式
		118 法律名	獨逸憲法
		思想・主義名	獨逸觀　獨逸哲學
		文化・文明名	獨逸文明　獨逸文化
	120 民族・人種名	120 民族・人種名	獨逸民族
		国民名	獨逸國民　獨逸種　獨逸人／獨乙人　獨逸人種　獨逸人民
	121 愛称等	125 プロジェクト名	獨逸政策
		身分名	獨逸皇帝／獨乙皇帝　獨逸宰相　獨逸使節　獨逸大使　獨逸中尉　獨逸兵　獨逸外相　獨逸武官　獨逸代表　獨逸學者　獨逸軍人　獨逸勞働者　獨逸帝室

表45 「獨」を含む混種語

〈第1段階〉	〈第2段階〉	〈第3段階〉	用例
2 地名	3 地域名	地域名	英、米、獨諸國　獨本國
		地域名列挙	獨墺　獨佛　獨露　獨佛英　獨佛伊　佛獨露墺
85 組織名	86 機関名		獨海軍　獨軍
106 その他の固有名詞	120 民族・人種名	国民名	獨人　獨國民
		身分名	獨帝　獨兵

略称「獨」は、地域名列挙や国民名のほか、機関名の「獨海軍」「獨軍」、事件名の「對獨戰」、身分名の「獨兵」といった軍事関係の語に用いられていることがわかる。

　第3次単位までに範囲を拡げると、同じく「獨本國軍」といった軍事関係の語のほか、「獨領植民地」「獨領ポーランド」といった植民地をさす語が見られる。最も特徴的なのは、地域名列挙から派生した「獨佛諸國」「英獨側」「獨墺側」「獨墺軍」「獨墺同盟」「獨佛役」「獨佛戰爭」「日獨戰爭」「英獨戰爭」「獨英海軍競爭問題」「露獨通商協定」「英獨海軍協定」といった語が見られることである。

　第1次単位が略称「獨」であり、それに「國」がついて第2次単位が「獨國」となったものはそれ自体での使用はなく、第3次単位の「獨國民」の1例のみであった。

　以上のイギリス、アメリカ、ドイツを含む混種語の調査から、次のようなことがわかった。略称が多く見られるイギリスやアメリカでは、「英國」「米國」の形で混種語を形成しているものが最も多く、幅広い意味領域で用いられていた。それに対し、略称の少ないドイツでは、「獨逸」という漢字表記を含む混種語が数も種類も優勢であり、略称の「獨」は主に地域名列挙のために用いられていることがわかった。

（2）カタカナ表記の地名の略称表記を含む混種語

　地名の略称には、「セ市」（セラエーヴォ）、「ル街」（ルドルフ街）、「フ街」（フランツ・ヨセフ街）というカタカナ表記のものが見られる。すべて吉野作造「歐洲動亂史論」（大正4年）に出現している例である。

　　［用例74］　二十七日はこゝでお暮らしになつて、二十八日の朝には豫定のプランに基いて首府セラエーヴォを公式に訪問すべく汽車に乗つて同地を見すてられた。セ市に着いたのは正に九時五十分であつた。

（吉野作造「歐洲動亂史論」大正4年、p.77）

　［用例74］を見ると、直前の「セラエーヴオ」を受けて、「セ市」と略しているのがわかる。

> ［用例75］　殊に道順に關する第二説によると河岸から右に折れルドルフ街とフランツ・ヨセフ街との交叉點で又左に曲らうとした譯になるから、恐らく自働車が非常に徐行したものであらう。之れが偶々兇行者の利用する所となつたので、即ち二番目の兇行は首尾よく其目的を達したのである。今其光景を述ぶるに、車の ル街 フ街 の交叉點に來るや群衆の中に交じつて居る一人の年若い青年は突如大公及び妃殿下を目懸けて短銃を連發したのである。
> （吉野作造「歐洲動亂史論」大正4年、pp.80-81）

　［用例75］では、2文前に登場している「ルドルフ街」と「フランツ・ヨセフ街」を受けて「ル街」「フ街」と略している。［用例74］に比べると、略称のもととなる表記が離れてはいるが、同じページに見られる。さらには、同じ「交叉點」についての言及であるため、読者が何の略称であるのかを迷うことなく判断できるようになっている。

　いずれの略称の例も前後の文脈があってはじめて、どの地名が略されたものであるかが明らかとなる例である。カタカナによる略称表記はその場限りの用法であるといえる。

（3）一般名詞となった混種語

　地名の略称を含む混種語の中には、「略称＋國＋的＋名詞」という形をとって、混種語全体で一般名詞となっているものがある。

> ［用例76］　米國に於て最も人氣ある週刊雜誌は、數ヶ月前に、亞米

利加的特徴の最も鮮かなる、長文の支那米化論を發表した。其の意見は 米國的露骨 である。『我等は支那を米化する必要がある、我等は 米國的利益 を本位として支那の富源を開發する必要がある。我等は掠奪者を支那に送る必要がある。』

(若宮卯之助「世界の煩悶」大正7年、p.42-43)

[用例76] の「米國的露骨」は、アメリカらしい露骨さの意味で用いられている。「米國的利益」は、その土地の利益ではなく、アメリカにとっての利益という意味で用いられている。これらは、この文脈における一回限りの語である。

これに対し、本章の「3.3 情報の付加とイメージの固定化」で取り上げた「英國紳士」は、「略称＋國＋名詞」の形を取っている。[用例76] の「〜的〜」という形よりも一般名詞化の進んでいる例ということができる。

上記のほかに、略称を含む混種語で一般名詞化しているものには、略称に和語がついた「英米感染れ（かぶ）」という例が見られる。

固有名詞としての使用には「英語」という例があるが、一般名詞で言語関係のものでは「英文聖書」「英譯」という例がある。

また、漢語の「〜化」という接尾辞の付いた「米化」「獨化」という例が見られる。さらに、それに和語のサ変動詞がついた「英化せんとす」という例も見られる。同様の意味で、略称に「國」がついたものでは「英國化する」「米國化すべし」という例がある。

略称に対し、接頭辞が付く例としては「反英的態度」や「親米者」のようなその地名に対する態度を表すような語が見られた。

5.2 人名の略称を含む混種語

本書での調査範囲内における人名の略称には、カタカナ表記と漢字表記の2種類が見られた。

まず、カタカナ表記の方を見てみる。

[用例77]　　ウィルソン氏が發唱すれば列國が和唱し、ハーヂング氏が發動すれば世界が和動する。これだけの現實を解剖しても、力と善の關係は指示される。ウ氏がいかに國際平和の信者であつたとしても、戰勝の米の代表者としてでなかつたら、あれだけの成績を奏することは出來なかつたらう。ハ氏がいかにウ氏以上の平和作者たる技倆を示さふとあせつても、同じくまた現在米の責任政治家としてでなかつたら、

(杉森孝次郎「心的革命の創造」大正11年、p.201-202)

［用例77］では、冒頭に「ウィルソン氏」「ハーヂング氏」と書かれているが、その後は「ウ氏」「ハ氏」と名前の1文字目を取った略称で記されている。

このような例は、杉森孝次郎の「個人力と社會力」（大正11年）にも見られる。

[用例78]　　一九一九年のレーニン氏は、一訪客（ランサム氏）にむかつて、(p.114)

[用例79]　　同じレ氏は、他の場合に、一個のレ氏の存亡は、ソヴィエットのロシヤの大局進運になんらの影響をも持たないだらうとも談じた。(p.115)

[用例80]　　産業革命がなかつたらマルクスもなかつたらう。さうしたらレーニン氏もなかつたらう。(p.116)

『中央公論』大正11年1月号の、114ページの［用例78］では「レーニン氏」と表記されていたが、115ページの［用例79］では「レ氏」と表記されていることがわかる。ただし、このまま略称表記が続くのではなく、

116ページの［用例80］では「レーニン氏」に戻っている。

また、人名がどれも略称表記されるわけではない。115ページでは、「レ氏」が４度用いられているが、同じページに３度登場する「ビスマルク」は全て「ビスマルク」のままである。

そして、人名を略称表記するのは、杉森孝次郎著の記事に限ったことでも、「〜氏」の形に限ったことでもない。蘇峰學人の「毛禮卿及其時代」（大正13年）では、「毛禮卿」を「モルレー卿」と記したり、「モ卿」と記したりしている。また、交友関係にあった人物として「チエムバーレン氏」が出てくるが、それを「チ氏」とも記している。

カタカナ表記の略称は、略称が誰を示すのかという元の人名表記が先行することが特徴である。

次に、漢字表記の方を見てみる。

本書では、表記は漢字であるが、元は外来語の音訳表記であり、それが略されたというものも、その略語の部分を外来語として考えている。そうした外来語の略称が他の語種が組み合わさってできた混種語の中には、これまでに挙げてきた「英國」（「英吉利」の略称＋國）のような例のほかに、人名に関するものがある。外国人名を略した漢字１文字に対し、漢語の「翁」を付した例と、「伯」を付した例が見られた。

　　翁を付した例
　　　虞翁…虞（グラッドストーンの略）＋翁
　　　沙翁…沙（シェークスピアの略）＋翁
　　　杜翁…杜（トルストイの略）＋翁
　　　奈翁…奈（ナポレオンの略）＋翁
　　　那翁…那（ナポレオンの略）＋翁
　　伯を付した例
　　　微伯…微（ビスコンスフィールド（＝ディズレーリ）の略）＋伯

「虞翁」は、グラッドストーンのことである。グラッドストーンの音訳の漢字表記は、『宛字外来語辞典』の見出しによると、「虞良土須頓」「虞剌土須頓」「虞拉土斯頓」(p.128)が挙げられている。『中央公論』の本文中には、グラッドストーンの音訳の漢字表記は見られなかったが、この音訳表記の略称の「虞」が「翁」と組み合わさって「虞翁」という表記になっていると考えられる。

「沙翁」は、シェークスピアのことである。『宛字外来語辞典』には、「沙翁」の表記が載せられており、その他に音訳表記の「沙士比阿」「沙吉比亜」(p.69)が挙げられている。『中央公論』の本文中には、シェークスピアの音訳の漢字表記は見られないが、辞書の記述等から「沙」がシェークスピアの音訳表記の略称であるといえる。

「杜翁」は、トルストイのことである。『中央公論』では次のような文脈で使用されている。

> ［用例81］　此篇に記する所は、主として高加索時代に至るまでの杜翁の藝術論にして、「戰爭と平和」「アンナ、カレニナ」の如き二大傑作を出せる杜翁の成熟期の藝術論は、引續き次號の本欄に掲げらるべし。昨年九月の本誌に出でたる晩年の杜翁論と併せ讀めば蓋し杜翁の全體を窺ふに足るべし。(編者しるす)
>
> 　　　　　　　　　　　(中澤臨川「トルストイの藝術」大正2年、p.114)

そして、『日本国語大辞典第二版』(9巻 p.1077)には、「杜翁」は次のように説明されている。

> と-おう【杜翁】ロシアの作家レフ＝トルストイをいう。＊トルストイについて (1926-36)〈正宗白鳥〉一「沙翁よりも、主我的主義的作家としてゐる杜翁の作品に於て、人生が一層深刻に一層複雑に、一層多種多様に現はれてゐるのだから不思議だ」

ここに引用したように、「杜翁」の形で立項されており、昭和初期の用例が挙がっている。そして、「杜翁」の元となる音訳漢字表記について、『宛字外来語辞典』や『漢字百科大事典』、『明治文学全集』、『日本近代文学大系』、『明治翻訳文学全集　新聞雑誌編38、39トルストイ集』、青空文庫を総覧したが、見つけることができなかった。一方で『蘆花全集』では、下記のように、「トルストイ翁」という表記が見られたため、「トルストイ」と「翁」が結びついた表現は使用されていたことがわかる。

[用例82]　便宜の爲めに分つならば、トルストイ翁の生涯も自づから二つに分かたれる。五十以前、五十以後。前は専ら文豪としてのトルストイ翁を見、後は哲人として＝詳しく言へば、一種新奇な基督教の開唱者(かいしやうしや)、實行的の哲學者、博大なる思想家、教師、豫言者、社會革新家＝のトルストイ翁を見る。
(「トルストイ」明治30年4月初版(『蘆花全集』第4巻、p.25所収))

　本書では、こうした状況から、「杜翁」も「虞翁」や「沙翁」の例と同じように、「音訳漢字表記の略称＋翁」という成り立ちであると判断した。
　ここまで見てきた「虞翁」「沙翁」「杜翁」は、いずれも「虞」「沙」「杜」という略称表記の元となる音訳表記は『中央公論』の本文中には登場しない。
　それに対し、ナポレオンは、『中央公論』の本文中に「略称＋翁」の形だけでなく、音訳の漢字表記が使用された「奈破翁」「奈破裂翁」といった例が見られる。『宛字外来語辞典』を見ると、「奈翁」「那翁」のほかに、「那波列翁」「那波利稔」「那波烈翁」「那勃列翁」「那勃烈翁」「那剌列翁」「那破列翁」「那破烈翁」「那破翁」「那崙翁」(pp.71-72)、「奈保礼恩」「奈剌列翁」「奈破崙」(p.75)が載っている。このように、ナポレオンの場合は、音訳の漢字表記の段階で既に「翁」が付いたものが見られる。それも踏まえて、全表記に共通していえるのは、こうした音訳の漢字表記が略

第 6 章　外来語を含む混種語　235

された「奈」や「那」が「翁」と結びついてできた表記だということである。

　他にも、「伯」という字が付いた人名の略称を含む混種語がある。『中央公論』には次のような文脈で登場している。

　　［用例83］　政治家に最も大切なる資格は何であるかと言へば勇氣である。虞翁が微伯に何時も感心せなかつたが、只感心した一は微伯の勇氣であつた。

　　　　　　　　　　　　　　　　（無名氏「大隈内閣評判記」大正 4 年、p.142）

　ここに出てくる「微伯」という例は、ビーコンスフィールドのこと、つまりディズレーリのことだと推測される。なぜならば、『経世偉勳　前編』に「微君 祎 德侯姓は邇斯黎理名は辨邪民」(p.2) とあり、同じく p.4 には「微侯」という略称による表記も見られるからである。巻末の「経世偉勳に關する東京諸新聞の批評摘録」を見ると、「時事新報」には「ビーコンスフヒールド伯」、「中央學術雜誌再評」には「眉イコンスフヒキールド伯」と、「伯」が付いた形での使用も見られる。また、ディズレーリは、保守党の指導者として、自由党のグラッドストーンに対抗して、典型的な二大政党による議会政治を行った人物であり、［用例83］の文脈とも合う。これらを考え合わせて、「微伯」は、ビーコンスフィールド、つまりディズレーリのことであると判断した。

　カタカナ表記の略称とは異なり、元の人名表記が先行するわけではないため、これらの音訳漢字表記の略称が誰を指すのかが筆者にも読者にも自明であったことを意味し、当時既に浸透し、定着した表記であったといえる。

5.3 一般名詞の略語を含む混種語

　ここまで、固有名詞の略称について見てきたが、次に一般名詞の略語を含む混種語を扱う。ここでは、「ブル」「プロ」「ファ」の3語について用例を挙げながら分析することとする。

（Ⅰ）ブル

　「ブル」は『日本国語大辞典第二版』によると、「「ブルジョア」「ブルジョアジー」の略。」(11巻 p.1077)とある[170]。『中央公論』では「ブル」単独の使用は見られないが、「ブル派」という混種語を形成している。ここでの意味は「ブルジョア」の方である。この「ブル派」を使用しているのは、林癸未夫の「舊プロ文學の破滅と新プロ文學の創造」（大正13年）のみである。この記事では、「ブルジョア文学」と「プロレタリア文学」が扱われている。「ブルジョア文学」とは「近代の市民社会の成立に伴って発展した、近代市民階級の文学。また、ブルジョア的な意識や考え方に基づいて創作された文学。市民文学。」（『日本国語大辞典第二版』11巻 p.1078）のことである。

　また、「ブル」は「地方ブル」という混種語も形成している。この「地方ブル」というのは「地方ブルジョア」の意味である。

> ［用例84］　藝妓風情を相手にばか酒を飲みこぼしつつふざけちらすだけの 地方ブル の餘財をまはしても、その邊の費用はいくらかでるだらうし、五萬圓内外から十萬圓内外の買票費のでどころがあるほどの財嚢を、公的動機によつて公壓してもいくらかの費用はでるだらう。
>
> 　　　　　　　　　　　（杉森孝次郎「一票が代表する自己」大正13年、p.276）

　「ブル」にまつわる混種語は「ブル派」「ブル作家」「地方ブル」であるが、いずれも大正13年の例である。『日本国語大辞典第二版』の「ブル」

は、用例に『解放』大正12年３月号の新語通解の例が挙げられているため、『中央公論』に見られるのは初期の例である。

　元となった語である「ブルジョア」は一般名詞の出現回数として第３位であり、大正９年には「ブルジョア」単独で用いられている。「ブルジョア」の混種語については、略語を含む混種語が見られたのと同年の、大正13年に「ブルヂヨア派」（室伏高信「要點はこゝにある」p.301）が見られる。出現回数の多い「ブルジョア」は「ブル」と略され、略語を含む混種語としても使用されていたことを指摘できる。

（Ⅱ）プロ

　「ブル」に対する語として登場している「プロ」は、「②「プロレタリア」、または「プロレタリアート」の略。」（『日本国語大辞典第二版』11巻p.1095）である[171]。『中央公論』では、「プロ」も単独での使用は見られない。「ブル」を含む混種語と同様に、林癸未夫の「舊プロ文學の破滅と新プロ文學の創造」（大正13年）にのみ、「プロ」を含む混種語が見られる。具体例は、「プロ派」「プロ文學」「プロ派作家」「プロ派藝術」「新プロ文學」「舊プロ文學」である。ここでの「プロ」はいずれも「プロレタリア」の略語である。『日本国語大辞典第二版』では、「プロレタリア文学」が次のように説明されている。

> プロレタリアートの階級的自覚に基づき、その思想・感情を描きだした文学。社会主義革命運動の展開に伴って二〇世紀初頭から一九三〇年前後にかけて行なわれ、のち、社会主義リアリズムの文学に発展した。日本では、大正末期の「種蒔く人」を出発点とし、度々の組織の分裂・統合を経て、「文戦」派と「戦旗」派に分かれて隆盛を見たが、政治的弾圧を受けて昭和九年（一九三四）に壊滅。（11巻、p.1104）

　『中央公論』で「プロレタリア」は一般名詞の出現回数第４位であり、

「プロレタリア」単独では大正8年から用いられている。「プロレタリア」を含む混種語については、略語を含む混種語が見られたのと同年の、大正13年に、「プロレタリア藝術」（柳澤健「歐洲文明の衰頽と米國文明の興隆」p.60）が見られる。「ブル」と同様に、出現回数の多い「プロレタリア」が「プロ」と略され、混種語としても使用されていたことを指摘できる。

（Ⅲ）フア

「フア」は、米田實の「イタリーの反動政治と其反対派」（大正16年）に9例見られる。下記のように、「フア派内閣」の直前に「フアシヨ派内閣」という例があることからわかるように、「フア」は「フアシヨ」の略語である。

　　［用例85］　久しく フアシヨ 派内閣に加はつて居た自由黨諸大臣一昨年一月から袂を分つて野に下り、 フア 派内閣の孤立を明白にしたでは無い乎、（p.129）

同じページに、「フアツシヨ組合」と「フア系勞働組合」が見られる例もあった。

　　［用例86］　第一資本家に有利な勞資仲裁裁判所を組織し且つ同盟罷業を禁止し、之を行ふを犯罪としたこと、第二、勞働組合を フアツシヨ 組合に限つたこと、（p.126）

　　［用例87］　次ぎにム氏は執政後間も無く資本家と結托し、 フア 系勞働組合に屬せざる勞働者を解雇せしむることに依つてその フア 系組合加入を強いたが、（p.126）

「ファッショ」は、『日本国語大辞典第二版』では、「㊀イタリアのファシ

スタ党。その前身であるファシストの団体 Fasci Italiani di Combattimento（イタリア戦闘ファッシ）による呼称。㊁《名》（転じて）ファシズム[172]的な傾向・運動・体制。また、ファシズムを奉ずる人。」（11巻 p.669）と説明されている。「フア」は『中央公論』では単独では用いられず、「フア黨員」「フア團」など混種語の形で用いられている。

> ［用例88］　その際 フア 黨員は不安に感じたが、首領の命なればとて止むを得ず賛票を投じ、在野諸黨は欣喜「ムソリニー漸く少しく正道に歸らんとす」と思惟したのであつた、（p.125）

> ［用例89］　 フア 團執政の始めは市長民選を廢せず、唯だ フア 團の暴力を利用して之を威壓したものであつたが、今や一轉地方自治權にも指を染むるに至つては、ムソリニー執政が一切の權力をその手に集めて止まぬことを證するものである。（p.125）

『日本国語大辞典第二版』には、「ファ」の形での見出しはなく、現代までに消えてしまった語だと考えられる。
　「ブル」も「プロ」も「フア」も、略語化され、さらにさまざまな漢語と結びつき混種語を形成するほど、関心が高く使用度も高い語であった。その一方で、いずれも『中央公論』の中では使用されている記事に偏りが見られ、一時的な使用法であったともいえる。

6　まとめ

　第6章では、外来語を含む混種語を調査した。
　これまでに行われた外来語を含む混種語についての調査は少なく、特に大正期について詳細な調査をしたものはなかった。そこで、本書では、混種語の構成、混種語の表記、固有名詞を含むもの、一般名詞を含むもの、

略称を含むものという観点から調査した。

　まず、混種語の構成は、「外来語＋漢語」が最も多い。そして、混種語の表記は、外来語をカタカナ、漢語を漢字とするのが基本だが、それ以外に、「カタカナ表記のみからなる混種語」「漢字表記のみからなる混種語」「アルファベット表記を含む混種語」「外来語ルビによる混種語」が見られた。漢字のみの表記となっているのは、漢字表記の地名が含まれることが大きく影響していることがわかった。アルファベットでは、「Aの部落」に対する「B部落」というように、例えに使っている用例があった。また、「would passする」「has passedする」のように、英語の助動詞をアルファベットのまま残し、和語「する」を付けて動詞にすることで、英語における助動詞の意味の違いを表現として用いるということが行われており、外国語の積極的な受容の態度が見られた。

　固有名詞を含む混種語については、地名と人名を含む混種語に特化して調査を行った。地名も人名も、その混種語が繰り返し使われることで、「英國紳士」「カイゼル鬚」「コペルニクス的變革」のように、一般名詞化が進んだものが見られる。そして、混種語の一般名詞化が進んだことによって、混種語に含まれる固有名詞のイメージが固定化していることを明らかにした。

　一般名詞からなる混種語は、外来語の単位を用いたものが多く見られた。そして、出現回数の多い語を調査した結果、ある語が名詞などと結びついて混種語を形成し、「デモクラシー」に対する「資本主義的デモクラシー」のように、その語が意味するものの種類を限定することで新しい語が生まれていることがわかった。

　最後に取り上げた略称・略語を含む混種語は、略称・略語の元になった語が先行しないものが見られ、それらは略されたものだけで何を意味するものであるかが理解される語であったことがわかる。さらには、それらは、略されているというだけではなく、和語や漢語と連結しているという混種語としての性質も持ち合わせている。このことから、略称・略語を含

む混種語というのは、外国語の日本語化としては、より定着の進んだ形であるということができる。

　以上、大正期の『中央公論』を資料に、外来語を含む混種語を調査した結果、時には略称・略語を用いながら、それらを和語や漢語と合わせて用いていることによって、外国語の日本語化が進んでおり、混種語となることが、外来語の増加にも、定着にもつながっていることが明らかになった。

注

156　項目は立てなかったが、漢字で表記された混種語に、さらにアルファベットが併記されている「亞米利加勞働聯合會（The American Federation of Labor）」のような例が見られる。

157　「獨逸」は、第5章「2.1　地名の表記」でも見たとおり、「獨逸」という表記が大正期を通じて最も多くなっている。

158　米田實「米國大統領ウイルソンに與ふ」大正4年、p.149

159　米田實「日本の外交的環境」大正14年、p.93

160　米田實「勞農露国の外交」大正12年、p.54

161　第6章冒頭では、外来語を含む混種語の結合形式として、「A 外来語＋和語」「B 和語＋外来語」「C 外来語＋漢語」「D 漢語＋外来語」を挙げた。

162　「ダンゴ・ダンス」という複合語の形も見られる。

163　ここでは「漢語＋外来語」の形式のものを挙げているが、この形式以外に漢字とカタカナの両方が見られる単位には、「ページ」（4例）、「フラン貨」（3例）「ヘルツ波」などの例がある。

164　「平方キロメートル」は漢字とカタカナで書かれているのに対し、「立方米」は漢字のみで書かれている。

165　「基瓦米突」は、重量単位の「キログラムメートル」のこと。本文では、仕事量を表す単位として用いられている。

166　ミルレースは、milreis のことで、ポルトガル・ブラジルの旧貨幣。

167　リラは、「イタリア、サンマリノ、バチカン市国の通貨単位。」（『日本国語大辞典第二版』13巻 p.984）

168　略語が増えることは語形上の特徴として米川（1984）が指摘している。

169　ルビの外来語を優先して混種語かどうか判断したため、「亞米利加主義^{アメリカニズム}」は除いた。

170　ブルジョア（bourgeois）もブルジョアジー（bourgeoisie）もともにフランス語を原語とする。

171　プロレタリア（Proletarier）、プロレタリアート（Proletariat）はともにドイツ語を原語とする。

172　ファシズム《名》（英 facism）《ファッシズム》狭義にはイタリアのファシスタ党の思想・支配体制をさすが、広義には全世界のファシスト的な思想および政治形態をさす。特に帝国主義時代以降の後進資本主義国に出現する反議会主義的、反共産主義的な独裁体制。転じて、一般に他の考えを認めない独裁的な権力体制。国粋主義的社会政策を強調しつつ対外侵略政策をとる。第二次世界大戦で民主主義陣営に挑戦して敗れた。(『日本国語大辞典第二版』11巻 p.668)

第 7 章　結論

　第 7 章では、1 で総括として、これまで見てきた 6 章分を振り返る。2 では結論として、受容と定着の 2 つの観点から、大正期の『中央公論』における外来語について論じる。

1　総括

　大正期は、外来語が急増し、「普通の日常語」になった時期だといわれてきた。しかし、15年間という短さから、改めて詳細に調査されたことはほとんどなかった。さらには、抽出調査において、大正期の部分だけを取り出すと、そのサンプルは十分な量とはいえず、実態はよくわかっていないことが多い。

　そこで、本書では、大正期の各年 1 号分の『中央公論』を資料に、語彙と表記という観点から調査と分析を行ってきた。その総括として、各章の概要を下記にまとめる。

　第 1 章では、研究背景と研究目的を述べた。

　研究背景として、大正期において外来語がどのような状況にあったのかを、これまでの外来語研究の成果を用いて概観した。

　まず、明治期には翻訳され漢語によって受容されていた外国語は、外来語として受け入れられるようになった。それは、翻訳が追いつかないほど大量に外国語が流入していたことを意味する。こうした状況の中で、大正期には、外来語の研究書が刊行されるようになり、日本で最初の外来語辞典が日常語としての外来語を理解するためのものとして発行されるなど、増加した外来語が整理された時期であるといえる。また、大正末期には、表記についての規則が立て続けに告示されており、規則上でもカタカナ表

記が定められるようになった。具体的には、大正12年5月9日の官報では、外国の地名人名、外来語はカタカナ書きするよう定められ、大正14年1月28日の官報には、拗音、促音、長音の書き方についての通則が載せられ、大正15年5月12日の官報では、カタカナ表記のゆれの統一が行われている。

そして、先行研究では、明治以降の外来語を、その特徴によって時期ごとに区分する場合、明治末から昭和初期にかけての時期は、その前後とは区別して考えられてきた。このことから、大正期を中心とする時期は、明治期や昭和期とは異なる、特徴のある時期だと捉えられていることがわかる。社会的背景を考えてみても、大正3年に第一次世界大戦が勃発し、大正12年には関東大震災が起こるなど激動の時代である。日露戦争を経て世界の大国の仲間入りをした日本にとって、外国との接触は日常となり、欧米文化を積極的に取り入れようとしていた時期でもある。教育も普及し、外国語を受け入れる環境が整えられていたといえる。

こうした大正期の外来語の状況と時代背景から、近代外来語における大正期の外来語の重要性が認められる。そこで、本書では、大正期の『中央公論』の外来語に焦点を当て、日常に浸透し増加しはじめた時期であるとされてきた当時の外来語の実態を明らかにし、外来語の受容と定着のあり方を示すことを目的とした。

第2章では、外来語の先行研究を取り上げ、大正期の外来語においてこれまでに明らかになっていることと、本書で課題とすべき問題とを明確にした。先行研究は、はじめに総合的な外来語研究を概観し、次に、表記、語彙、そして語彙の中でも混種語に関するものを取り上げた。外来語の専門的な研究書が大正期に刊行されており、国語の中に入り込んだ外国語を無視することはできないという問題意識から、「現代の外来語」として大正期の外来語を捉えた研究が見られる。表記に関しては、大正期に漢字表記が衰退し、カタカナ表記が優勢となっていくことが指摘されている。語彙に関しては、明治期から昭和期の変化を捉えようとする計量的な方法で

の調査分析が行われている。その結果として、語数の推移はほぼ横ばいで、後半に増加が見え始めるとされている。混種語に関しては、現代語に関する研究が中心であり、大正期を論じたものは見られなかった。このように、先行研究では、大正期を改めて詳細に取り上げたものはほとんど見られず、量的にも質的にも研究の余地があり、実態が明らかになっていない部分が多いことから、大正期を取り上げた研究の必要性を改めて論じた。

　第3章では、研究方法をまとめた。具体的には、調査対象とした資料の選定理由や資料の概要、調査対象とした号、調査対象とした外来語の範囲などを整理した。これまでに詳細な調査がほとんど行われてこなかった大正時代について、各年1号分の抽出ではあるにしても、全ての年を対象とした調査を行うこととしたこと、そして、先行研究では対象外とされることの多かった固有名詞、アルファベット表記の語、漢字圏の地名、略称・略語、混種語も含めて、調査対象とすることとした。

　そして、第4章では、大正期の『中央公論』の外来語について、品詞と語彙という2つの角度から考察を行った。

　品詞的特徴としては、名詞、感動詞、接辞が見られ、その中で名詞が全体の98％を占めていた。外来語としては名詞化しているが、「する」や「な」などの活用語尾を付すことによって日本語の語法に沿った形に変えられて、動詞や形容動詞として用いられているものが見られた。

　そして、語彙的特徴としては、出現回数が上位20位までの語を調査すると、固有名詞が9割を占めていた。地名は、上位3位の「アメリカ」「ドイツ」「イギリス」が特に多く、延べ語数が1000を超えている。人名については、特定の記事の中で繰り返し用いられることで延べ語数が増えているということがわかった。

　一般名詞では、大正期を象徴する「デモクラシー」が最も多く出現していた。一般名詞を意味領域という観点から考察すると、思想・主義を表す「ナショナリズム」や「エゴイズム」など、「1.3人間活動—精神および行

為」に分類される語が最も多く見られた。全体としては、抽象的な語が多い一方で、具体的な語は、延べ語数は少ないものの、その意味領域は多岐に亘っていることが明らかになった。

　そして、一般名詞の上位20位の語の初出年に注目すると、明治期が最も多く、明治期より前からの定着度の高い具体的なものを表す語から、大正期の新語である抽象的なものを表す語まで、各時期の語が重層的に蓄積されていることがわかった。また、一般名詞の上位20位の語の原語に注目すると、英語が最も多いが、フランス語やドイツ語など全6種類の言語を由来とする語が見られることがわかった。

　このように、大正期の『中央公論』における外来語は、品詞と語彙の側面から考察すると、名詞が最も多く、活用語尾によって品詞を変えて用いられていること、名詞の中では、固有名詞が多く、それに関連する文化名を中心とした意味領域の広がりが見られること、そして一般名詞では、明治期より前からの語が重層的に蓄積され、時代が下るにつれ、抽象度の高い語が増えるなど、量的にも質的にも外来語が豊富であったことがわかった。

　つづく第5章では、外来語表記の特徴に焦点を当てた。

　調査の結果、大正期の『中央公論』の外来語には、13種類の表記形式が見られることがわかった。表記の変遷を見ると、先行研究でもいわれてきた漢字からカタカナへという転換は、固有名詞にも一般名詞にも見られるということがわかった。ただし、固有名詞では大正末期になっても漢字表記の割合が高く、一般名詞では大正期全般でカタカナ表記の比率が高くなっている。

　表記のゆれについては、漢字の複数表記、漢字とカタカナの併用、カタカナの複数表記が見られた。大正末期には、カタカナ化と、カタカナ表記のゆれの統一の動きが見られるが、大正期の『中央公論』の外来語には、統一以前の、表記がゆれている状態が確認されたといえる。漢字表記に関しては、既存の表記を利用するなど、ゆれが小さく、統一の方向に向かっ

ていたことを指摘した。

そして、これまでにない試みとして、アルファベットを含む表記を外来語として抽出したところ、句や文、書名、専門用語を中心に、原語を引用・併記するために用いられていることがわかった。

全ての表記を対象としたことで、字種ごとに役割があり、それを組み合わせて受容していたことが明らかになり、それは複合語や混種語、句や文といった長い単位においても用いられていることがわかった。

第6章では、外来語を含む混種語を調査した。調査の観点は、混種語の構成、混種語の表記、固有名詞を含むもの、一般名詞を含むもの、略称・略語を含むものの5点である。

混種語の構成は、「外来語+漢語」が最も多い。そして、表記は、外来語をカタカナ、漢語を漢字とするのが基本だが、それ以外に、カタカナ表記のみ、漢字表記のみ、アルファベット表記を含む混種語、外来語ルビによる混種語が見られた。一般名詞からなる混種語では、ある語が「デモクラシー」に対する「資本主義的デモクラシー」のように、名詞などと結びつくことによって、その外来語が意味するものの種類を限定するような新しい語が生まれているということがわかった。

固有名詞を含む混種語の中には、「英國紳士」「カイゼル鬚」「コペルニクス的變革」のように、一般名詞化が進んだものが見られる。そのように、混種語の一般名詞化が進んだことによって、混種語に含まれる固有名詞のイメージが固定化していることを指摘した。さらには、略称を含む混種語を取り上げ、それらが日本語の中でより定着の進んだ形であることを述べた。

このように、大正期の『中央公論』では、外来語を和語や漢語と結びつけて混種語にすることによって、日本語の語法に沿った形で取り入れられていたことが明らかとなった。

以上、6章にわたる語彙と表記という観点からの調査と分析を通して、大正期の『中央公論』の外来語の実態が明らかになったといえる。

2　結論

　本書では、総括でも見てきたように、大正期の『中央公論』の外来語に焦点を当て、日常に浸透し増加しはじめた時期であるとされてきた、当時の外来語の実態を明らかにし、外来語の受容と定着のあり方を示すことを目的として調査と分析を行ってきた。

　ここからは、大正期の『中央公論』の外来語の受容と定着のあり方を、結論としてまとめていく。

2.1　大正期の『中央公論』における外来語の受容

　まず、大正期の『中央公論』において、外来語としての受容にはどのような方法があったのかを考察する。

　品詞という観点から考えると、その中心は名詞であるが、感動詞や接辞も見られた。訳語に置き換えて、外国語としての性質を完全に喪失させてしまうのではなく、カタカナ表記にする、あるいはルビ表記にすることによって、日本語においても原語と同様の機能を持つ品詞として用いられているものがあった。

　そして、大多数を占める名詞の中には、和語と複合させて混種語にすることで、日本語の語法に合わせた他の品詞として使用されているという例が見られる。具体的には、和語の「する」というサ変動詞や、和語の「な」という形容動詞の活用語尾を外来語に付すことで、カタカナに置き換えただけでは名詞にしかなりえなかった語を、形容動詞や動詞として受容している。このように、訳語に置き換えるのではなく、カタカナ表記の外来語に和語の活用語尾を付して混種語にすることによって、日本語の中に取り入れるという方法で受容されていたのである。

　次に、表記という観点から受容方法を考える。大正期は漢字表記が減退しカタカナ表記が優勢となったといわれてきた。大正期の『中央公論』の外来語を見ると、その傾向は見られるが、その変化の速度は固有名詞と一

第 7 章　結論　249

般名詞で異なっており、大正期全般では、固有名詞は漢字表記が、一般名詞はカタカナ表記が優勢であった。カタカナ表記化が進む中で、固有名詞に漢字表記が多いのは、地名に見られる漢字が中国語における漢字表記の影響を受けているからである。地名の表記は、大正期の短期間におけるばらつきが大きく、「英」のように略称を多用する地名から、「獨逸」のように、略称もカタカナ表記もほとんど使われない地名まで見られた。

　漢字表記の衰退という観点から考えると、大正期の『中央公論』の地名の表記は、漢字表記が優勢ではあったが、その漢字表記は1つに絞られる傾向が見られ、特に略称表記ではその傾向が顕著であった。つまり、地名の漢字表記は統一の方向に収束していたといえる。

　主たる表記はカタカナ表記に移行しながらも、地名を中心とした既存の表記の使用のため、漢字表記が依然として行われていたのである。

　さらに、大正期の『中央公論』における外来語の表記は、漢字とカタカナの対比だけでは説明しきれないバラエティがある。本書では、アルファベットを含む全ての字種による表記を対象とした結果、13種類の表記形式が見られた。単表記形式だけでなく、ルビ形式や併記形式を使用することで、外来語としての受容方法は選択肢を格段に広げている。やみくもに外来語をカタカナ化するのではなく、アルファベット＝原語、漢字＝意味または日本語の音韻に即した表記またはその両方、カタカナ＝日本語の音韻に即した表記というように、字種ごとに役割があり、そうした字種を組み合わせることで表現されている。この表記形式の選択の仕方や字種の並び順は、それによって何を重視して示そうとしているのかということも伝えることができる。そして、この表記は、語のレベルに限らない。句や文の単位でも使用することができる受容方法である。

　こうして見てくると、大正期の『中央公論』において外国語の受容は、音・意味・原語を表すために、全ての字種を用いて行われていたことがわかる。特に、表記による受容という側面から捉えることは、これまでには言われてこなかったことであり、本書での調査によって、大正期の『中央

『公論』における外来語の状況を明らかにすることができた。

　以上、大正期の『中央公論』の外来語の特徴を受容という観点から述べてきたが、一般化するには他の資料と比較する必要があるだろう。本書には直接取り入れることはできなかったが、論者は『婦人公論』との比較研究を既に行っている（石井2014b）。論の詳細は発表論文に譲るとして、両者の比較によって可能な範囲で大正期の『中央公論』の位置づけを相対化してみたいと思う。

　『婦人公論』を比較対象の資料とした理由は、『婦人公論』が大正5年に『中央公論』の姉妹誌として創刊し、『中央公論』と同じ中央公論社（現中央公論新社）から発行されていた雑誌だからである。

　石井（2014b）の調査分析では、『中央公論』と『婦人公論』の外来語に、次のような共通点と相違点が見られた。

　＜共通点＞
　・ドイツ、アメリカ、ロシア、ヨーロッパ、フランス、イギリス、インドという国名[173]が共通して出現回数の上位語に挙がっている。
　・「マルクス」「レーニン」[174]は用例数に違いはあるが、共通して見られる。
　・一般名詞はどちらもカタカナ表記が主である。

　＜相違点＞
　・年別に見ると、『婦人公論』では、延べ語数も異なり語数も、一般名詞の方が固有名詞より多くなっており、外来語における一般名詞の比重が大きい。
　・地名の表記は、『中央公論』は漢字表記、『婦人公論』はカタカナ表記を主としている。
　・『中央公論』の一般名詞上位語には、社会主義に関連する語や、精

第 7 章 結論

　　密さを表す単位などが見られる。それに対し、『婦人公論』の一般名詞上位語には、流行語、婦人運動関連語、具体的な語が見られる。
- 同じ筆者を比較すると、『中央公論』では文語調寄り、『婦人公論』では口語体が多くなっている。その影響で、同じ語が『中央公論』では漢字表記、『婦人公論』ではカタカナ表記、あるいはひらがなルビのついた表記となっている例が見られる。

　これらの違いは筆者・読者の違いによるものではないだろうか。筆者・読者の違いというのは、『中央公論』は、筆者も読者も知識人エリートである男性であるのに対し、『婦人公論』は、筆者には男性だけでなく女性が参加しており、読者は中流家庭の高学歴女性である。
　筆者・読者が違うことによって、『中央公論』と『婦人公論』では取り上げられているテーマも異なっている。論者（石井2014b）は、それぞれの雑誌の特徴を次のようにまとめた。『中央公論』では、労働問題、社会主義などがしばしばテーマに取り上げられ、国際的な視野で論じられており、専門家の立場から最新の研究や論を取り上げ紹介した記事も見られる。それに対し、『婦人公論』では、結婚、職業、家庭と婦人の問題などが取り上げられ、時局に合わせて、国際、政治問題にも女性解放の観点から言及されている。
　このように、『中央公論』と『婦人公論』では、同じ大正期に発行されたものでありながら、その筆者、読者、そしてそれに伴うテーマの違いにより、その外国語の受容の仕方に違いが見られることがわかる。上記の共通点からは、雑誌の違いに左右されない、大正期に注目されていた地名や人名が浮き彫りになり、相違点からは、文体、表記、語彙について、筆者・読者の違いに影響されたそれぞれの雑誌の特色が見えてくる。
　筆者・読者や扱うテーマが異なることで、外来語の様相は変化するということを踏まえて、改めて本書での調査結果を再検討してみたい。そうす

ると、石井（2014b）に比べて、本書での『中央公論』の調査範囲は大幅に拡大しているが、固有名詞が多く、一般名詞では社会情勢を表す思想や、専門用語、単位が多く見られており、こうした特徴は、『中央公論』の特色として考えてよいと思われる。

そして、このことは、本書の『中央公論』における外来語の調査が、知識人エリートである男性の筆者と読者の間で通じ合える外来語を明らかにするところまでであるという限界を示唆している。また、対象を公論部分に限っているために、一般名詞、特に具体的なものを指す外来語の出現がさらに少なくなってしまっているという可能性も考えられる。

こうした限界性を理解した上で、今後は、本研究で得た大正期の『中央公論』の外来語の成果を、近代外来語史における大正期の男性知識人が用いた外来語として位置づけ、周辺資料と比較することで、大正期の外来語としての受容の仕方を、より多面的な見方で明らかにすることができると考える。

2.2　大正期の『中央公論』における外来語の定着

次に、大正期の『中央公論』における外来語を定着という観点から考察する。

先行研究には、生物の世界における外来種が侵入し増殖する過程に準えて、大正期は、外来語が導入されて語数や種類が増え始めるまでの、しばらく語数の増えない「定着期」であると捉えているものもあった。本書の調査結果から「定着」ということはどのように捉えられるだろうか。

まず、一般名詞の上位語についてその語の初出年に注目したように、いつから使用されている語なのかということを元に考えることができる。そういう意味では、明治期より前や明治期から使用されている語で、大正期の『中央公論』においても出現回数の多い語として使われている外来語は、確かに定着しているといえる。大正期の『中央公論』において、さまざまな年代を初出とする語が重層化しており、受容時期の古いものは定着

度が高いということができる。そして、「パンを得る」のように、具体的な意味から抽象化が進んだ慣用句として、比喩的に用いられているような例は、なかでも定着度が高いものだと指摘でき、こうした表現が見られることが、受容時期の古い語の、定着度の高さの根拠にもなる。

そして、これまでの研究ではあまり注目されてこなかったが、本書で調査対象とした「略称」は、定着の結果だと考えられる。例えば、「英」「米」という字を見て、「イギリス」「アメリカ」が思い浮かぶのは、その外来語が定着しているからだといえる。略称表記が多用される外国地名は上位語に多く、出現回数が多いということは目にする機会も多い語である。また、「オーストラリア」のように、「濠」という表記は見られるものの、「濠太剌利」のような音訳表記は登場しないというような地名もあり、略称と地名が音訳表記を介さずに結びつくところまで定着度は高まっているといえる。

次に、その外来語の定着を促している語構成として、「合成」を取り上げたいと思う。合成には、複合語や混種語が挙げられる。まず、複合語は、「ブルジョア・デモクラシー」のように、デモクラシーの種類を示すことができ、複合語を構成することで「デモクラシー」という語自体の出現回数も増える。つまり、使用の機会が増えることによって定着するという側面がある。そして、意味の面から考えると、例えば、「デモクラシー」が「ブルジョア・デモクラシー」という複合語を形成することによって、特定のデモクラシーを示すようになる。そうなるためには、「デモクラシー」単独での意味が十分に定着している必要がある。こういう2つの側面から、複合語の形成は定着と深く関わっているということができる。

そして、もう1つの合成である混種語について考える。混種語となることは、和語や漢語と合わさるため、文脈の中に置いたときにも接続がよく、日本語化が進んでいるということが指摘されてきた。先ほど、受容のところで述べたように、和語の「する」というサ変動詞や和語の「な」という形容動詞の活用語尾を付すことで、品詞が変化することもその一つに

挙げられる。混種語の形成は、日本語化の指標であり、外来語の定着と結びついているといえる。

　混種語の場合、外来語が前に置かれるか後に置かれるかによって、その定着度が異なっていると考えられる。外来語が前に置かれる場合、後に和語や漢語が来るため、後に重きが置かれる日本語では、外来語は修飾語としての意味しか持たない。それに対し、外来語が後に置かれる場合は、外来語が意味の中心となるため、より定着度の高い語が用いられていると考えられる。

　そして、外来語が前に置かれ、固有名詞を含む混種語である場合にも、その外来語の定着度は高いと判断されるものがある。『中央公論』の中には、混種語の形で一般名詞として使われ、今も辞書に掲載されており、大正期当時に定着しつつあったと思われる語がある。それは、例えば、「カイゼル鬚」である。「カイゼル鬚」は、混種語として繰り返し使われ、慣用表現となることで、「カイゼル鬚」という混種語が一般名詞として定着し、「カイゼル」という外来語自体も特徴的なひげを持つウィルヘルム二世のこととして定着し、そのイメージが固定化されているということができる。

　ここまでに、定着に関連するキーワードとして取り上げてきた、「略称」と「合成」というあり方は両立するものであり、例えば、「英國紳士」というような語も見られるのである。略称を含む混種語は、略語と混種語の両方の性質を持ち合わせていることから、より定着の進んだ形であると指摘できる。

　外来語としての受容でも『婦人公論』との違いに触れたが、石井（2014b）では、混種語についての指摘もした。「ブルジョア」を含む混種語を例に挙げると、『中央公論』では「ブルジョア議會」「ブルジョア政治」「ブルジョア諸國家」といった政治や制度に関わるものが見られる一方で、『婦人公論』では「ブルジョア婦人」「ブルジョア生活」「ブルジョア階級」といった資本階級に属する人々を表す例が見られ、そこにはテー

マの違いが影響していることを指摘している。このように、その外来語の定着過程において、どのような混種語を形成しているかについては、『中央公論』に限らず、多くの資料を参照して検討する必要があるといえる。

こうした限界を踏まえた上で、本書での調査結果を外来語の定着という観点から見ると、大正期の『中央公論』の外来語は、初出年の早さだけでなく、「略称」や「合成」という形でも定着していることが明らかになった。この定着は、外来語が「日常に浸透した」と表現されてきた現象のひとつとして数え上げることができるものだと考えられる。

以上のように、本書は、これまで手薄であった大正期の『中央公論』の外来語に注目し、固有名詞、アルファベット表記、略称、混種語を含む多角的な観点から行ったことで、次のような成果を得られた。

大正期の『中央公論』に見られる外来語は、カタカナを中心に、全ての字種によって受容されており、その表記形式は外国語受容のパターンとして定着している。さらにいえば、受容された外来語は、混種語となり、略称が用いられ、慣用句としての使用が見られるなど、形を変えて、日本語として定着していることが明らかになった。

以上、受容と定着の観点から本研究の到達したところを述べてきた。ここで、今後の研究の展望について述べたい。先に『婦人公論』に触れたが、『中央公論』と『婦人公論』は今でも発行され続けている雑誌である。『中央公論』[175]は昭和に入ると、長論文掲載から、多数の執筆者による中間的読み物を増やす方向へ編集方針が変わり、不特定多数の読者に応えうる誌面作りが行われるようになる。やがて国家の支配層の軍国的な態勢が強まると、『中央公論』の民主主義、自由主義の穏健中正な立場に対する風当たりが強くなり、用紙統制により休刊に追い込まれたものの、戦後、復刊を遂げる。復刊後も、『改造』の廃刊など総合雑誌は決して安穏な状況ではなかったが、何度も転換を重ねながら、多様な論が展開される場となる。一方、『婦人公論』[176]は、昭和3年に編集長が替わり、明るく華

やかな誌面に変更され、大衆化が推し進められるようになる。昭和10年代になると、日中戦争、太平洋戦争と経ていく中で、社会全体がファッショ化し、戦時体制に組み込まれていき、取り上げられる新しい女性像は、軍国主義的な女性像に変容していく。一度は雑誌統合のため休刊に追い込まれたものの、戦後には、参政権を持ち社会的に認められた発言の権利を持った主婦たちが、平和への願いを実現するために立ち上がる場となる。

　『中央公論』と『婦人公論』という同じ出版社から継続して刊行されてきた雑誌を取り上げたことで、大正期以降も、同じ時代に刊行され、ともに大衆化が進められながらも、時代の切り取り方や扱っている主題の異なる二誌を比較することができる。また、同じ雑誌内での、近代から現代への語の変遷や、時代やテーマ、誌面の変化による語への影響を追うことも可能である。

　また、本研究で得た大正期の『中央公論』の外来語の成果を、大正期に男性知識人が用いた外来語として位置づけて、『婦人公論』との比較だけでなく、他の雑誌や資料との比較を行う必要がある。例えば、先行研究で取り上げられてきた資料で、大正期が研究対象に入っているものといえば、『太陽コーパス』(『日本語歴史コーパス』)や各種新聞などがある。『太陽』は、『中央公論』に先駆けた総合雑誌であるが、その方向性は異なっており、両誌に使用されている外来語を比較することによって、扱われているテーマと外来語の関係性が明らかになる。また、新聞と比較すれば、有識者に限らない層も対象となるため、用いられる外来語の中の固有名詞の割合や専門性等に違いが出ると予想される。

　こうした他の資料との比較によって、相違点からは大正期の『中央公論』の特徴が明確になり、共通点からは大正期に通用していた外来語、つまり定着が進み多数のジャンルで使用されていた外来語が明らかになると考えられる。さらに、明治期や昭和期にも目を向けることで、前後との関係性から大正期の外来語の実態がより一層明らかになると期待される。

　本書で用いた研究方法は、一般名詞だけでなく固有名詞を含み、全ての

表記を網羅し、外来語から派生した略語や混種語にも注目し、徹底的に調べるスタイルであり、他の時代やジャンルの資料を使って、外来語の変遷や定着を見ていくにあたっても通用する方法である。特に、表記研究としては、大正期の『中央公論』に出てきたものに限らず、全ての字種の組み合わせを網羅した枠組みを設けているので、他の表記研究とのつながりを作ることもできる。今後、外来語研究を行うにあたっても、今回の総合的な研究方法を応用していきたいと考えている。

注

173　これらの国の名前は、『中央公論』では「獨逸」「獨乙」「ドイツ」、『婦人公論』では「ドイツ」「獨逸」「獨逸」のように、複数の表記が見られるが、ここではカタカナ表記で代表させた。

174　「レーニン」の他、『中央公論』でも『婦人公論』でも「レニン」という表記も見られたが、ここでは「レーニン」という表記に代表させて記述した。

175　『中央公論』の戦前戦後の誌面の様子は、『中央公論七十年史』『中央公論社の八十年』『日本近代文学大事典』を参照してまとめた。

176　『婦人公論』の戦前戦後の誌面の様子は、『〈主婦〉の誕生』『中央公論社七十年史』を参照してまとめた。

引用文献

書籍

宛字外来語辞典編集委員会編（1991）『宛字外来語辞典』東京：柏書房
荒川惣兵衛（1932）『外来語学序説（「モダン語」研究）』名古屋
あらかわそおべえ（1970）『昭和の外来語』増補独立版、なごや
あらかわそおべえ（1978）『角川外来語辞典第二版』東京：角川書店
安藤伸介・小池滋・出口保夫・船戸英夫編（1982）『イギリスの生活と文化事典』東京：研究社出版
石綿敏雄（2001）『外来語の総合的研究』東京：東京堂出版
伊藤整・河盛好蔵・小林秀雄・久松潜一・山本健吉・吉田精一（1975）『日本近代文学大系 別巻（総索引）』東京：角川書店
　※『日本近代文学大系』全60冊、東京：角川書店（1969-74）
稲垣達郎編（1989）『明治文学全集』別巻、東京：筑摩書房
　※『明治文学全集』全99巻、東京：筑摩書房（1965-89）
上田萬年他編（1995）『日本外来語辞典』（辞典叢書11）東京：東出版（上田萬年・高楠順次郎・白鳥庫吉・村上直次郎・金澤庄三郎編（1915）『日本外来語辞典』東京：三省堂書店）
上野景福（1985）『英語語彙の研究』改訂増補版、研究社出版
楳垣実（1963）『日本外来語の研究』東京：研究社出版
遠藤織枝（2004）『戦時中の話しことば―ラジオドラマ台本から』東京：ひつじ書房
沖森卓也・倉島節尚・加藤知己・牧野武則（1996）『日本辞書辞典』東京：おうふう
勝屋英造編（1914）『外来語辞典』東京：二松堂書店
勝屋英造編（1922）『外来語辞典』第二回増補拾五版、東京：二松堂書店
亀井孝・河野六郎・千野栄一編（1996）『言語学大辞典』第6巻術語編、東京：三省堂
川戸道昭・榊原貴教編（1997-1999）『明治翻訳文学全集 新聞雑誌編38、39トルストイ集』東京：大空社
木村涼子（2011）『〈主婦〉の誕生　婦人雑誌と女性たちの近代』東京：吉川弘文館
国語学会編『国語学大辞典』東京：東京堂出版

国立国語研究所（1962）『現代雑誌九十種の用語用字　第1分冊総記・語彙表』東京：秀英出版
国立国語研究所（1983）『国立国語研究所報告75現代表記のゆれ』東京：秀英出版
国立国語研究所（1987）『国立国語研究所報告89雑誌用語の変遷』東京：秀英出版
国立国語研究所編（2004）『分類語彙表　増補改訂版』（国立国語研究所資料集14）東京：大日本図書
佐藤喜代治編（1996）『漢字百科大事典』東京：明治書院
陣内正敬・田中牧郎・相澤正夫編（2012）『外来語研究の新展開』東京：おうふう
新村出（2008）『広辞苑　第六版』東京：岩波書店
杉本つとむ（1998-1999）『杉本つとむ著作選集』全10冊、東京：八坂書房
鈴木俊二（2007）『借用語の研究―理論と実際―』東京：DTP出版
孫建軍（2015）『近代日本語の語源』東京：早稲田大学出版部
田中建彦（2002）『外来語とは何か：新語の由来・外来語の役割』東京：鳥影社
棚橋一郎・鈴木誠一著（1995）『日用舶来語便覧』（松井栄一・曽根博義・大屋幸世監修、近代用語の辞典集成24）東京：大空社（棚橋一郎・鈴木誠一（1912）『日用舶来語便覧』東京：光玉館）
中央公論社（1955）『中央公論社七十年史』東京：中央公論社
中央公論社（1965）『中央公論社の八十年』東京：中央公論社
徳富健次郎（1929）『蘆花全集』第4巻、東京：新潮社内蘆花全集刊行会
中野好夫編・小泉八雲著（1989）『明治文学全集48小泉八雲集』東京：筑摩書房
日本近代文学館・小田切進編（1978）『日本近代文学大事典』東京：講談社
日本国語大辞典第二版編集委員会・小学館国語辞典編集部（2003）『日本国語大辞典第二版』東京：小学館
橋本和佳（2010）『現代日本語における外来語の量的推移に関する研究』東京：ひつじ書房
飛田良文編（1981）『英米外来語の世界』東京：南雲堂
飛田良文（1997）『明治以降の外来語史研究』研究代表者飛田良文、平成6年度～平成8年度科学研究費補助金基盤研究（B）研究成果報告書
飛田良文・佐藤武義編（2002）『現代日本語講座第6巻文字・表記』東京：明治書院
飛田良文（2003）『明治・大正・昭和の外来語史研究』研究代表者飛田良文、平成11年度～平成14年度科学研究費補助金基盤研究（B）（2）研究成果報告書
飛田良文・遠藤好英・加藤正信・佐藤武義・蜂谷清人・前田富祺編（2007）『日本語学研究事典』東京：明治書院

前田太郎（1922）『外来語の研究』東京：岩波書店
森岡健二（1991）『改訂近代語の成立―語彙編―』東京：明治書院
米川明彦（1989）『新語と流行語』東京：南雲堂
J. C. ヘボン（1980）『和英語林集成』東京：講談社
　（J. C. HEPBURN, M. D., LL. D.（1886）. *A JAPANESE -ENGLISH AND ENG-LISH-JAPNESE DICTIONARY. THIRD EDITION.* TOKYO: Z. P MARUYA & Co., LIMITED.
　（平文先生著『改訂増補和英英和語林集成』東京：丸善商社蔵版））
Mark, Irwin.（2011）. *Loanwords in Japanese*. Amsterdam/Philadelphia: John Benjamins.
NTTコミュニケーション科学研究所監修（1997）『日本語語彙大系』全5巻、東京：岩波書店

論文

荒川清秀（2000）「外国地名の意訳―「剣橋」「牛津」「聖林」「桑港」」愛知大学国際コミュニケーション学会『文明』21（5）、95-111
石井久美子（2014a）「大正期の『中央公論』『婦人公論』における外来語表記の特徴」お茶の水女子大学大学院人間文化創成科学研究科『人間文化創成科学論叢』第16巻、1-9
石井久美子（2014b）「大正期雑誌の書き手・読み手の位相差と外来語の使用実態」表現学会『表現研究』第99号、20-29
石井久美子（2014c）「『仮名読新聞』の外来語の表記」国語文字史研究会・前田富祺編『国語文字史の研究』十四、大阪：和泉書院、171-185
石井久美子（2015）「大正時代の外来語―固有名詞混種語を中心として―」お茶の水女子大学比較日本学教育研究センター『比較日本学教育研究センター研究年報』第11号、251-256
石綿敏雄（1989）「外来語の表記」『漢字講座4 漢字と仮名』、東京：明治書院、312-334
井手順子（2005）「外国地名表記について―漢字表記からカタカナ表記へ―」国立国語研究所、博文館新社『国立国語研究所報告122 雑誌『太陽』による確立期現代語の研究―『太陽コーパス』研究論文集―』157-172
入江さやか（2010）「『中央公論』101年の語彙」同志社大学大学院日本語学研究会『同大語彙研究』13、9-14
入江さやか（2014）「明治期における外国地名表記―新島襄の草稿を資料として―」

立命館大学国際言語文化研究所『立命館言語文化研究』25巻3号（通巻115号）、195-208

上野力（1981）「明治初期の外国地名表記」常葉学園短期大学『常葉学園短大紀要』13

遠藤織枝（2009）「ルビからみる戦時中の日本語」文教大学文学部日本語日本文学科『文学部紀要』22（2）、pp.1-27

荻野千砂子（2001）「明治期の翻訳小説に見られる外来語」東アジア日本語教育日本文化研究学会『東アジア日本語教育・日本文化研究』第3輯、275-288

今井真二（2009）「handkerchief をどう書くか：外来語の漢字表記をめぐって」清泉女子大学『清泉女子大学紀要』、21-32

佐伯哲夫（1986）「官板バタビヤ新聞における外国地名表記」『関西大学文学論集』36（1-4）、145-173

佐藤武義（1990）「『吾輩は猫である』の外来語」佐藤喜代治編『国語論究第2集 文字・音韻の研究』東京：明治書院、334-368

渋沢龍彦（1967）「西洋人名の表記について」『言語生活』190、東京：筑摩書房、68-69

シャルコ・アンナ（2016）「音訳地名の表記における漢字の表意性について―ロシアの国名漢字表記を例として―」『早稲田大学日本語研究』第25号、pp.29-42

白井清子（1990）「混種語から見た各時代の造語の諸相」『学習院女子短期大学紀要』第28号、62-84

白井清子（1991）「混種語の語構成」『学習院女子短期大学紀要』第29号、123-138

杉本雅子（2002）「森鷗外「青年」における外来語の役割」静岡大学留学生センター『静岡大学留学生センター紀要』第1号、57-73

鈴木俊二（1998）「外来語の語構成」『国際短期大学紀要』13、29-49

竹浪聰（1981）「新聞に現われた特色」飛田良文編『英米外来語の世界』東京：南雲堂、197-225

田中牧郎（2012）「明治後期から大正期の語彙のレベルと語種―『太陽コーパス』の形態素解析データによる―」『近代語コーパス設計のための文献言語研究 成果報告書』（国立国語研究所共同研究報告12-03）

土屋信一（2000）「明治・大正・昭和期の漢字使用―東京日日新聞を資料として―」国語文字史研究会・前田冨祺編『国語文字史の研究五』、大阪：和泉書院、193-211

中村明（1979）「大正時代の文章活動」林大、林四郎、森岡健二編『現代作文講座8 文章活動の歩み』、東京：明治書院、277-324

深澤愛（2001）「雑誌『太陽』創刊号における外国地名片仮名表記」国語文字史研究会・前田冨祺編『国語文字史の研究六』、大阪：和泉書院、187-218

深澤愛（2003a）「漢字平仮名交じり文中における表記の選択―博文館『太陽』における外国地名の漢字表記と片仮名表記―」国立国語研究所『日本語科学』14、29-53

藤本光（1973）「外国地名・人名の表記統一」『言語生活』（266）、東京：筑摩書房、65-72,51

松本直枝（2000）「『和英語林集成』に見られる外来語」洋学史学会研究年報『洋学』9、111-140

美尾浩子（1989）「抽象概念を示す外来語―精神活動の国際化―」関守勝夫・武田修一編『異文化領域への架橋』（国際関係学双書5）、東京：北樹出版、13-32

宮地裕（1997）「現代洋語の構成」斎藤倫明・石井正彦編『語構成』日本語研究資料集第1期第13巻、東京：ひつじ書房、151-157

山本彩加（2009）「近代日本語における外国地名の漢字表記―明治・大正期の新聞を資料として―」千葉大学文学部日本文化学会『千葉大学日本文化論叢』10、108-78

米川明彦（1983a）「近代語彙考証"る"ことば―明治から昭和初期」『日本語学』第二巻第4号（通巻第6号）、東京：明治書院、122-125

米川明彦（1983b）「近代語彙考証7 カイゼルひげ」『日本語学』第二巻第10号（通号第12号）、東京：明治書院、122-125

米川明彦（1984）「近代における外来語の定着過程」『京都府立大学生活文化センター年報』第9号、3-22

米川明彦（2012）「言葉の近代化―近代化の中で―」陣内正敬・田中牧郎・相澤正夫編『外来語研究の新展開』東京：おうふう、62-77

白淑敏（1999）「明治初期地理書における地名音訳漢字表記―『輿地誌略』を資料として」『国文鶴見』34、62-48

鄭牧（2013）「大正期における外来語の増加に関する計量的分析」国立国語研究所『国立国語研究所論集』6、1-18

金敬鎬（1999）「日・韓・中における外国地名の漢字音訳表記―近代の文献を中心として」専修大学国語国文学会『専修国文』65、17-46

林慧君（2001）「外来語成分を含む混種語について―その造語実態と構成要素を中心に―」『筑紫語学論叢　奥村三雄博士追悼記念論文集』、東京：風間書房、341-357

林慧君（2003）「外来語成分を含む混種語の和語・漢語成分について―翻訳混種語

と和製混種語との比較から―」國立臺灣大學日本語文學系『台大日本語文研究』第 5 期、163-190

林慧君（2004）「外来語の複合語における略語の語構成」九州大学国語国文学会『語文研究』97、70-55

林慧君（2007）「欧米語借用過程に見られる翻訳混種語の形成―その語構成的な特徴を中心に―」國立臺灣大學日本語文學系『台大日本語文研究』第14期、103-125

林慧君（2011）「漢語系接尾辞「的」についての一考察―外来語語基との結合を中心に―」國立臺灣大學日本語文學系『台大日本語文研究』22、205-228

王敏東（1992a）「外国地名の漢字表記について――「アフリカ」を中心に」大阪大学国語国文学会『語文』58、12-34

王敏東（1992b）「外国地名の漢字表記をめぐって――「オーストラリア」を中心に〔含「オーストラリア」の用例一覧表〕」大阪大学文学部『待兼山論叢』第26号文学篇、17-39

王敏東（1993）「外国地名の漢字表記についての一考察―「ペルシャ」を中心に―」中華民国日本語文学会『台湾日本語文学報』5、197-221

王敏東（1994）「日本語におけるイギリスの呼称について」中華民国日本語文学会『台湾日本語文学報』6、211-238

王敏東（1996）「漢字による外国地名の略称について」国語文字史研究会・前田冨祺編『国語文字史の研究三』、大阪：和泉書院、153-180

その他

青空文庫　http://www.aozora.gr.jp/　（参照2015年 6 月16日）

尾崎行雄『経世偉勲　前編』東京：集成社、1887（明治20）年、尾鷲市立中央公民館・中村山土井家文庫蔵

近代書誌・近代画像データベース　http://school.nijl.ac.jp/kindai/OWND/OWND-00018.html（参照2015年 4 月21日）

官報第3230号附録　大正12年 5 月 9 日（国立国会図書館デジタルコレクション http://dl.ndl.go.jp/info:ndljp/pid/2955353/17（参照2015年 2 月27日））

官報第3728号附録　大正14年 1 月28日（国立国会図書館デジタルコレクション http://dl.ndl.go.jp/info:ndljp/pid/2955876（参照2015年 5 月 3 日））

官報第4113号附録　大正15年 5 月12日（国立国会図書館デジタルコレクション http://dl.ndl.go.jp/info:ndljp/pid/2956264（参照2015年 4 月22日））

神代種亮「ヨーロッパ語の音譯」『東京朝日新聞』昭和 5 年 3 月18日（朝刊 5 面）

電波法（昭和二十五年五月二日法律第百三十一号）（最終改正：平成二六年六月二七日法律第九六号）総務省行政管理局の法令データ
http://law.e-gov.go.jp/htmldata/S25/S25HO131.html　（参照2015年4月22日）

参考文献

書籍

石井正彦（2007）『現代日本語の複合語形成論』東京：ひつじ書房

石野博史（1983）『現代外来語考』東京：大修館書店

岩渕悦太郎ほか（1993）『ことば読本　外来語』東京：河出書房新社

楳垣実（1975）『外来語』東京：講談社

沖森卓也・木村義之・田中牧郎・陳力衛・前田直子（2011）『図解日本の語彙』東京：三省堂

外来語研究会編（1984）『外来語研究』復刻版、東京：名著普及会

（楳垣実編（1932-1938）『外来語研究』京都：平野書店）

国立国語研究所編『太陽コーパス ―雑誌『太陽』日本語データベース―』（国立国語研究所資料集15）東京：博文館新社

斎藤静（1967）『日本語に及ぼしたオランダ語の影響』東京：篠崎書林

斎藤倫明・石井正彦編（1997）『語構成』日本語研究資料集第1期第13巻、東京：ひつじ書房

佐藤喜代治編（1996）『漢字百科大事典』東京：明治書院

佐藤亨（1992）『近代語の成立』東京：桜風社

陣内正敬（2007）『外来語の社会言語学：日本語のグローカルな考え方』京都：世界思想社

高野繁男（2012）『日本語・中国語における欧米語受容の現状とその比較研究―英語世紀における日本の外来語急増と中国語の対応をめぐって―』東京：大空社

竹之内安巳編（1928）『中日欧対照世界地名人名辞典』東京：国書刊行会

田島優（1998）『近代漢字表記語の研究』大阪：和泉書院

田中章夫（1978）『国語語彙論』東京：明治書院

永嶺重敏（2004）『雑誌と読者の近代』東京：日本エディタースクール出版（オンデマンド版）

飛田良文（2013）『明治以降の文学作品に使用された外来語の実態研究』平成22年度～平成24年度科学研究費補助金基盤研究（C）研究成果報告書

福本喜之助（1980）『ドイツ語史よりみた外来語の研究』東京：朝日出版社

文化庁（2005）『国語施策百年史』東京：文化庁

松井栄一・曾根博義・大屋幸世（1996）『新語辞典の研究と改題』（「近代用語の辞

典集成」別巻）東京：大空社

矢崎源九郎（1964）『日本の外来語』東京：岩波書店

山田雄一郎（2005）『外来語の社会学：隠語化するコミュニケーション』神奈川：春風社

吉沢典男（1979）『図解外来語辞典』東京：角川書店（角川小辞典27）

Philip, Durkin. (2014). *Borrowed words*. Oxford: Oxford University Press.

相川仁童発行（2007）『近代外国地名人名呼び方書き方変遷史料集』東京：大空社

論文

相澤正夫（2010）「外国語から外来語へ―言語・社会への定着過程を探る―」『日本語研究の12章』東京：明治書院、3-15

荒尾禎秀（1983）「「イギリス」及び「米国」」佐藤喜代治編『講座日本語の語彙第9巻語誌Ⅰあいさつ～ぐそく』東京：明治書院、46-49

石井久美子（2013）「大正期の『婦人公論』における外来語表記の変遷」お茶の水女子大学大学院人間文化創成科学研究科『人間文化創成科学論叢』第15巻、1-9

石野博史（1991）「表音と表語―外来語・外国語の発音と表記―」『日本語学』第10巻7号、東京：明治書院45-52

石平忠治（1959）「欧米の人名と地名」『言語生活』135、東京：筑摩書房、64-66

石綿敏雄（1959）「外国の地名・人名」『言語生活』92、東京：筑摩書房、25-35

石綿敏雄（1964）「大正・昭和の外来語」『言語生活』152、東京：筑摩書房、44-49

遠藤織枝（1989）「外来語の表記」『講座日本語と日本語教育8日本語の文字・表記（上）』東京：明治書院、213-246

岡本佐智子（2004）「外来語の受容と管理：言語政策の視点から」北海道文教大学『北海道文教大学論集』5、51-62

荻野綱男（2013a）「外来語の語形のゆれ―チックとティック―」計量国語学会『計量国語学』29巻1号、34-39

荻野綱男（2013b）「外来語の語形のゆれ（2）―バとヴァ―」計量国語学会『計量国語学』29巻2号、59-65

小椋秀樹（2013）「大規模コーパスを活用した外来語表記のゆれの調査」立命館大学『立命館文學』630、823-831

貝美代子（1997）「国定読本の外来語表記形式の変遷」佐藤喜代治編『国語論究第6巻近代語の研究』、東京：明治書院、160-218

鏡味明克（2002）「人名・地名の表記」飛田良文・佐藤武義編『現代日本語講座第6巻文字・表記』東京：明治書院、85-103

亀田美紀（2001）「新聞記事に見る外来語の形容動詞」同志社大学大学院日本語学研究会『同大語彙研究』3、49-61

菅野謙（1971a）「外国地名・人名のカナ表記変換ルール@ドイツ語の部」『文研月報』21（9）、43-90

菅野謙（1971b）「外国地名・人名のカナ表記変換ルール@ロシア語の部」『文研月報』21（10）、46-78

菅野謙（1971c）「外国地名・人名のカナ表記変換ルール@イタリア語の部」『文研月報』21（11）、41-70

菅野謙（1972a）「外国地名・人名のカナ表記変換ルール@フィンランド語の部」『文研月報』22（1）、34-64

菅野謙（1972b）「外国地名・人名のカナ表記変換ルール@ポーランド語の部」『文研月報』22（3）、43-68

菅野謙（1972c）「外国地名・人名のカナ表記変換ルール@オランダ語の部」『文研月報』22（5）、45-70

木坂基（1991）「近代以降の外来語表記の変遷」『日本語学』第10巻7号、東京：明治書院53-61

佐藤武義（1999）「外来語の受容融合の一面」『語学・文学』（全国大学国語国文学会）162、74-91

佐藤亨（1992）「外国語受容の歴史と展開—表記を中心に—」『近代語の成立』東京：桜風社、86-118

柴垣知香（2009）「外来語を含む複合語短縮形の通時的変化」東京外国語大学総合国際学研究科・外国語学部記述言語学研究室『東京外国語大学記述言語学論集』第5号、121-128

柴田実（2002）「外来語カナ表記について」『平成14年版 NHK 放送文化研究年報』第47集、日本放送協会放送文化研究所、221-257

鈴木俊二（1994）「日本文学作品のなかの外来語」国際短期大学『国際短期大学紀要』9、23-52

鈴木俊二（2000）「日本語の中の外来語の研究動向 研究方法と文献目録」国際短期大学『目録 国際短期大学紀要』15、25-103

鈴木俊二（2002）「借用語の理論（1）—その範囲と社会・文化的要因」国際短期大学『国際短期大学 紀要』17、31-86

鈴木俊二（2004）「日本における外来語政策—その歴史と現在—」『国際短期大学紀要』第19号、57-110

鈴木俊二（2007）「借用語の思想：受容の歴史と意識」国際短期大学『国際短期大

学　紀要』22、43-106

竹浪聡（1994）「外来語の表記と熟字訓」『富山大学教育学部紀要　A 文科系』45、101-110

田島優（1993）「外来語から漢語へ―漢字表記の役割と影響―」『愛知県立大学説林』41、21-36

田鍋桂子（2000）「『日本辞書言海』の語種　外来語を中心に」『日本語論叢』1、日本語論叢の会、43-54

玉村禎郎（2011）「現代日本語における外来語の浸透―外来語系形容動詞（ナ形容詞）と接尾辞「―さ」の結合―」杏林大学外国語学部『杏林大学外国語学部紀要』23、47-55

土屋信一（1966）「雑誌「太陽」（明治28―昭和3）に見る表記の変遷」『言語生活』182、東京：筑摩書房、36-42

土屋信一（2000）「明治・大正・昭和期の漢字使用―東京日日新聞を資料として―」国語文字史研究会・前田富祺編『国語文字史の研究五』、大阪・和泉書院、193-211

ドールトン、フランク（2003）「Loanwords in the Media」『龍谷大学国際センター研究年報』12、龍谷大学国際センター、59-72

戸田利彦（1995a）「外来語に関する基礎的研究（2）「な」形容詞の語形を中心に」比治山女子短期大学『比治山女子短期大学紀要』29、53-62

戸田利彦（1995b）「外来語に関する基礎的研究（3）話しことばにおける「な」形容詞の使用実態」比治山大学『比治山大学現代文化学部紀要』1、11-20

戸田利彦（1996）「外来語に関する基礎的研究（4）外来系「な」形容詞の使用比」比治山大学『比治山大学現代文化学部紀要』2、9-18

戸田利彦（1997）「外来語に関する基礎的研究（5）―外来系「な」形容詞の意味分布について―」比治山大学現代文化学部『比治山大学現代文化学部紀要』3、11-21

戸田利彦（1998）「外来語に関する基礎的研究（6）―"姿態"にかかわる外来系「な」形容詞の特徴―」比治山大学現代文化学部『比治山大学現代文化学部紀要』4、1-9

戸田利彦（1999）「外来語に関する基礎的研究（7）"魅惑"にかかわる外来系「な」形容詞の意味用法」比治山大学『比治山大学現代文化学部紀要』5、15-24

戸田利彦（2000）「外来語に関する基礎的研究（8）―"美麗"にかかわる外来系「な」形容詞の意味用法①―」比治山大学現代文化学部『比治山大学現代文化学部紀要』6、33-42

戸田利彦（2001）「外来語に関する基礎的研究（9）"美麗"にかかわる外来系「な」形容詞の意味用法（2）」比治山大学『比治山大学現代文化学部紀要』7、1-11
戸田利彦（2002）「外来語に関する基礎的研究（10）"上品"にかかわる外来系「な」形容詞の意味用法」比治山大学『比治山大学現代文化学部紀要』8、53-62
戸田利彦（2003）「外来語に関する基礎的研究（11）"男性"にかかわる外来系「な」形容詞の意味用法」比治山大学『比治山大学現代文化学部紀要』9、33-43
戸田利彦（2004）「外来語に関する基礎的研究（12）"女性"にかかわる外来系「な」形容詞の意味用法」比治山大学『比治山大学現代文化学部紀要』10、25-34
中村一夫（2015）「近代日本語における外来語の役割」『静岡大学留学生センター紀要』第1号、pp.33-46
橋村保（1972）「外国人名の呼び方と仮名表記について」『日本物理學會誌』27（3）、154-155
橋本和佳（1997）「外来語の語形　3拍語の場合」同志社大学国文学会『同志社国文学』46、1-14
橋本和佳（1999）「高校国語教科書の外来語」同志社大学大学院日本語学研究会『同大語彙研究』1、1-12
橋本和佳（2000）「高校教科書『国語1』の外来語」同志社大学大学院日本語学研究会『同大語彙研究』2、58-69
橋本和佳（2001a）「社説に見られる外来語」同志社大学国文学会『同志社国文学』54、77-65
橋本和佳（2001b）「小学校国語教科書の外来語　児童生徒に対する外来語の基本語彙選定のために」同志社大学大学院日本語学研究会『同大語彙研究』3、23-35
橋本和佳（2002）「社説における外来語の使用状況」同志社大学大学院日本語学研究会『同大語彙研究』4、35-45
橋本和佳（2004）「読売新聞社説の外来語　増加と停滞を中心に」同志社大学大学院日本語学研究会『同大語彙研究』6、16-25
橋本和佳（2005）「100年間の社説　外来語調査資料としての性格」同志社大学大学院日本語学研究会『同大語彙研究』7、32-40
橋本和佳（2006）「朝日新聞社説の外来語―出自別推移を中心―」同志社大学国文学会『同志社国文学』64、178-186
橋本和佳（2007）「95年間の社説に見られる外来語　語彙表および集計表」同志社大学大学院日本語学研究会『同大語彙研究』9、19-31
橋本和佳（2008a）「外来語表記のゆれと変化」同志社大学大学院日本語学研究会

『同大語彙研究』10、27-39

橋本和佳（2008b）「社説における外来語の広範囲語彙」同志社大学国文学会『同志社国文学』68、95-84

飛田良文（2002）「西洋語表記の日本語表記への影響」飛田良文・佐藤武義編『現代日本語講座第6巻文字・表記』東京：明治書院、58-84

深澤愛（2003b）「漢字仮名交じり文中における片仮名表記の選択—博文館『太陽』前誌群を資料として—」『待兼山論叢』37、37-50

深澤愛（2004）「外来語の片仮名表記と表記体—『太陽』前誌群による考察—」大阪大学国語国文学会『語文』第83輯、36-48

深澤愛（2006）「近代における外来語片仮名文字列の特質変化—『太陽』及び『太陽』前誌群を資料として—」国語文字史研究会・前田冨祺編『国語文字史の研究 九』、大阪：和泉書院、177-197

宮島達夫・高木翠（1984）「雑誌九十種資料の外来語表記」『国立国語研究所報告79 研究報告集5』、43-77

森田いずみ（1993）「客体から主体へ—外来語への意味構造分析的アプローチ—」『国語学』175、27-39

山本いずみ（1996）『訳語語彙の研究：明治末期から昭和初期にかけて』（名古屋大学博士学位論文）

山本いずみ（1998）「明治40年発行『辞林』に登録された外来語—明治44年改訂版との比較から—」東海大学国語国文学会記念論文集委員会編『東海学園女子短期大学国文学創設三十周年記念論文集　言語・文学・文化』和泉書院、51-68

湯浅茂雄（2002）「外来語の表記」飛田良文・佐藤武義編『現代日本語講座第6巻文字・表記』東京：明治書院、154-176

米川明彦（1983c）「近代語彙考証　モボ・モガ—モダン語—」『日本語学』第二巻第7号（通巻第9号）、東京：明治書院、126-129

米川明彦（1983d）「近代語彙考証　社会主義」『日本語学』第二巻第8号（通巻第10号）、東京：明治書院、120-123

米川昭彦（1986）「近代における外来語とスポーツ—その定着と過程」『論集日本語研究（二）歴史編』東京：明治書院、pp.318-344

米川明彦（1987）「近代の衣服の外来語」『梅花女子大学文学部紀要　国語国文学』(22)、pp.129-116

米川明彦（1988a）「近代外来語の用法①」『日本語学』第七巻第2号（通巻第64号）、東京：明治書院、58-68

米川明彦（1988b）「近代外来語の用法②」『日本語学』第七巻第4号（通巻第66

号)、東京：明治書院、70-81

米川明彦(1988c)「近代外来語の用法③」『日本語学』第七巻第5号(通巻第67号)、東京：明治書院、99-106

米川明彦(1996)「外国文化の移入と外来語」『国文学解釈と教材の研究』第41巻第11号、東京：学燈社、87-91

蔡沬静(2004)「　国定読本における外国地名の考察」『日本語教育学の視点　国際基督教大学大学院教授飛田良文博士退任記念(Japanese Language Education and Beyond)』東京：東京堂出版、523-537

厳萍(2007)「現代漢語における外来語の借用　文化的視点から」愛知淑徳大学『愛知淑徳大学論集　コミュニケーション学部・コミュニケーション研究科篇』7、153-162

黄美静(2008)「『西国立志編』における外国地名の表記実態」韓国日本語学会『日本語学研究』第21輯、169-183

金愛蘭(2011)「20世紀後半の新聞語彙における外来語の基本語化」大阪大学大学院文学研究科日本語学講座『阪大日本語研究』別冊3

林慧君(2010)「造語成分としての外来語と漢語の対照分析—「オール」と「全」を例に—」『台大日本語文研究』20、93-116

その他

国立国語研究所(2005)『太陽コーパス―雑誌『太陽』日本語データベース―』(CD-ROM)国立国語研究所資料集14、東京：博文館新社

国立国語研究所ホームページ内の「近代語のコーパス」にある『太陽コーパス』についてのページ　http://www.ninjal.ac.jp/corpus_center/cmj/taiyou/ （参照2015年1月12日）

竜野元四『外国地名人名辞典』東京：大倉書店、明治36年

国立国会図書館デジタルコレクション http://dl.ndl.go.jp/info:ndljp/pid/761002（参照2017年5月31日）

資料編

本研究のもととなったデータベースより下記の分を抜粋して掲載する。
大正元年（明治45年・1912年）1月号　第二十七年第一号（第二百七十四号）

凡例

（1）本研究で調査にあたって作成・使用した外来語データベースからの抜粋である。

（2）本研究で対象とした大正元年〜大正16年の1月号（全16号）のうち、サンプルとして挙げたのは、大正元年（明治45年・1912年）1月号（第二十七年第一号（第二百七十四号））から抽出したデータである。

（3）表の見出しの項目名と、その内容は次の通りである。

頁：抽出語が出てくるページ数

段：二段組みの場合は、抽出語が出てくる段を上＝1、下＝2として区別している

行：抽出語が出てくる行数（行をまたぐ場合は最初の行）

行中番号：行中で抽出語が出てくる順番（1行中に1つの場合も「1」と入力）

表記形式：表記形式を3桁の数字で表している

　　　　　単表記形式はA、ルビ形式はB、併記形式はC、略称・略語表記はHで、漢字は1、カタカナは2、ひらがなは3、アルファベットは4で表している単表記形式で該当するものがない場合には0を入力している

前文・後文：抽出語の前後文のこと

前接要素・後接要素：複合語および混種語を形成する、外来語の前や後に付いている接辞や自立語のこと

抽出語：第1次単位として扱っている外来語のこと

　　　　併記形式の場合、抽出語1と抽出語2に分けて入力している

抽出ルビ：抽出語のルビを入力

固有名詞・第1次単位（上位）：固有名詞の意味分類。『日本語語彙大系』を基とする分類のうちの上位分類

固有名詞・第1次単位（下位）：固有名詞の意味分類。『日本語語彙大系』を基とする分類のうちの下位分類

固有名詞・第2次単位（上位）：固有名詞の意味分類。『日本語語彙大系』を基と

する分類のうちの上位分類

固有名詞・第2次単位（下位）：固有名詞の意味分類。『日本語語彙大系』を基と
　　する分類のうちの下位分類

第3次単位：固有名詞の意味分類。『日本語語彙大系』を基とする分類のうちの
　　下位分類

発行年：雑誌発行年（大正（元号）で表している）

公論題名：公論の題名

筆者名：公論の筆者名

『中央公論』大正元年1月号

頁	段	行	行中番号	表記形式	表記形式	表記形式	前文	前接要素	抽出語1	抽出ルビ1	抽出語2	抽出ルビ2	後接要素
2	1	1	1	A	1	0			支那				問題
2	1	2	1	A	1	0			支那				
2	1	3	1	A	1	0	十一月廿七日官軍は一舉して		漢陽				
2	1	3	2	A	1	0	十一月廿七日官軍は一舉して漢陽を取り、		武昌				
2	1	4	1	A	1	0	十二月二日革命軍に		南京				
2	1	4	2	A	1	0	十二月六日には、竟に□國攝政		醇				親王
2	1	5	1	A	1	0	年俸五萬兩を與へて退隠せしめ、		唐紹恰				
2	1	6	1	A	1	0			袁世凱				
2	1	6	2	A	1	0	袁世凱は、吾人の曾て想像したるが如く、皇太后、		慶				親王
3	1	3	1	A	1	0	革命軍に至ては、一たび官兵の猛撃を受けば、		武昌				
3	1	3	2	A	1	0	幸ひに		南京				
3	1	4	1	A	1	0	資金の足らざるは、略々		北京				政府
3	1	5	1	A	1	0	唯だ		北京				政府
3	1	10	1	A	1	0	且つ		南京				
3	1	10	2	A	1	0	且つ南京の革命黨と、		廣東				

外来語抽出データ

後文	固有名詞・第1次単位（上位）	固有名詞・第1次単位（下位）	固有名詞・第2次単位（上位）	固有名詞・第2次単位（下位）	第3単位	発行年	公論題名	筆者名
解決案	地域名	33国（連邦内）	その他	課題・問題名	プロジェクト名	大正1	支那問題解決案	社論
の形勢は益々紛糾せり、	地域名	33国（連邦内）				大正1	支那問題解決案	社論
を取り、武昌をして幾んど守るに堪えざる窮地に陥らしめしも、	地域名	42都市				大正1	支那問題解決案	社論
をして幾んど守るに堪えざる窮地に陥らしめしも、	地域名	42都市				大正1	支那問題解決案	社論
を奪取せられて、損得相殺の状態にあり、	地域名	42都市				大正1	支那問題解決案	社論
に、年俸五萬兩を與へて退隠せしめ、	人名	71人物名	敬称	敬称		大正1	支那問題解決案	社論
を媾和使として九日先づ漢口に向はしめたり。	人名	71人物名				大正1	支那問題解決案	社論
は、吾人の曾て想像したるが如く、	人名	71人物名				大正1	支那問題解決案	社論
等と謀りて、以て其の宿敵たる攝政王を排斥し得たり	人名	71人物名	敬称	敬称		大正1	支那問題解決案	社論
全く守るべからず、	地域名	42都市				大正1	支那問題解決案	社論
を陥れて、假政府を茲に設けんとするも、	地域名	42都市				大正1	支那問題解決案	社論
と齊しく、將さに租役を課せんとすれば、	地域名	42都市	組織名	86機関名		大正1	支那問題解決案	社論
の威信全く地に墜ちて、	地域名	42都市	組織名	86機関名		大正1	支那問題解決案	社論
の革命黨と、廣東の革命黨とは、必らずして緊密の聯絡あるに非ず、	地域名	42都市				大正1	支那問題解決案	社論
の革命黨とは、必らずして緊密の聯絡あるに非ず、	地域名	42都市				大正1	支那問題解決案	社論

頁	段	行	行中番号	表記形式	表記形式	表記形式	前文	前接要素	抽出語1	抽出ルビ1	抽出語2	抽出ルビ2	後接要素
3	1	10	3	A	1	0	必らずして緊密の聯絡あるに非ず、		上海				
3	1	10	4	A	1	0	必らずして緊密の聯絡あるに非ず、上海又は		武昌				
3	1	16	1	A	1	0	各人の繰返して言ふまでもなく、		支那				
4	1	1	1	A	1	0	然も、我が國の實力は、		支那				問題
4	1	2	1	A	1	0	日本の意思に反しては		支那				問題
4	1	2	2	H	1	0	殊に		伊				土
4	1	2	3	H	1	0	殊に	伊	土				
4	1	2	4	A	1	0	殊に伊土の紛爭、		墨其哥				
4	1	2	5	A	1	0	殊に伊土の紛爭、墨其哥の内訌、		波斯				問題
4	1	2	6	H	1	0	殊に伊土の紛爭、墨其哥の内訌、波斯問題、		英				獨
4	1	2	7	H	1	0	殊に伊土の紛爭、墨其哥の内訌、波斯問題、	英	獨				
4	1	3	1	H	1	0	列國多くは	東	亞				
4	1	3	2	A	1	0	列國多くは東亞の現勢を顧念する餘裕なきに於て、		支那				問題
4	1	5	1	A	1	0	吾人の見を以てすれば、		支那				問題
4	1	10	1	A	1	0	事茲に至らば、		支那				
4	1	13	2	H	1	0	之を豫防するがためには、苟くも	東	亞				

資料編　279

後文	固有名詞・第1次単位（上位）	固有名詞・第1次単位（下位）	固有名詞・第2次単位（上位）	固有名詞・第2次単位（下位）	第3単位	発行年	公論題名	筆者名
又は武昌に集會せる各省代表者なるもの、	地域名	42都市				大正1	支那問題解決案	社論
に集會せる各省代表者なるもの、	地域名	42都市				大正1	支那問題解決案	社論
の問題は、我が國主として之を解決せざる可らず、	地域名	33国（連邦内）				大正1	支那問題解決案	社論
を解決するに於て、最も優秀なる地位に在り、	地域名	33国（連邦内）	その他	課題・問題名		大正1	支那問題解決案	社論
に手を觸る、力あらず、	地域名	33国（連邦内）	その他	課題・問題名		大正1	支那問題解決案	社論
の紛争、墨其哥の内訌、波斯問題、英獨問題等の續發するありて、	地域名	33国（連邦内）	地域名	地域名列挙		大正1	支那問題解決案	社論
の紛争、墨其哥の内訌、波斯問題、英獨問題等の續發するありて、	地域名	33国（連邦内）	地域名	地域名列挙		大正1	支那問題解決案	社論
の内訌、波斯問題、英獨問題等の續發するありて、	地域名	33国（連邦内）				大正1	支那問題解決案	社論
、英獨問題等の續發するありて、	地域名	33国（連邦内）	その他	課題・問題名		大正1	支那問題解決案	社論
問題等の續發するありて、	地域名	33国（連邦内）	地域名	地域名列挙	課題・問題名	大正1	支那問題解決案	社論
問題等の續發するありて、	地域名	33国（連邦内）	地域名	地域名列挙	課題・問題名	大正1	支那問題解決案	社論
の現勢を顧念する餘裕なきに於て、	地域名	4国際地域名	地域名	4国際地域名		大正1	支那問題解決案	社論
は最も日本の力に待たざるを得ざる也。	地域名	33国（連邦内）	その他	課題・問題名		大正1	支那問題解決案	社論
を解決するに二種の方案あり。	地域名	33国（連邦内）	その他	課題・問題名		大正1	支那問題解決案	社論
固有の習癖として、	地域名	33国（連邦内）				大正1	支那問題解決案	社論
の平和を意とするもの、	地域名	4国際地域名	地域名	4国際地域名		大正1	支那問題解決案	社論

頁	段	行	行中番号	表記形式	表記形式	表記形式	前文	前接要素	抽出語1	抽出ルビ1	抽出語2	抽出ルビ2	後接要素
4	1	16	1	A	1	0	講和の方案として、飽も容易なるは、		北京				政府
5	1	5	1	A	1	0	今の		愛親覺羅				氏
5	1	10	1	H	1	0	我れはまづ		英				露
5	1	10	2	H	1	0	我れはまづ	英	露				
5	1	12	1	A	1	0	我が軍隊を		漢口				
5	1	12	2	A	1	0	我が軍隊を漢口、		南京				
5	1	12	3	A	1	0	我が軍隊を漢口、南京、		廣東				
5	1	14	4	A	2	0	其の憤怨を招き、延きて日本貨物に對する		ボイコット				
5	1	15	1	A	2	0	然れども		ボイコット				
5	1	15	2	A	1	0	然れどもボイコットは一時のみ、		支那				人
5	1	15	3	A	2	0	支那一の錨鋲の利を爭ふや、		マッチ				
6	1	2	1	A	1	0	列國動もすれば		支那				人
6	1	2	2	A	2	0	列國動もすれば支那人の		ボイコット				
6	1	3	1	A	2	0	最後の勝利を得るや言を待たず、		ボイコット				
6	1	5	1	A	1	0	吾人の曾て言へるか如く、		支那				人
6	1	10	1	H	1	0	列國通商上の利益を支持する也、否、	東	亞				

後文	固有名詞・第1次単位（上位）	固有名詞・第1次単位（下位）	固有名詞・第2次単位（上位）	固有名詞・第2次単位（下位）	第3単位	発行年	公論題名	筆者名
を存續せしめて、以て君主制を支持するにあり、	地域名	42都市	組織名	86機関名		大正1	支那問題解決案	社論
を戴くを悦ばざるもの等は、	人名	71人物名	敬称	敬称		大正1	支那問題解決案	社論
と相謀りて以て、	地域名	33国（連邦内）	地域名	地域名列挙		大正1	支那問題解決案	社論
と相謀りて以て、	地域名	33国（連邦内）	地域名	地域名列挙		大正1	支那問題解決案	社論
、南京、廣東に出さば、優に目的を貫徹し得ん、	地域名	42都市				大正1	支那問題解決案	社論
、廣東に出さば、優に目的を貫徹し得ん、	地域名	42都市				大正1	支那問題解決案	社論
に出さば、優に目的を貫徹し得ん、	地域名	42都市				大正1	支那問題解決案	社論
を起さんことを怖る、ものあり、	一般名詞	一般名詞				大正1	支那問題解決案	社論
は一時のみ、	一般名詞	一般名詞				大正1	支那問題解決案	社論
の錙銖の利を爭ふや、	地域名	33国（連邦内）	民族・人種名	国民名		大正1	支那問題解決案	社論
と雖も一箱を買ふもの少きにあらずや、	一般名詞	一般名詞				大正1	支那問題解決案	社論
のボイコットを恐る、も、實は短見のみ、	地域名	33国（連邦内）	民族・人種名	国民名		大正1	支那問題解決案	社論
を恐る、も、實は短見のみ、	一般名詞	一般名詞				大正1	支那問題解決案	社論
の如き一時的のものは、斷じて憚かるを要せざるなり。	一般名詞	一般名詞				大正1	支那問題解決案	社論
は一種の雷同人種也、	地域名	33国（連邦内）	民族・人種名	国民名		大正1	支那問題解決案	社論
の大禍亂を避くる所以也。	地域名	4国際地域名	4国際地域名	4国際地域名		大正1	支那問題解決案	社論

282

頁	段	行	行中番号	表記形式	表記形式	表記形式	前文	前接要素	抽出語1	抽出ルビ1	抽出語2	抽出ルビ2	後接要素
6	1	12	1	A	1	0	所謂南清人にして、飽まで		愛親覺羅				氏
6	1	12	2	A	1	0	黄河とすれば、		清				帝
6	1	12	3	A	1	0	黄河とすれば、清帝を奉するものは、		直隷				
6	1	13	1	A	1	0	黄河とすれば、清帝を奉するものは、直隷、		山西				
6	1	13	2	A	1	0	黄河とすれば、清帝を奉するものは、直隷、山西、		陝西				
6	1	13	3	A	1	0	黄河とすれば、清帝を奉するものは、直隷、山西、陝西の諸省と、		滿州				
6	1	13	4	A	1	0	黄河とすれば、清帝を奉するものは、直隷、山西、陝西の諸省と、滿州、		蒙古				
6	1	13	5	A	1	0	揚子江とせば、		河南				
6	1	13	6	A	1	0	揚子江とせば、河南、		山東				
6	1	13	7	A	1	0	揚子江とせば、河南、山東、		江蘇				
7	1	5	1	A	1	0			支那				
8	1	1	1	A	1	0			支那				
8	1	1	2	A	1	0			支那				
8	1	1	3	A	1	0	支那は尚ほ		土耳其				
8	1	2	1	A	1	0	我が最高政治の目的は、		支那				

資料編　283

後文	固有名詞・第1次単位（上位）	固有名詞・第1次単位（下位）	固有名詞・第2次単位（上位）	固有名詞・第2次単位（下位）	第3単位	発行年	公論題名	筆者名
を戴くを欲せずとせば、暫らく其の欲するがまゝに、	人名	71人物名	敬称	敬称		大正1	支那問題解決案	社論
を奉するものは、直隷、山西、陝西の諸省と、	地域名	33国（連邦内）	身分名	身分名		大正1	支那問題解決案	社論
、山西、陝西の諸省と、	地域名	34州・省等				大正1	支那問題解決案	社論
、陝西の諸省と、	地域名	34州・省等				大正1	支那問題解決案	社論
の諸省と、	地域名	34州・省等				大正1	支那問題解決案	社論
、蒙古等なるべく、揚子江とせば、	地域名	地域名				大正1	支那問題解決案	社論
等なるべく、揚子江とせば、	地域名	地域名				大正1	支那問題解決案	社論
、山東、江蘇其の他之には加はらん、	地域名	34州・省等				大正1	支那問題解決案	社論
、江蘇其の他之には加はらん、	地域名	34州・省等				大正1	支那問題解決案	社論
其の他之には加はらん、	地域名	34州・省等				大正1	支那問題解決案	社論
が必らず統一せられて、二分又は三分す可らざるや否やは、	地域名	33国（連邦内）				大正1	支那問題解決案	社論
が結局分割を免かれざるや否やは問題也、	地域名	33国（連邦内）				大正1	支那問題解決案	社論
は尚ほ土耳其の如く、世界の大なる謎也。	地域名	33国（連邦内）				大正1	支那問題解決案	社論
の如く、世界の大なる謎也。	地域名	33国（連邦内）				大正1	支那問題解決案	社論
の領土保全にあり、	地域名	33国（連邦内）				大正1	支那問題解決案	社論

頁	段	行	行中番号	表記形式	表記形式	表記形式	前文	前接要素	抽出語1	抽出ルビ1	抽出語2	抽出ルビ2	後接要素
8	1	2	2	H	1	0	我が最高政治の目的は、支那の領土保全にあり、		英				國
8	1	3	1	H	1	0	英國との同盟も此が爲め也、		露				國
8	1	3	2	H	1	0	露國との協約も此がため也、		米				佛
8	1	3	3	H	1	0	露國との協約も此がため也、	米	佛				
8	1	4	1	A	1	0	我れ豈		支那				
8	1	5	1	A	1	0	速かに相當の措置を取るにあり、		清				國
13	1	10	1	A	2	0	遠距離の間にも自由に通信し、		エッキス				放射線
13	1	13	1	A	2	0	新藥「六〇六」を注射して「		スピロヘーテ、パルリダ				
15	2	3	1	A	2	0	結核の		バチルス				
15	2	3	2	A	2	0	結核のバチルスは		コツホ				
16	1	2	1	H	1	0	近來		歐				米
16	1	2	2	H	1	0	近來	歐	米				
17	1	6	1	A	1	0	今日は種痘、明日は		實扶的里				

後文	固有名詞・第1次単位（上位）	固有名詞・第1次単位（下位）	固有名詞・第2次単位（上位）	固有名詞・第2次単位（下位）	第3単位	発行年	公論題名	筆者名
との同盟も此れが爲め也、	地域名	33国（連邦内）	地域名	略称＋国		大正1	支那問題解決案	社論
との協約も此がため也、	地域名	33国（連邦内）	地域名	略称＋国		大正1	支那問題解決案	社論
と相誓ひ、	地域名	33国（連邦内）	地域名	地域名列挙		大正1	支那問題解決案	社論
と相誓ひ、	地域名	33国（連邦内）	地域名	地域名列挙		大正1	支那問題解決案	社論
の分割を許す可けんや。	地域名	33国（連邦内）				大正1	支那問題解決案	社論
の事は清人をして料理せしめよと言ふ勿れ、	地域名	33国（連邦内）	地域名	略称＋国		大正1	支那問題解決案	社論
によつて胎内の子供の骨をも寫す、	一般名詞	一般名詞	一般名詞	一般名詞		大正1	人類の征服に對する自然の復讐	丘淺次郎
」を絶滅し得ると云ふて居る、	一般名詞	一般名詞				大正1	人類の征服に對する自然の復讐	丘淺次郎
はコッホが之を發明しない遠い昔から無論何時にもあつたであらうから	一般名詞	一般名詞				大正1	人類の征服に對する自然の復讐	丘淺次郎
が之を發明しない遠い昔から無論何時にもあつたであらうから	人名	71人物名				大正1	人類の征服に對する自然の復讐	丘淺次郎
諸國では人種の衛生とか民族の改良とか云ふことも喧しく論じて居るが、	地域名	4国際地域名	地域名	地域名列挙	地域名	大正1	人類の征服に對する自然の復讐	丘淺次郎
諸國では人種の衛生とか民族の改良とか云ふことも喧しく論じて居るが、	地域名	4国際地域名	地域名	地域名列挙	地域名	大正1	人類の征服に對する自然の復讐	丘淺次郎
の血清注射、明後日は腸窒扶斯の血清注射、其次の日は發疹窒扶斯、	一般名詞	一般名詞				大正1	人類の征服に對する自然の復讐	丘淺次郎

頁	段	行	行中番号	表記形式	表記形式	表記形式	前文	前接要素	抽出語1	抽出ルビ1	抽出語2	抽出ルビ2	後接要素
17	1	7	1	A	1	0	今日は種痘、明日は實扶的里の血清注射、明後日は	腸	窒扶斯				
17	1	8	1	A	1	0	明後日は腸窒扶斯の血清注射、其次の日は	發疹	窒扶斯				
18	2	16	1	A	1	0	特に造られたかの如き觀がある、		歐羅巴				諸國
24	1	1	1	A	2	0	そして其識見には		オリヂナリテイ				
24	2	2	2	A	1	0	私には學問が乏しいから西洋とか		支那				
24	2	5	1	A	2	0			ステーツメン				
24	2	6	1	A	2	0	ステーツメン――		グレーテスト、ステーツメン				
24	2	12	1	H	1	0	それは	征	韓				論者
25	2	6	1	A	2	0	王權回復といふ事が		トラヂショナル				の
25	2	15	1	H	1	0	堀田備中守が	日	米				通商條約
26	1	5	1	H	1	0	今では	北	米				
26	1	14	1	A	2	0			ペルリ				
26	1	16	1	A	1	0	大小名をお城に呼び集めて		亞米利加				
26	2	3	2	A	1	0	が		亞米利加				

資料編　287

後文	固有名詞・第1次単位（上位）	固有名詞・第1次単位（下位）	固有名詞・第2次単位（上位）	固有名詞・第2次単位（下位）	第3単位	発行年	公論題名	筆者名
の血清注射、其次の日は發疹窒扶斯、	一般名詞	一般名詞	一般名詞	一般名詞		大正1	人類の征服に對する自然の復讐	丘淺次郎
、其次の日は	一般名詞	一般名詞	一般名詞	一般名詞		大正1	人類の征服に對する自然の復讐	丘淺次郎
で甚だしい貧民の生じたのは	地域名	4 国際地域名	地域名	地域名		大正1	人類の征服に對する自然の復讐	丘淺次郎
が有つて、	一般名詞	一般名詞				大正1	岩倉公を論ず	池邊吉太郎
とか或は日本の古い所から、	地域名	33国（連邦内）				大正1	岩倉公を論ず	池邊吉太郎
──グレーテスト、ステーツメンの一人であると信ずる。	一般名詞	一般名詞				大正1	岩倉公を論ず	池邊吉太郎
の一人であると信ずる。	一般名詞	一般名詞				大正1	岩倉公を論ず	池邊吉太郎
と手段方針の相違が有つたといふまでゞせう。	地域名	33国（連邦内）	一般名詞	一般名詞		大正1	岩倉公を論ず	池邊吉太郎
主義になつて居つたかも知れない。	形容動詞語幹	形容動詞語幹	形容動詞	形容動詞		大正1	岩倉公を論ず	池邊吉太郎
の勅許を乞ひに京都へ上つて來た。	地域名	33国（連邦内）	組織名	103国際組織名		大正1	岩倉公を論ず	池邊吉太郎
合衆國が動もすれば他の某々殖民地などの本家となつて、	地域名	4 国際地域名	地域名	4 国際地域名	33国（連邦内）	大正1	岩倉公を論ず	池邊吉太郎
の來たのは嘉永六年の六月三日。	人名	71人物名				大正1	岩倉公を論ず	池邊吉太郎
の要求をどうしようかと評定に及んで居る。	地域名	33国（連邦内）				大正1	岩倉公を論ず	池邊吉太郎
の要求をどうするかといふ方針もなければ主義もない。	地域名	33国（連邦内）				大正1	岩倉公を論ず	池邊吉太郎

頁	段	行	行中番号	表記形式	表記形式	表記形式	前文	前接要素	抽出語1	抽出ルビ1	抽出語2	抽出ルビ2	後接要素
27	1	8	1	A	2	0	こういふ政策は日本の		ドラヂショナル				の
27	1	13	1	A	2	0	それを徳川に至つて初めて此		トラヂショナル				な
27	1	16	1	A	1	0	凡て祖法を骨として、古代の		支那				風
27	2	17	1	A	2	0	既に		ペルリ				
29	1	7	1	A	1	0			支那				
29	1	9	1	A	1	0			支那				
30	2	9	1	H	1	0	主として		歐				州
31	1	2	1	A	1	0	余は一般の政治上の主義より言ふも、		支那				革命
31	1	3	1	A	1	0	我國が		支那				政府
34	1	14	1	H	1	0	例へば一七七八年に於ける		佛				國
34	1	14	2	H	1	0	例へば一七七八年に於ける佛國の合衆國獨立承認は、		英				佛
34	1	14	3	H	1	0	例へば一七七八年に於ける佛國の合衆國獨立承認は、	英	佛				
34	2	14	1	A	1	0			支那				
34	2	15	1	A	1	0	十月十三日漢口領事團に宛てたる照會文に於て、		中華民國				軍
34	2	17	1	A	1	0	革命軍が現時の		支那				國

資料編　289

後文	固有名詞・第1次単位（上位）	固有名詞・第1次単位（下位）	固有名詞・第2次単位（上位）	固有名詞・第2次単位（下位）	第3単位	発行年	公論題名	筆者名
不言的不文的な國是に背いて居る。	形容動詞語幹	形容動詞語幹	形容動詞	形容動詞		大正1	岩倉公を論ず	池邊吉太郎
大事な國是を破つて了つた。	形容動詞語幹	形容動詞語幹	形容動詞	形容動詞		大正1	岩倉公を論ず	池邊吉太郎
の例典儀式を筋として、	地域名	33国（連邦内）	文化名	115流派名		大正1	岩倉公を論ず	池邊吉太郎
の來る三年前、嘉永三年十一月に幕府に御諭書が降つて	人名	71人物名				大正1	岩倉公を論ず	池邊吉太郎
の革命と國際法	地域名	33国（連邦内）				大正1	支那の革命と国際法	立作太郎
の革命的動亂に際し、	地域名	33国（連邦内）				大正1	支那の革命と国際法	立作太郎
の學者より成る萬國國際法協會の千九百年の會議に於て、	地域名	4国際地域名	地域名	4国際地域名		大正1	支那の革命と国際法	立作太郎
の特別の狀態より言ふも、	地域名	33国（連邦内）	歴史名	110事件名		大正1	支那の革命と国際法	立作太郎
を援助して、	地域名	33国（連邦内）	組織名	86機関名		大正1	支那の革命と国際法	立作太郎
の合衆國獨立承認は、	地域名	33国（連邦内）	地域名	略称＋国		大正1	支那の革命と国際法	立作太郎
間の戰爭の原因となれり。	地域名	33国（連邦内）	地域名	地域名列挙		大正1	支那の革命と国際法	立作太郎
間の戰爭の原因となれり。	地域名	33国（連邦内）	地域名	地域名列挙		大正1	支那の革命と国際法	立作太郎
の革命軍は、十月十三日漢口領事團に宛てたる照會文に於て、	地域名	33国（連邦内）				大正1	支那の革命と国際法	立作太郎
政府の名を用ゐたる如く、	地域名	33国（連邦内）	組織名	86機関名	機関名	大正1	支那の革命と国際法	立作太郎
より分離して、	地域名	33国（連邦内）	地域名	略称＋国		大正1	支那の革命と国際法	立作太郎

頁	段	行	行中番号	表記形式	表記形式	表記形式	前文	前接要素	抽出語1	抽出ルビ1	抽出語2	抽出ルビ2	後接要素
35	1	2	1	A	1	0	寧ろ現時の		支那				國
35	1	2	2	A	1	0	寧ろ現時の支那國内に於て、		滿洲				朝廷
35	1	5	1	A	1	0	此の趣意に解すべきを以て、		支那				
35	2	13	1	H	1	0	政府が絶對に無責任なりとする原則を立てたるが、	南	米				
36	2	7	1	A	1	0	一八二六年		希臘				
36	2	7	2	H	1	0	一八二六年希臘の動亂の際		英				國
36	2	7	3	A	2	0	一八三四年		メキシコ				革命
36	2	7	5	A	2	0	一八七三年		ヴェネジュラ				革命
38	2	7	1	A	1	0	今日の實際に於ては拓殖局なるものは、只		臺湾				
38	2	7	2	A	1	0	今日の實際に於ては拓殖局なるものは、只臺湾、		朝鮮				
38	2	7	3	A	1	0	今日の實際に於ては拓殖局なるものは、只臺湾、朝鮮、		滿洲				
39	1	16	1	A	1	0	前者に屬するもの、中では、彼の	南	滿洲				鐵道會社
39	2	7	1	H	1	0	今日に於ては殆んど公然の秘密であつて、	南	滿				鐵道會社
39	2	13	1	A	2	0	例へば日本から		サンフランシスコ				

資料編　291

後文	固有名詞・第1次単位（上位）	固有名詞・第1次単位（下位）	固有名詞・第2次単位（上位）	固有名詞・第2次単位（下位）	第3単位	発行年	公論題名	筆者名
内に於て、	地域名	33国（連邦内）	地域名	略称+国		大正1	支那の革命と国際法	立作太郎
を顛覆し新制度を行はんとするに在るもの、如く、	地域名	34州・省等	組織名	86機関名		大正1	支那の革命と国際法	立作太郎
の革命軍を別に國家として認むべきや否やの問題は、	地域名	33国（連邦内）				大正1	支那の革命と国際法	立作太郎
諸共和國に於て、	地域名	4国際地域名	地域名	4国際地域名	33国（連邦内）	大正1	支那の革命と国際法	立作太郎
の動乱の際英國政府の主張し	地域名	33国（連邦内）				大正1	支那の革命と国際法	立作太郎
政府の主張し	地域名	33国（連邦内）	地域名	略称+国	86機関名	大正1	支那の革命と国際法	立作太郎
の際合衆國政府の主張し	地域名	33国（連邦内）	歴史名	110事件名		大正1	支那の革命と国際法	立作太郎
の際合衆國政府の主張せる所なり	地域名	33国（連邦内）	歴史名	110事件名		大正1	支那の革命と国際法	立作太郎
、朝鮮、満洲等に關する拓殖事務の書類を取扱つて居る位に過ぎないのである。	地域名	33国（連邦内）				大正1	行政整理と税制整理	本多精一
、満洲等に關する拓殖事務の書類を取扱つて居る位に過ぎないのである。	地域名	33国（連邦内）				大正1	行政整理と税制整理	本多精一
等に關する拓殖事務の書類を取扱つて居る位に過ぎないのである。	地域名	地域名				大正1	行政整理と税制整理	本多精一
の如き、東洋拓殖會社の如き、日本郵船會社の如き、	地域名	地域名	組織名	86機関名		大正1	行政整理と税制整理	本多精一
の如きは、世間からは一の伏魔殿と噂せられる、位である。	地域名	地域名	組織名	86機関名		大正1	行政整理と税制整理	本多精一
に至る航路にも又シヤトルに至る航路にも	地域名	42都市				大正1	行政整理と税制整理	本多精一

頁	段	行	行中番号	表記形式	表記形式	表記形式	前文	前接要素	抽出語1	抽出ルビ1	抽出語2	抽出ルビ2	後接要素
39	2	14	1	A	2	0	例へば日本からサンフランシスコに至る航路にも又		シヤトル				
39	2	14	2	A	2	0	又シヤトルに至る航路にも又		タコマ				
39	2	15	1	H	1	0	同じ		米				大陸
42	1	17	1	H	1	0	現に		英				國
42	2	1	1	H	1	0			佛				國
42	2	2	1	A	1	0	佛國の如きは初等教育費の約七割は中央政府の支辨に係り、		普魯士				
43	2	18	1	H	1	0	特に減債基金制なるものは		英				國
45	1	12	1	H	1	0	現代の		英				國
45	1	15	2	H	1	0	一般に今の日本人が西洋文明を語る時は、		英				米
45	1	15	3	H	1	0	一般に今の日本人が西洋文明を語る時は、	英	米				
45	2	15	1	A	1	0	單純なる概括論に安じる人々は、		佛蘭西				
46	1	1	1	A	1	0	單純なる概括論に安じる人々は、佛蘭西の精神を單に急進極端に走るもの、		獨逸				
46	1	2	1	H	1	0	かの常識の國、實行の民、		英				米
46	1	2	2	H	1	0	かの常識の國、實行の民、	英	米				
46	1	5	1	H	1	0	其各専門とする一事についてこそ		歐				州

資料編　293

後文	固有名詞・第1次単位（上位）	固有名詞・第1次単位（下位）	固有名詞・第2次単位（上位）	固有名詞・第2次単位（下位）	第3単位	発行年	公論題名	筆者名
に至る航路にも又タコマに至る航路にも各々補助金を與へ、	地域名	42都市				大正1	行政整理と税制整理	本多精一
に至る航路も各々補助金を與へ、	地域名	42都市				大正1	行政整理と税制整理	本多精一
に行く航路に只汽船會社が違ふといふ事の爲めに	地域名	4国際地域名	地形名	49陸上地形名		大正1	行政整理と税制整理	本多精一
の如きは初等教育費の約半額は中央政府に於いて之を支辨し、	地域名	33国（連邦内）	地域名	略称＋国		大正1	行政整理と税制整理	本多精一
の如きは初等教育費の約七割は中央政府の支辨に係り、	地域名	33国（連邦内）	地域名	略称＋国		大正1	行政整理と税制整理	本多精一
にても約四割は中央政府の支辨に屬する状態であるのに、	地域名	33国（連邦内）				大正1	行政整理と税制整理	本多精一
などに於て著しき失敗の歴史があるもので	地域名	33国（連邦内）	地域名	略称＋国		大正1	行政整理と税制整理	本多精一
	地域名	33国（連邦内）	地域名	略称＋国		大正1	現代の英國	上田敏
の思想感情、氣分、考へ方を土臺としてゐる。	地域名	33国（連邦内）	地域名	地域名列挙		大正1	現代の英國	上田敏
の思想感情、氣分、考へ方を土臺としてゐる。	地域名	33国（連邦内）	地域名	地域名列挙		大正1	現代の英國	上田敏
の精神を單に急進極端に走るもの、	地域名	33国（連邦内）				大正1	現代の英國	上田敏
の氣質を徒に細微煩瑣に陥るものと速斷して、	地域名	33国（連邦内）				大正1	現代の英國	上田敏
の文化には健全、中庸、穏和等あらゆる平時の美徳が具はつてゐるとして、	地域名	33国（連邦内）	地域名	地域名列挙		大正1	現代の英國	上田敏
の文化には健全、中庸、穏和等あらゆる平時の美徳が具はつてゐるとして、	地域名	33国（連邦内）	地域名	地域名列挙		大正1	現代の英國	上田敏
大陸國の研究や結論に負ふ所が多からうが、	地域名	4国際地域名	地域名	4国際地域名	地域名	大正1	現代の英國	上田敏

294

頁	段	行	行中番号	表記形式	表記形式	表記形式	前文	前接要素	抽出語1	抽出ルビ1	抽出語2	抽出ルビ2	後接要素
46	1	8	1	H	1	0	其意見を叩くと、西洋文明の名で、		英				米
46	1	8	2	H	1	0	其意見を叩くと、西洋文明の名で、	英	米				
46	1	8	3	H	1	0	其意見を叩くと、西洋文明の名で、英米殊に		英				國
46	1	11	2	H	1	0	風俗、習慣、政敎、文學等を論じる時、西洋では云々といふ其西洋が多く		英				米
46	1	11	3	H	1	0	風俗、習慣、政敎、文學等を論じる時、西洋では云々といふ其西洋が多く	英	米				
46	1	12	1	H	1	0	甚だしきに至つては		英				語
46	1	15	1	A	1	0	文祿慶長の頃、日本は		葡萄牙				
46	1	16	1	A	1	0	文祿慶長の頃、日本は葡萄牙、		西班牙				
46	1	16	2	A	1	0	文祿慶長の頃、日本は葡萄牙、西班牙、		伊太利亞				
46	1	16	3	A	1	0	文祿慶長の頃、日本は葡萄牙、西班牙、伊太利亞、また		羅甸				
46	1	17	2	A	1	0	德川の中葉には		和蘭陀				語
46	2	1	1	H	1	0	當時の諸強國、		英				米露佛
46	2	1	2	H	1	0	當時の諸強國、	英	米				露佛
46	2	2	1	H	1	0	當時の諸強國、	英米	露				佛
46	2	2	2	H	1	0	當時の諸強國、	英米露	佛				

後文	固有名詞・第1次単位（上位）	固有名詞・第1次単位（下位）	固有名詞・第2次単位（上位）	固有名詞・第2次単位（下位）	第3単位	発行年	公論題名	筆者名
殊に英國の思想や状態を以て、	地域名	33国（連邦内）	地域名	地域名列挙		大正1	現代の英國	上田敏
殊に英國の思想や状態を以て、	地域名	33国（連邦内）	地域名	地域名列挙		大正1	現代の英國	上田敏
の思想や状態を以て、	地域名	33国（連邦内）	地域名	略称＋国		大正1	現代の英國	上田敏
であるのが普通だ。	地域名	33国（連邦内）	地域名	地域名列挙		大正1	現代の英國	上田敏
であるのが普通だ。	地域名	33国（連邦内）	地域名	地域名列挙		大正1	現代の英國	上田敏
文明の他、西洋に之と匹敵す可き異彩ある文化の存在をさへ知らない人もある。	地域名	33国（連邦内）	文化名	113言語名	文化・文明名	大正1	現代の英國	上田敏
、西班牙、伊太利亞、また羅甸の語に依つて、	地域名	33国（連邦内）				大正1	現代の英國	上田敏
、伊太利亞、また羅甸の語に依つて、	地域名	33国（連邦内）				大正1	現代の英國	上田敏
、また羅甸の語に依つて、	地域名	33国（連邦内）				大正1	現代の英國	上田敏
の語に依つて、	民族・人種名	120民族・人種名				大正1	現代の英國	上田敏
を通じて、	地域名	33国（連邦内）	文化名	113言語名		大正1	現代の英國	上田敏
等の語が漸く新時代の人に學ばれたが、	地域名	33国（連邦内）	地域名	地域名列挙		大正1	現代の英國	上田敏
等の語が漸く新時代の人に學ばれたが、	地域名	33国（連邦内）	地域名	地域名列挙		大正1	現代の英國	上田敏
等の語が漸く新時代の人に學ばれたが、	地域名	33国（連邦内）	地域名	地域名列挙		大正1	現代の英國	上田敏
等の語が漸く新時代の人に學ばれたが、	地域名	33国（連邦内）	地域名	地域名列挙		大正1	現代の英國	上田敏

頁	段	行	行中番号	表記形式	表記形式	表記形式	前文	前接要素	抽出語1	抽出ルビ1	抽出語2	抽出ルビ2	後接要素
46	2	3	1	H	1	0	貿易と傳道と海運との盛なる爲、		英				語
46	2	4	1	A	1	0	明治初年		獨逸				帝國
46	2	4	2	A	1	0	明治初年獨逸帝國の勃興あつて、急に		獨逸				語
46	2	6	1	H	1	0	新教育を受ける者の一般はとにかく		英				語
46	2	9	1	H	1	0	今日の教育ある人士が	親	英				
46	2	9	2	H	1	0	今日の教育ある人士が親英	親	米				
46	2	10	1	H	1	0	今日の教育ある人士が親英親米の傾向を持つのは當然、第一まづ毎朝通讀する新聞の記事からして多少		英				語
46	2	12	1	A	1	0	海外電報は多く		路透				
46	2	12	2	H	1	0	海外電報は多く路透に由り、		英				米
46	2	12	3	H	1	0	海外電報は多く路透に由り、	英	米				
46	2	13	1	A	1	0	海外民心の趨勢を知るに		倫敦				タイムス
46	2	13	2	A	2	0	海外民心の趨勢を知るに	倫敦	タイムス				
46	2	14	1	H	1	0			獨				佛

資料編　297

後文	固有名詞・第1次単位（上位）	固有名詞・第1次単位（下位）	固有名詞・第2次単位（上位）	固有名詞・第2次単位（下位）	第3単位	発行年	公論題名	筆者名
がやがて卓絶した勢力を振ひ、	地域名	33国（連邦内）	文化名	113言語名		大正1	現代の英國	上田敏
の勃興あつて、急に獨逸語を學ぶ人も生じたが、	地域名	33国（連邦内）	地域名	33国（連邦内）		大正1	現代の英國	上田敏
を學ぶ人も生じたが、	地域名	33国（連邦内）	文化名	113言語名		大正1	現代の英國	上田敏
を學ぶ事になつてゐて、	地域名	33国（連邦内）	文化名	113言語名		大正1	現代の英國	上田敏
親米の傾向を持つのは當然、第一まづ毎朝通讀する新聞の記事からして多少英語を通じて報道された種だ。	地域名	33国（連邦内）	接頭辞	接頭辞		大正1	現代の英國	上田敏
の傾向を持つのは當然、第一まづ毎朝通讀する新聞の記事からして多少英語を通じて報道された種だ。	地域名	33国（連邦内）	接頭辞	接頭辞		大正1	現代の英國	上田敏
を通じて報道された種だ。	地域名	33国（連邦内）	文化名	113言語名		大正1	現代の英國	上田敏
に由り、英米をはじめ海外民心の趨勢を知るに	文化名	116作品・出版物名				大正1	現代の英國	上田敏
をはじめ海外民心の趨勢を知るに	地域名	33国（連邦内）	地域名	地域名列挙		大正1	現代の英國	上田敏
をはじめ海外民心の趨勢を知るに	地域名	33国（連邦内）	地域名	地域名列挙		大正1	現代の英國	上田敏
を讀むのが、	地域名	33国（連邦内）	文化名	116作品・出版物名		大正1	現代の英國	上田敏
を讀むのが	文化名	116作品・出版物名	文化名	116作品・出版物名		大正1	現代の英國	上田敏
の有力なる諸新聞の言論はさほど廣く吾々の眼に觸れないし、	地域名	33国（連邦内）	地域名	地域名列挙		大正1	現代の英國	上田敏

頁	段	行	行中番号	表記形式	表記形式	表記形式	前文	前接要素	抽出語1	抽出ルビ1	抽出語2	抽出ルビ2	後接要素
46	2	14	2	H	1	0		獨	佛				
46	2	15	1	A	1	0			路透				
46	2	18	1	H	1	0	其上海外一般の事柄に關する智識と判斷とを常に		英				書
47	1	2	1	H	1	0	自然、今日の文明に對して、多少		英				米
47	1	2	2	H	1	0	自然、今日の文明に對して、多少	英	米				
47	1	3	1	H	1	0	少くとも少年時代に學んだ		英				米
47	1	3	2	H	1	0	少くとも少年時代に學んだ	英	米				
47	1	4	1	H	1	0	少くとも少年時代に學んだ英米の書籍或は今も習慣として通讀する		英				米
47	1	4	2	H	1	0	少くとも少年時代に學んだ英米の書籍或は今も習慣として通讀する	英	米				
47	1	5	1	H	1	0	かくいふ論者とても實は始めに		英				語
47	1	6	2	H	1	0	西洋の文明を窺つたので、殊に		英				國
47	1	10	1	H	1	0	他の文化も參考して見たくなつたが、まづ		英				語
47	1	12	1	H	1	0	第一に氣が付いたのは、		英				人
47	1	14	1	H	1	0	隨分思切つた非凡の奇人や夢想家が		英				國

資料編　299

後文	固有名詞・第1次単位（上位）	固有名詞・第1次単位（下位）	固有名詞・第2次単位（上位）	固有名詞・第2次単位（下位）	第3単位	発行年	公論題名	筆者名
の有力なる諸新聞の言論はさほど廣く吾々の眼に觸れないし、	地域名	33国（連邦内）	地域名	地域名列挙		大正1	現代の英國	上田敏
以外の電報電信から来る報知も分量が少いとすると、	文化名	116作品・出版物名				大正1	現代の英國	上田敏
にのみ仰いでゐれば、	地域名	33国（連邦内）	一般名詞	一般名詞		大正1	現代の英國	上田敏
人のやうな態度を執るに至るのは免れ難い、	地域名	33国（連邦内）	地域名	地域名列挙	120民族・人種名	大正1	現代の英國	上田敏
人のやうな態度を執るに至るのは免れ難い、	地域名	33国（連邦内）	地域名	地域名列挙	120民族・人種名	大正1	現代の英國	上田敏
の書籍或は今も習慣として通讀する英米種の多い新聞雑誌等から無意識の感化を絶えず受ける。	地域名	33国（連邦内）	地域名	地域名列挙		大正1	現代の英國	上田敏
の書籍或は今も習慣として通讀する英米種の多い新聞雑誌等から無意識の感化を絶えず受ける。	地域名	33国（連邦内）	地域名	地域名列挙		大正1	現代の英國	上田敏
種の多い新聞雑誌等から無意識の感化を絶えず受ける。	地域名	33国（連邦内）	地域名	地域名列挙	一般名詞	大正1	現代の英國	上田敏
種の多い新聞雑誌等から無意識の感化を絶えず受ける。	地域名	33国（連邦内）	地域名	地域名列挙	一般名詞	大正1	現代の英國	上田敏
を學んで西洋の文明を窺ったので、	地域名	33国（連邦内）	文化名	113言語名		大正1	現代の英國	上田敏
の文化に對しては今も敬愛の情を抱いてゐるが、	地域名	33国（連邦内）	地域名	略称＋国		大正1	現代の英國	上田敏
の文明もなほ一應稍進んで研究して見ると	地域名	33国（連邦内）	文化名	113言語名		大正1	現代の英國	上田敏
の保守思想や常識が、さほど根本的永久的のものでなく、	地域名	33国（連邦内）	民族・人種名	国民名		大正1	現代の英國	上田敏
の古今を通じて活動してゐる事である。	地域名	33国（連邦内）	地域名	略称＋国		大正1	現代の英國	上田敏

300

頁	段	行	行中番号	表記形式	表記形式	表記形式	前文	前接要素	抽出語1	抽出ルビ1	抽出語2	抽出ルビ2	後接要素
47	1	18	1	A	1	0	歴史と地勢とに依つて、		日耳曼				
47	2	1	1	A	1	0	歴史と地勢とに依つて、日耳曼の精神と		羅甸				
47	2	1	2	H	1	0	歴史と地勢とに依つて、日耳曼の精神と羅甸の文明とが微妙な融合を遂げた		英				國
47	2	4	1	A	1	0			羅甸				
47	2	6	1	H	1	0			英				國
47	2	10	1	H	1	0	此時		英				國
47	2	14	1	H	1	0	實は生命を失つた舊思想に安じる卑怯の態度は、眞に		英				人
47	2	15	1	H	1	0			英				人
48	1	2	1	H	1	0			英				國
48	1	5	1	H	1	0			英				人
48	1	7	1	A	2	0	文學の上によく現はれてゐるので、		ビオウルフ				
48	1	7	2	A	2	0	文學の上によく現はれてゐるので、ビオウルフにも		ハムレット				

資料編　301

後文	固有名詞・第1次単位（上位）	固有名詞・第1次単位（下位）	固有名詞・第2次単位（上位）	固有名詞・第2次単位（下位）	第3単位	発行年	公論題名	筆者名
の精神と羅甸の文明とが微妙な融合を遂げた英國の特色は、	民族・人種名	120民族・人種名				大正1	現代の英國	上田敏
の文明とが微妙な融合を遂げた英國の特色は、	民族・人種名	120民族・人種名				大正1	現代の英國	上田敏
の特色は、只徒らに前代の道を變へないといふ保守氣質では無く	地域名	33国（連邦内）	地域名	略称＋国		大正1	現代の英國	上田敏
の文明は明晰な理路を履んで進み常に論理を重じる、	民族・人種名	120民族・人種名				大正1	現代の英國	上田敏
の文明は理知のみに偏せず、又敢て理知を斥けず、	地域名	33国（連邦内）	地域名	略称＋国		大正1	現代の英國	上田敏
の天才は衆に先じて政治上、思想上に破天荒の意見を發表するのが古來の風である。	地域名	33国（連邦内）	地域名	略称＋国		大正1	現代の英國	上田敏
の精神を解する者と言へない。	地域名	33国（連邦内）	民族・人種名	国民名		大正1	現代の英國	上田敏
の氣質はもつと雄健である、	地域名	33国（連邦内）	民族・人種名	国民名		大正1	現代の英國	上田敏
氣質を以て呑氣な平穏なものとするのは恐らく皮相の見だらう。	地域名	33国（連邦内）	地域名	略称＋国	一般名詞	大正1	現代の英國	上田敏
が人生の幽暗なる方面について先入見を有つてゐる事は、	地域名	33国（連邦内）	民族・人種名	国民名		大正1	現代の英國	上田敏
にもハムレットにも、實際の人物ではパンヤンにドクタア・ジョンソンに南歐清明の國土では想像もつかぬ深刻な氣分がある。	人名	71人物名				大正1	現代の英國	上田敏
にも、實際の人物ではパンヤンにドクタア・ジョンソンに南歐清明の國土では想像もつかぬ深刻な氣分がある。	人名	71人物名				大正1	現代の英國	上田敏

頁	段	行中番号	行	表記形式	表記形式	表記形式	前文	前接要素	抽出語1	抽出ルビ1	抽出語2	抽出ルビ2	後接要素
48	1	7	3	A	2	0	文學の上によく現はれてゐるので、ビオウルフにもハムレットにも、實際の人物では		バンヤン				
48	1	8	1	A	2	0	文學の上によく現はれてゐるので、ビオウルフにもハムレットにも、實際の人物ではバンヤンに		ドクタア・ジョンソン				
48	1	8	2	H	1	0	文學の上によく現はれてゐるので、ビオウルフにもハムレットにも、實際の人物ではバンヤンにドクタア・ジョンソンに	南	歐				清明
48	1	10	1	A	2	0	陰氣な風で歡樂に耽ると昔		フロアサル				
48	1	11	1	H	1	0	大陸のさかり場で		英					國
48	1	12	1	H	1	0			英					人
48	1	16	1	B	1	2	いかにも一般の説にわざと反對したやうな		奇論	パラドクス			
48	1	16	2	H	1	0	いかにも一般の説にわざと反對したやうな奇論に聞えるが、		英					國
48	1	17	1	H	1	0	然し何故世人は		英					國
48	2	1	1	H	1	0	多分、		英					國
48	2	2	1	A	2	0	其一時代とは		ヸクトウリヤ					中期
48	2	4	1	H	1	0	今もなほ惰力を有つてゐる一般の思想が、		英					語
48	2	6	1	H	1	0	いつまでもまだ		英					國

後文	固有名詞・第1次単位（上位）	固有名詞・第1次単位（下位）	固有名詞・第2次単位（上位）	固有名詞・第2次単位（下位）	第3単位	発行年	公論題名	筆者名
にドクタア・ジョンソンに南歐清明の國土では想像もつかぬ深刻な氣分がある。	人名	71人物名				大正1	現代の英國	上田敏
に南歐清明の國土では想像もつかぬ深刻な氣分がある。	人名	71人物名				大正1	現代の英國	上田敏
の國土では想像もつかぬ深刻な氣分がある。	地域名	4国際地域名	不明	不明		大正1	現代の英國	上田敏
が評した言葉が、まだ通用すると思ふのは、	人名	71人物名				大正1	現代の英國	上田敏
の士女を親しく見た者の感じる所だらう。	地域名	33国（連邦内）	地域名	略称＋国		大正1	現代の英國	上田敏
の一見遲鈍なる外面の下には思ひがけない感情の働が潛んでゐて、	地域名	33国（連邦内）	民族・人種名	国際地域名＋人		大正1	現代の英國	上田敏
に聞えるが、	一般名詞	一般名詞				大正1	現代の英國	上田敏
の歴史や文學を研究して見ると、	地域名	33国（連邦内）	地域名	略称＋国		大正1	現代の英國	上田敏
を以てあ、も穩かな常識一點張の國と思つて了つてゐるかといふに、	地域名	33国（連邦内）	地域名	略称＋国		大正1	現代の英國	上田敏
の一時代を取つて、輕率な概括論をするからだらう。	地域名	33国（連邦内）	地域名	略称＋国		大正1	現代の英國	上田敏
の事である。	人名	71人物名	歴史名	109時代名		大正1	現代の英國	上田敏
といふ路筋を傳つて新日本最初の人々に感化を及ぼし、	地域名	33国（連邦内）	文化名	113言語名		大正1	現代の英國	上田敏
氣質そのものと誤解されてゐるのだ。	地域名	33国（連邦内）	地域名	略称＋国	一般名詞	大正1	現代の英國	上田敏

頁	段	行	行中番号	表記形式	表記形式	表記形式	前文	前接要素	抽出語1	抽出ルビ1	抽出語2	抽出ルビ2	後接要素
48	2	7	1	H	1	0	俗に所謂		英				國
48	2	9	1	H	1	0	其後漸々變化しつゝも今に		英				國
48	2	10	1	A	2	0	文學の方でいふと、		ディッケンス				
48	2	11	1	A	2	0	文學の方でいふと、ディッケンス、		サッカレエ				
48	2	11	2	A	2	0	文學の方でいふと、ディッケンス、サッカレエ		マコオレエ				
48	2	11	3	A	2	0	文學の方でいふと、ディッケンス、サッカレエ、マコオレエ、		テニソン				
48	2	11	4	A	2	0	文學の方でいふと、ディッケンス、サッカレエ、マコオレエ、テニソン、		ブラウニング				
48	2	12	1	B	1	2	文學の方でいふと、ディッケンス、サッカレエ、マコオレエ、テニソン、ブラウニング等が、終に一世の		祭祀	アポシオシス			
48	2	13	1	H	1	0	終に一世の祭祀を受けた時代の氣風が今なほ現代		英				國

後文	固有名詞・第1次単位（上位）	固有名詞・第1次単位（下位）	固有名詞・第2次単位（上位）	固有名詞・第2次単位（下位）	第3単位	発行年	公論題名	筆者名
風とは、千八百六十年乃至八十年、即ち萬延元年より明治十三年頃に全盛を極め、	地域名	33国（連邦内）	地域名	略称＋国	流派	大正1	現代の英國	上田敏
舊時代の人物に多少信仰を維いでゐる思想を傳承したのである。	地域名	33国（連邦内）	地域名	略称＋国	109時代名	大正1	現代の英國	上田敏
、サッカレエ、マコオレエ、テニソン、ブラウニング等が、終に一世の祭祀を受けた時代の氣風が今なほ現代英國の新文壇に生きた勢力を有つてゐると思ふやうなものだ。	人名	71人物名				大正1	現代の英國	上田敏
、マコオレエ、テニソン、ブラウニング等が、終に一世の祭祀を受けた時代の氣風が今なほ現代英國の新文壇に生きた勢力を有つてゐると思ふやうなものだ。	人名	71人物名				大正1	現代の英國	上田敏
、テニソン、ブラウニング等が、終に一世の祭祀を受けた時代の氣風が今なほ現代英國の新文壇に生きた勢力を有つてゐると思ふやうなものだ。	人名	71人物名				大正1	現代の英國	上田敏
、ブラウニング等が、終に一世の祭祀を受けた時代の氣風が今なほ現代英國の新文壇に生きた勢力を有つてゐると思ふやうなものだ。	人名	71人物名				大正1	現代の英國	上田敏
等が、終に一世の祭祀を受けた時代の氣風が今なほ現代英國の新文壇に生きた勢力を有つてゐると思ふやうなものだ。	人名	71人物名				大正1	現代の英國	上田敏
を受けた時代の氣風が今なほ現代英國の新文壇に生きた勢力を有つてゐると思ふやうなものだ。	一般名詞	一般名詞				大正1	現代の英國	上田敏
の新文壇に生きた勢力を有つてゐると思ふやうなものだ。	地域名	33国（連邦内）	地域名	略称＋国		大正1	現代の英國	上田敏

頁	段	行	行中番号	表記形式	表記形式	表記形式	前文	前接要素	抽出語1	抽出ルビ1	抽出語2	抽出ルビ2	後接要素
48	2	15	1	A	2	0	君主は二人まで崩御となつて、現代を		ジョオジ				王朝
48	2	16	1	H	1	0	いかに急激の變化が無いと信じられてゐる		英				國
48	2	18	1	H	1	0	新らしくして而も深慮を要する問題は續々として		英				國
49	1	2	1	A	2	0			キップリング				
49	1	5	1	A	2	0	此間		メレディス				
49	1	6	1	A	2	0	此間メレディスは終に認められ、		ハアデエ				
49	1	6	2	A	2	0	其後		エイチ・ジイ・エルス				
49	1	7	1	A	2	0	其後、エイチ・ジイ・エルス、		バアナアド・ショオ				
49	1	7	2	A	2	0	其後、エイチ・ジイ・エルス、バアナアド・ショオ		ガルスヲオシイ				
49	1	7	3	A	2	0	其後、エイチ・ジイ・エルス、バアナアド・ショオ、ガルスヲオシイ		フランク・ハリス				
49	1	8	1	A	2	0	其後、エイチ・ジイ・エルス、バアナアド・ショオ、ガルスヲオシイ、フランク・ハリス、		アアノオド・ベネット				

後文	固有名詞・第1次単位（上位）	固有名詞・第1次単位（下位）	固有名詞・第2次単位（上位）	固有名詞・第2次単位（下位）	第3単位	発行年	公論題名	筆者名
といふ。	人名	71人物名	歴史名	109時代名		大正1	現代の英國	上田敏
でも既に三十年を經た。	地域名	33国（連邦内）	地域名	略称＋国		大正1	現代の英國	上田敏
に迫つてゐる。	地域名	33国（連邦内）	地域名	略称＋国		大正1	現代の英國	上田敏
の短命であつた人望も呑氣な前代には見る事の出来ないまでに餘計な現象といへるがこれもまた世運の一轉機を示す兆候であつた。	人名	71人物名				大正1	現代の英國	上田敏
は終に認められ、ハアデエも尊ばれ、	人名	71人物名				大正1	現代の英國	上田敏
も尊ばれ、	人名	71人物名				大正1	現代の英國	上田敏
、バアナアド・ショオ、ガルスヲオシイ、フランク・ハリス、アアノオド・ベネット等の勃興は實に新時代の幕明を示して餘あるではないか。	人名	71人物名				大正1	現代の英國	上田敏
、ガルスヲオシイ、フランク・ハリス、アアノオド・ベネット等の勃興は實に新時代の幕明を示して餘あるではないか。	人名	71人物名				大正1	現代の英國	上田敏
、フランク・ハリス、アアノオド・ベネット等の勃興は實に新時代の幕明を示して餘あるではないか。	人名	71人物名				大正1	現代の英國	上田敏
、アアノオド・ベネット等の勃興は實に新時代の幕明を示して餘あるではないか。	人名	71人物名				大正1	現代の英國	上田敏
等の勃興は實に新時代の幕明を示して餘あるではないか。	人名	71人物名				大正1	現代の英國	上田敏

308

頁	段	行	行中番号	表記形式	表記形式	表記形式	前文	前接要素	抽出語1	抽出ルビ1	抽出語2	抽出ルビ2	後接要素
49	1	14	1	A	2	0			ロイド・ジョオジ				
49	1	14	2	A	2	0	ロイド・ジョオジが豫算案のぐるりには		キング・エドワード				
49	1	17	1	A	1	0	勞働黨の聲は聞える、		愛蘭				
49	1	18	1	H	1	0	世人の所謂		英				國
49	2	1	1	A	2	0	世人の所謂英國氣質即ち		キクトウリヤ				中期
49	2	3	1	H	1	0	其何れが		英				國
49	2	4	1	H	1	0	とにかく現代の		英				國
49	2	6	1	H	1	0			英				國
49	2	18	1	H	1	0	どの國民も皆此適應如何によつて榮枯盛衰するのであるが、殊に		英				國
50	1	2	1	H	1	0	而して		英				國
50	1	2	2	A	2	0	而して英國が昔から用ゐ來つた適應の方法に二つある事は、		ソルボンヌ				大學
50	1	2	2	A	2	0	ソルボンヌ大學講師		ルイ・カザミヤン				氏
50	1	3	1	H	1	0	ソルボンヌ大學講師ルイ・カザミヤン氏の近著「近代		英				國

資料編　309

後文	固有名詞・第1次単位(上位)	固有名詞・第1次単位(下位)	固有名詞・第2次単位(上位)	固有名詞・第2次単位(下位)	第3単位	発行年	公論題名	筆者名
が豫算案のぐるりにはキング・エドワアドの崩御を挿んで數年に亘る大論爭が繼續し、とうとう上院は財政法案の議決權を失つた。	人名	71人物名				大正1	現代の英國	上田敏
の崩御を挿んで數年に亘る大論爭が繼續し、とうとう上院は財政法案の議決權を失つた。	人名	71人物名				大正1	現代の英國	上田敏
影がさして來る。	地域名	33国(連邦内)				大正1	現代の英國	上田敏
氣質即ちキクトウリヤ中期の樂天思想は是に於て根抵から覆へされむとしてゐる。	地域名	33国(連邦内)	地域名	略称＋国	一般名詞	大正1	現代の英國	上田敏
の樂天思想は是に於て根抵から覆へされむとしてゐる。	人名	71人物名	歴史名	109時代名		大正1	現代の英國	上田敏
に利益あるかを斷言するつもりはないが、	地域名	33国(連邦内)	地域名	略称＋国		大正1	現代の英國	上田敏
の舊來の思想や習慣を以て律し難く治め難い狀態に位してゐることだけは確だと思ふ。	地域名	33国(連邦内)	地域名	略称＋国		大正1	現代の英國	上田敏
目今の動搖は、そこに潑剌たる生氣の横溢してゐる證據であつて、	地域名	33国(連邦内)	地域名	略称＋国		大正1	現代の英國	上田敏
は此適應術に長じてゐる爲、	地域名	33国(連邦内)	地域名	略称＋国		大正1	現代の英國	上田敏
が昔から用ゐ來つた適應の方法に二つある事は、	地域名	33国(連邦内)	地域名	略称＋国		大正1	現代の英國	上田敏
講師ルイ・カザミヤン氏の近著「近代英國」といふに、	人名	71人物名	組織名	97学校名	身分名	大正1	現代の英國	上田敏
の近著「近代英國」といふに	人名	71人物名	敬称	敬称		大正1	現代の英國	上田敏
」といふに、巧に説いてある如くであつて、	地域名	33国(連邦内)	地域名	略称＋国	116作品・出版物名	大正1	現代の英國	上田敏

310

頁	段	行	行中番号	表記形式	表記形式	表記形式	前文	前接要素	抽出語1	抽出ルビ1	抽出語2	抽出ルビ2	後接要素
50	1	12	1	B	1	2	其達する所は常に大凡の目分量である、		概當	アプロクシメイション			
50	1	14	1	H	1	0	實は昔から		英				國
50	2	10	1	A	2	0			パスカル				
50	2	11	1	B	1	2	パスカルの所謂		數學氣質	エスプリ・ゼオメトラリク			
50	2	14	1	H	1	0			英				國
50	2	18	1	H	1	0	一體近代		英				國
51	1	1	1	A	2	0	一體近代英國の基礎は千八百十五年、即ち文化十二年		ワアテルロオ				
51	1	2	1	A	2	0	即ち文化十二年ソアテルロオの戰から千八百三十七年即ち天保八年		クイン・井クトウリヤ				
51	1	4	1	H	1	0	此時進歩確信の精神が生活の要求に合したから當年の		英				人
51	1	5	1	A	1	0			佛蘭西				大革命
51	1	6	1	B	1	2	一時反動の爲阻まれた政治的社會的		合理主義	ラシオナリズム			
51	1	6	2	A	2	0	一時反動の爲阻まれた政治的社會的合理主義の波瀾は、		ワアテルロオ				
51	1	10	1	A	2	0	企業交易の自由は確立して、		マンチエスタア				派

後文	固有名詞・第1次単位（上位）	固有名詞・第1次単位（下位）	固有名詞・第2次単位（上位）	固有名詞・第2次単位（下位）	第3単位	発行年	公論題名	筆者名
である。	一般名詞	一般名詞				大正1	現代の英國	上田敏
の制度工業、風俗思想感情にこの態度がよく表はれてゐる。	地域名	33国（連邦内）	地域名	略称＋国		大正1	現代の英國	上田敏
の所謂數學氣質の長處短處を兼ねてゐるのは此方法だ。	人名	71人物名				大正1	現代の英國	上田敏
の長處短處を兼ねてゐるのは此方法だ。	一般名詞	一般名詞				大正1	現代の英國	上田敏
の大を致したのは、實に此等の二方法を生活の要求に應じて代る代る行ひ來つた爲であつて、	地域名	33国（連邦内）	地域名	略称＋国		大正1	現代の英國	上田敏
の基礎は千八百十五年、即ち文化十二年ソアテルロオの戰から千八百三十七年即ち天保八年クイン・ヰﾞクトウリヤ即位の頃までに定つたので、	地域名	33国（連邦内）	地域名	略称＋国		大正1	現代の英國	上田敏
の戰から千八百三十七年即ち天保八年クイン・ヰﾞクトウリヤ即位の頃までに定つたので、	地域名	43村落				大正1	現代の英國	上田敏
即位の頃までに定つたので、	人名	71人物名				大正1	現代の英國	上田敏
は理知の聲に耳を假して	地域名	33国（連邦内）	民族・人種名	国民名		大正1	現代の英國	上田敏
の直ぐ後で、	地域名	33国（連邦内）	歴史名	110事件名		大正1	現代の英國	上田敏
の波瀾は、ワアテルロオの戰後、更に勢を得て、	文化名	思想・主義				大正1	現代の英國	上田敏
の戰後、更に勢を得て、	地域名	43村落				大正1	現代の英國	上田敏
の經濟論が勝利を得、	地域名	42都市	組織名	集団名		大正1	現代の英國	上田敏

頁	段	行	行中番号	表記形式	表記形式	表記形式	前文	前接要素	抽出語1	抽出ルビ1	抽出語2	抽出ルビ2	後接要素
51	1	11	1	H	1	0	所謂		英				國
51	1	12	1	H	1	0	かくの如く近代		英				國
51	2	3	1	A	2	0	終に千八百六十年乃至八十年には一時の小康を保つ可き調和を得て、		ヸクトウリヤ				中期
51	2	5	1	H	1	0	これが今なほ世人の誤つて永久の		英				人
51	2	6	1	H	1	0	然し時勢の推移はながく		英				國
51	2	9	1	H	1	0	さきには世界の市場に覇を稱した		英				國
51	2	11	1	H	1	0	新興國と競争しなければならず、	北	米				
51	2	11	2	A	1	0	新興國と競争しなければならず、北米合衆國や		獨逸				帝國
51	2	11	3	H	1	0	新興國と競争しなければならず、北米合衆國や獨逸帝國の盛運は		英				國
52	1	1	1	H	1	0	海軍擴張の程度、如何等について、		英				國
52	1	6	1	A	2	0	文學に例を取つていふと、詩人		イエイツ				
52	1	7	1	A	1	0	文學に例を取つていふと、詩人イエイツ等の		愛蘭				詩
52	1	7	2	H	1	0	文學に例を取つていふと、詩人イエイツ等の愛蘭詩派或は近頃		獨				佛
52	1	7	3	H	1	0	文學に例を取つていふと、詩人イエイツ等の愛蘭詩派或は近頃	獨	佛				
52	1	8	1	H	1	0	大陸の具眼者に歡迎される短篇小説家たちは當來の		英				文學

後文	固有名詞・第1次単位（上位）	固有名詞・第1次単位（下位）	固有名詞・第2次単位（上位）	固有名詞・第2次単位（下位）	第3単位	発行年	公論題名	筆者名
の自由主義個人主義が全盛となつた。	地域名	33国（連邦内）	地域名	略称＋国		大正1	現代の英國	上田敏
はまづ其社會と法律と思想とを新時代の要求に適合させて建設されたのだから	地域名	33国（連邦内）	地域名	略称＋国		大正1	現代の英國	上田敏
の民心に樂天的安心を與へたのは、	人名	71人物名	歴史名	109時代名		大正1	現代の英國	上田敏
氣質と信ずるものである。	地域名	33国（連邦内）	民族・人種名	国民名	一般名詞	大正1	現代の英國	上田敏
をして、一處に逗留せしめず、	地域名	33国（連邦内）	地域名	略称＋国		大正1	現代の英國	上田敏
の商工業は、日々益々攻勢を執つて來る新興國と競爭しなければならず、	地域名	33国（連邦内）	地域名	略称＋国		大正1	現代の英國	上田敏
合衆國や獨逸帝國の盛運は英國の商工業又政治上の威名を脅迫して、	地域名	33国（連邦内）	地域名	33国（連邦内）	33国（連邦内）	大正1	現代の英國	上田敏
の盛運は英國の商工業又政治上の威名を脅迫して、	地域名	33国（連邦内）	地域名	33国（連邦内）		大正1	現代の英國	上田敏
の商工業又政治上の威名を脅迫して、	地域名	33国（連邦内）	地域名	略称＋国		大正1	現代の英國	上田敏
政治家の苦心は並々ならぬ事であらう。	地域名	33国（連邦内）	地域名	略称＋国	一般名詞	大正1	現代の英國	上田敏
等の愛蘭詩派或は近頃獨佛の語に翻譯されて、	人名	71人物名				大正1	現代の英國	上田敏
派或は近頃獨佛の語に翻譯されて、	地域名	33国（連邦内）	文化名	116作品・出版物名	115流派	大正1	現代の英國	上田敏
の語に翻譯されて、	地域名	33国（連邦内）	地域名	地域名列挙		大正1	現代の英國	上田敏
の語に翻譯されて、	地域名	33国（連邦内）	地域名	地域名列挙		大正1	現代の英國	上田敏
に先驅たるものだらう。	地域名	33国（連邦内）	文化名	116作品・出版物名		大正1	現代の英國	上田敏

314

頁	段	行	行中番号	表記形式	表記形式	表記形式	前文	前接要素	抽出語1	抽出ルビ1	抽出語2	抽出ルビ2	後接要素
52	1	9	1	H	1	0	何しろ今日の		英				國
52	1	10	1	H	1	0			英				國
52	1	13	1	H	1	0	一言にして盡せば、現代		英				國
52	2	8	1	A	2	0	例へば千九百九年、		ロオド・ランズダウン				
52	2	12	1	A	2	0	降参は決してせぬと揚言した		ロオド・ハルスベリ				黨
52	2	12	2	H	1	0	何等効なく、		英				國
52	2	16	1	H	1	0	もし		英				國
53	1	3	1	H	1	0	萬事商業會議所や勞働紛議仲裁所の斡旋で治まつて來た十九世紀の		英				國
53	1	4	1	B	1	2	而もかの		職工組合	トレイド・ユニオン			
53	1	4	2	B	1	2	而もかの職人組合が稍もすれば、大陸の		組合主義	サンヂカリズム			
53	1	7	1	H	1	0	又		英				國
53	1	9	1	H	1	0	近代の神經性や不安静を覺え出した現代の		英				人
53	1	15	1	A	2	0			ヸクトウリヤ				中期
53	2	1	1	H	1	0	唯然しそこが		英				國

資料編　315

後文	固有名詞・第1次単位（上位）	固有名詞・第1次単位（下位）	固有名詞・第2次単位（上位）	固有名詞・第2次単位（下位）	第3単位	発行年	公論題名	筆者名
は新勢力の迸發して、前代と異つた適應を試みる時代である。	地域名	33国（連邦内）	地域名	略称＋国		大正1	現代の英國	上田敏
は自分より若い新進諸國と角逐する爲、彼等に理知と方法とを學んで、	地域名	33国（連邦内）	地域名	略称＋国		大正1	現代の英國	上田敏
の要求に舊習を打破してまでも新時代の用に足りる人物や制度を作出すことにある。	地域名	33国（連邦内）	地域名	略称＋国		大正1	現代の英國	上田敏
の言に從つて、上院が下院通過の豫算案を否決した如きは、	人名	71人物名				大正1	現代の英國	上田敏
の奮闘も、何等効なく、英國上院は、終に屈服した。	人名	71人物名	組織名	90団体・党派名		大正1	現代の英國	上田敏
上院は、終に屈服した。	地域名	33国（連邦内）	地域名	略称＋国	機関名	大正1	現代の英國	上田敏
の状態が舊時の如くであつたなら、	地域名	33国（連邦内）	地域名	略称＋国		大正1	現代の英國	上田敏
には、未曾有の事である。	地域名	33国（連邦内）	地域名	略称＋国		大正1	現代の英國	上田敏
が稍もすれば、大陸の組合主義の色彩を帯びて來さうな傾向を見え出しては、愈以て油斷ならず、	一般名詞	一般名詞				大正1	現代の英國	上田敏
の色彩を帯びて來さうな傾向も見え出しては、	一般名詞	一般名詞				大正1	現代の英國	上田敏
人種そのものゝ様子までが、新時代の空氣に觸れて變化したやうで、	地域名	33国（連邦内）	地域名	略称＋国	国民名	大正1	現代の英國	上田敏
はよほど大陸國民に近似して來た。	地域名	33国（連邦内）	民族・人種名	国民名		大正1	現代の英國	上田敏
の調和は破壊された。	人名	71人物名	歴史名	109時代名		大正1	現代の英國	上田敏
のなほ當來に光明ある所以て、	地域名	33国（連邦内）	地域名	略称＋国		大正1	現代の英國	上田敏

頁	段	行	行中番号	表記形式	表記形式	表記形式	前文	前接要素	抽出語1	抽出ルビ1	抽出語2	抽出ルビ2	後接要素
53	2	3	1	H	1	0	現代の		英				國
53	2	7	1	A	2	0	偏に		ヰクトウリヤ				中期
53	2	8	1	H	1	0	ヰクトウリヤ中期の		英				國
53	2	9	1	H	1	0	全豹を窺ひ蓋したといふ人が、現代の		英				國
53	2	10	1	H	1	0	前代の		英				國
54	1	5	1	B	1	2	左様な理論的、		演繹的	デダクチーブ			の
54	1	6	1	B	1	2	左様な理論的、演繹的の主張にあらずして、もつと實際的、		歸納的	インダクチーブ			の
55	1	18	1	B	1	2	即ち我輩が主張した廣軌改築案は全く實際的、		歸納的	インダクチーブ			の
55	1	18	2	B	1	2	即ち我輩が主張した廣軌改築案は全く實際的、歸納的の結果であつて、決して理論的、		澤演繹的	デダクチーブ			の
57	2	11	1	A	1	0	例へば	七	噸				貨車
57	2	12	1	A	1	0	之が廣軌となつて	十五	噸				貨車
57	2	12	2	A	1	0	第一此	十五	噸				貨車
57	2	13	1	A	1	0		七	噸				貨車
57	2	16	1	A	1	0	又復線を作る場合に	七	噸				貨車

資料編　317

後文	固有名詞・第1次単位（上位）	固有名詞・第1次単位（下位）	固有名詞・第2次単位（上位）	固有名詞・第2次単位（下位）	第3単位	発行年	公論題名	筆者名
が新理想を樹立して猛進する今日の生みの苦みは、痛ましくもまた勇ましい、	地域名	33国（連邦内）	地域名	略称＋国		大正1	現代の英國	上田敏
の英國を以て、全豹を窺ひ蓋したといふ人が、	人名	71人物名	歴史名	109時代名		大正1	現代の英國	上田敏
を以て、全豹を窺ひ蓋したといふ人が、	地域名	33国（連邦内）	地域名	略称＋国		大正1	現代の英國	上田敏
に就いて判斷を誤り、	地域名	33国（連邦内）	地域名	略称＋国		大正1	現代の英國	上田敏
を引用することもあらむかと憂ひて、	地域名	33国（連邦内）	地域名	略称＋国		大正1	現代の英國	上田敏
主張にあらずして、もつと實際的、歸納的の研究の結果である。	形容動詞語幹	形容動詞語幹	形容動詞	形容動詞		大正1	廣軌改築延期に反對す	後藤新平
研究の結果である。	形容動詞語幹	形容動詞語幹	形容動詞	形容動詞		大正1	廣軌改築延期に反對す	後藤新平
結果であつて、決して理論的、澤演繹的の妄斷ではない。	形容動詞語幹	形容動詞語幹	形容動詞	形容動詞		大正1	廣軌改築延期に反對す	後藤新平
妄斷ではない。	形容動詞語幹	形容動詞語幹	形容動詞	形容動詞		大正1	廣軌改築延期に反對す	後藤新平
である	一般名詞	一般名詞				大正1	廣軌改築延期に反對す	後藤新平
となれば	一般名詞	一般名詞				大正1	廣軌改築延期に反對す	後藤新平
を作るに七噸貨車の二倍の費用は要らない。	一般名詞	一般名詞				大正1	廣軌改築延期に反對す	後藤新平
の二倍の費用は要らない。	一般名詞	一般名詞				大正1	廣軌改築延期に反對す	後藤新平
二臺ならば長さが長いから停車場附近の	一般名詞	一般名詞	一般名詞	一般名詞		大正1	廣軌改築延期に反對す	後藤新平

頁	段	行	行中番号	表記形式	表記形式	表記形式	前文	前接要素	抽出語1	抽出ルビ1	抽出語2	抽出ルビ2	後接要素
57	2	17	1	A	2	0	又復線を作る場合に七噸貨車二臺ならば長さが長いから停車場附近の		カーブ				
57	2	17	2	A	2	0	從て		ポイント				
57	2	18	1	A	2	0	其長い		カーブ				
57	2	18	2	A	2	0	其長いカーブを作る費用や、		ポイント				
60	1	8	1	A	2	0			カイゼル				論
60	1	14	1	H	1	0	此思ひは東西南北を驅け廻つて		歐				洲
60	1	15	1	A	2	0	忽ち中歐の中心		スプレー				河畔
60	1	15	2	A	1	0	忽ち中歐の中心スプレー河畔の		伯林				
60	2	10	1	A	1	0			伯林				
60	2	13	1	A	1	0			伯林				
61	1	2	1	A	1	0	然し今日では騒動眞最中の		支那				
61	1	2	2	A	1	0	然し今日では騒動眞最中の支那		江南				
61	1	3	1	A	2	0	それとは違つて今一顧せんと欲する所は、		スプレー				河畔
61	1	3	2	A	1	0	それとは違つて今一顧せんと欲する所は、スプレー河畔の		伯林				市
61	1	11	1	B	4	2	すると例の"		Prosit Neu Yahr	プロジットノイヤール			

資料編　319

後文	固有名詞・第1次単位（上位）	固有名詞・第1次単位（下位）	固有名詞・第2次単位（上位）	固有名詞・第2次単位（下位）	第3単位	発行年	公論題名	筆者名
を長く作らねばならぬ、	一般名詞	一般名詞				大正1	廣軌改築延期に反對す	後藤新平
が多い。	一般名詞	一般名詞				大正1	廣軌改築延期に反對す	後藤新平
を作る費用や、ポイントに置く人員等の費用もなか〳〵少ない。	一般名詞	一般名詞				大正1	廣軌改築延期に反對す	後藤新平
に置く人員等の費用もなか〳〵少ない。	一般名詞	一般名詞				大正1	廣軌改築延期に反對す	後藤新平
	人名	71人物名	文化名	117理論・方式名		大正1	カイゼル論	福本日南
に至れば、	地域名	4国際地域名	地域名	4国際地域名		大正1	カイゼル論	福本日南
の伯林に停るのである。	地形名	50河川湖沼名	地形名	50河川湖沼名		大正1	カイゼル論	福本日南
に停るのである。	地域名	42都市				大正1	カイゼル論	福本日南
の今日は如何にして夜が明け、	地域名	42都市				大正1	カイゼル論	福本日南
の今月今日	地域名	42都市				大正1	カイゼル論	福本日南
江南の一風色。	地域名	33国（連邦内）				大正1	カイゼル論	福本日南
の一風色。	地域名	44地方名				大正1	カイゼル論	福本日南
の伯林市、夜半の鐘聲新年を報ずる所から始まるのである。	地形名	50河川湖沼名	地形名	50河川湖沼名		大正1	カイゼル論	福本日南
、夜半の鐘聲新年を報ずる所から始まるのである。	地域名	42都市	地域名	42都市		大正1	カイゼル論	福本日南
!"〳〵の聲が潮の如く湧いて來る。	感動詞	感動詞				大正1	カイゼル論	福本日南

頁	段	行	行中番号	表記形式	表記形式	表記形式	前文	前接要素	抽出語1	抽出ルビ1	抽出語2	抽出ルビ2	後接要素
61	1	12	1	A	2	0	知るも知らざるも相逢へば、出逢頭が		プロジット、ノイ、ヤール				
61	1	14	1	A	2	0	夜會歸りの紳士連が		シルクハット				
61	1	15	1	A	2	0	書生の連中が		ステッキ				
61	1	16	1	A	2	0	書生の連中がステッキを振り上げて、		プロジット、ノイ、ヤール				
61	1	16	2	A	2	0	書生の連中がステッキを振り上げて、プロジット、ノイ、ヤールの一聲で其		シルクハット				
61	1	18	1	A	2	0	それで何れの町にても		シルクハット				
62	1	4	1	A	2	0	此中に目立つて面白き珍客は		ハレー				市
62	1	6	1	A	2	0	之は		プロイス				王朝
62	1	8	1	A	2	0	毛皮の上衣を襲ひ、絹の		ジャケット				
62	1	9	1	A	2	0	毛皮の上衣を襲ひ、絹のジャケットを着て而かも其		ジャケット				
62	1	9	2	A	1	0	毛皮の上衣を襲ひ、絹のを着て而かも其ジャケットは銀の	小	釦				
62	1	10	1	A	1	0	而して膝限りの		天鵞絨				
62	1	10	2	A	2	0	而して膝限りの天鵞絨の		ズボン				
62	1	11	1	A	1	0	手には	銀	釦				

資料編　321

後文	固有名詞・第1次単位（上位）	固有名詞・第1次単位（下位）	固有名詞・第2次単位（上位）	固有名詞・第2次単位（下位）	第3単位	発行年	公論題名	筆者名
である。	一般名詞	一般名詞				大正1	カイゼル論	福本日南
を被つて進み來るを見るや否や、	一般名詞	一般名詞				大正1	カイゼル論	福本日南
を振り上げて、	一般名詞	一般名詞				大正1	カイゼル論	福本日南
の一聲で其シルクハットを叩き落す。	一般名詞	一般名詞				大正1	カイゼル論	福本日南
を叩き渡す。	一般名詞	一般名詞				大正1	カイゼル論	福本日南
の先生方は此襲撃に出會はんことを恐れて、	一般名詞	一般名詞				大正1	カイゼル論	福本日南
附近にゐる百姓の代表者として三人の百姓が献上物を捧げ來つて	地域名	42都市	地域名	42都市		大正1	カイゼル論	福本日南
時代から百有餘年間繼續する古典の一つである。	不明	不明	組織名	109時代名	時代名	大正1	カイゼル論	福本日南
を着て而かも其ジヤケットは銀の小釦を以て飾らる、。	一般名詞	一般名詞				大正1	カイゼル論	福本日南
は銀の小釦を以て飾らる、。	一般名詞	一般名詞				大正1	カイゼル論	福本日南
を以て飾らる、。	一般名詞	一般名詞	一般名詞	一般名詞		大正1	カイゼル論	福本日南
のズボン、そして其膝から下は絹の脚胖をつけて、	一般名詞	一般名詞				大正1	カイゼル論	福本日南
、そして其膝から下は絹の脚胖をつけて、	一般名詞	一般名詞				大正1	カイゼル論	福本日南
を以て飾つた手袋を箝めてる。	一般名詞	一般名詞	一般名詞	一般名詞		大正1	カイゼル論	福本日南

頁	段	行	行中番号	表記形式	表記形式	表記形式	前文	前接要素	抽出語1	抽出ルビ1	抽出語2	抽出ルビ2	後接要素
62	1	13	1	H	1	0	抑其献上物はと顧れば豚の臘腸、		佛				語
62	1	13	2	A	2	0	抑其献上物はと顧れば豚の臘腸、佛語の所謂		ソーツツソシ				
62	1	18	1	A	2	0	そして其間は		イムペリアル、オペラ				
62	2	1	1	A	2	0	そして其間はイムペリアル、オペラでも		ミュジアム				
62	2	5	1	A	2	0	此古例の起源はまだ詳かにせざれども、		ホーヘンゾルレン				家
62	2	5	2	A	2	0	此古例の起源はまだ詳かにせざれども、ホーヘンゾルレン家の先王が危急の際か何かに、		ハレー				
63	1	3	1	A	2	0	即ち今日の世界に飛ぶ鳥も落す		ウイルヘルム				第二世
63	1	5	1	A	1	0	一千八百五十九年即ち我安政六年一月二十七日に		伯林				
63	1	7	1	A	2	0	陛下の祖父は		ウイルヘルム				一世
63	1	8	1	A	2	0	陛下の祖父はウイルヘルム一世にして父王		フリードリヒ				三世
63	1	9	1	H	1	0	又其母后は		英				國
63	1	9	2	A	2	0	又其母后は英國から來られた		ヴイクトリア				陛下
63	1	10	1	A	2	0	それで此		ウイルヘルム				二世
63	1	10	2	A	2	0	それで此ウイルヘルム二世は		ホーヘンゾルレン				家
63	1	12	1	A	2	0	最初の教授は		オーダンネ				

後文	固有名詞・第1次単位（上位）	固有名詞・第1次単位（下位）	固有名詞・第2次単位（上位）	固有名詞・第2次単位（下位）	第3単位	発行年	公論題名	筆者名
の所謂ソースツソシなるものと、	地域名	33国（連邦内）	文化名	113言語名		大正1	カイゼル論	福本日南
なるものと、種々の卵とそれに鹽を加へて盆上に盛り、	一般名詞	一般名詞				大正1	カイゼル論	福本日南
でもミュジアムでも無代償にて勝手次第に見物するの権利を與へらる、	一般名詞	一般名詞				大正1	カイゼル論	福本日南
でも無代償にて勝手次第に見物するの権利を與へらる、。	一般名詞	一般名詞				大正1	カイゼル論	福本日南
の先王が危急の際何かに、	人名	71人物名	接尾辞	接尾辞		大正1	カイゼル論	福本日南
の人民が今日まで繼續する進物のそれを捧げてお救ひ申したとでもいふ古傳から來たのであらう。	不明	不明				大正1	カイゼル論	福本日南
陛下の御經歴如何と顧れば、	人名	71人物名	人名	71人物名	敬称	大正1	カイゼル論	福本日南
の宮城中に御降誕あらせられた。	地域名	42都市				大正1	カイゼル論	福本日南
にして父王フリードリヒ三世である。	人名	71人物名	人名	71人物名		大正1	カイゼル論	福本日南
である。	人名	71人物名	人名	71人物名		大正1	カイゼル論	福本日南
から來られたヴィクトリア陛下である。	地域名	33国（連邦内）	地域名	略称+国		大正1	カイゼル論	福本日南
である。	人名	71人物名	敬称	敬称		大正1	カイゼル論	福本日南
はホーヘンゾルレン家の家風に從つて	人名	71人物名	人名	71人物名		大正1	カイゼル論	福本日南
の家風に從つて	人名	71人物名	接尾辞	接尾辞		大正1	カイゼル論	福本日南
、其次にお附き申した教授はヒンツペーテルであつた。	人名	71人物名				大正1	カイゼル論	福本日南

324

頁	段	行	行中番号	表記形式	表記形式	表記形式	前文	前接要素	抽出語1	抽出ルビ1	抽出語2	抽出ルビ2	後接要素
63	1	13	1	A	2	0	最初の教授はオーダンネ、其次にお附き申した教授は		ヒンツペーテル				
63	1	13	2	A	2	0	此		ヒンツペーテル				
63	1	16	1	A	2	0	已にして二世は十五歳にして		カツセル				
63	1	16	2	A	2	0	已にして二世は十五歳にしてカツセルの		ギムナシユム				
63	2	2	1	A	2	0	之と同時に		ボン				
63	2	3	1	A	1	0	其間に研究せられた所のものは		羅馬				法
63	2	3	2	A	1	0	其間に研究せられた所のものは羅馬法、國際公法、哲學史、		獨逸				文學史
63	2	9	1	A	2	0	一千八百八十一年、我が明治十四年の二月十七日を以て茲に		シユレシユレツヒ、ホールスタイン				
63	2	10	1	A	2	0	一千八百八十一年、我が明治十四年の二月十七日を以て茲にシユレシユレツヒ、ホールスタインの侯女、		オーガスタ、ヴクトリア				陛下
63	2	14	1	A	2	0	此時までは祖皇		ウイルヘルム				一世
63	2	14	2	A	2	0	此時までは祖皇ウイルヘルム一世も在せば、御生父の		フリードリツヒ				三世
63	2	17	1	A	2	0	然るに此年の初めに		ウイルヘルム				一世
63	2	18	1	A	2	0	父帝		フリードリツヒ				三世
64	1	2	1	A	1	0	爲めにゆくりなくも六月十五日を以て茲に		獨逸				皇帝

資料編　325

後文	固有名詞・第1次単位（上位）	固有名詞・第1次単位（下位）	固有名詞・第2次単位（上位）	固有名詞・第2次単位（下位）	第3単位	発行年	公論題名	筆者名
であつた。	人名	71人物名				大正1	カイゼル論	福本日南
は出色の教授であつた丈け、	人名	71人物名				大正1	カイゼル論	福本日南
のギムナシユムに入られ、二ヶ年にして卒業し、	地域名	42都市				大正1	カイゼル論	福本日南
に入られ、二ヶ年にして卒業し、	組織名	97学校名				大正1	カイゼル論	福本日南
の大學に入つて在學二ヶ年、其間に研究せられた所のものは	地域名	42都市				大正1	カイゼル論	福本日南
、國際公法、哲學史、獨逸文學史、經濟學等であつたと聞える。	地域名	地域名	文化名	118法律名		大正1	カイゼル論	福本日南
、經濟學等であつたと聞える。	地域名	33国（連邦内）	一般名詞	一般名詞		大正1	カイゼル論	福本日南
の侯女、オーガスタ、ヴクトリア殿下と御結婚の式を舉げられた。	人名	71人物名				大正1	カイゼル論	福本日南
と御結婚の式を舉げられた。	人名	71人物名	敬称	敬称		大正1	カイゼル論	福本日南
も在せば、御生父のフリードリツヒ三世も居られた。	人名	71人物名	人名	71人物名		大正1	カイゼル論	福本日南
も居られた。	人名	71人物名	人名	71人物名		大正1	カイゼル論	福本日南
崩御せられ、	人名	71人物名	人名	71人物名		大正1	カイゼル論	福本日南
が其後を繼がれたが之も在位僅かに四ヶ月にして崩御せられた。	人名	71人物名	人名	71人物名		大正1	カイゼル論	福本日南
の位に就かヽ、ことになつたのである。	地域名	33国（連邦内）	身分名	身分名		大正1	カイゼル論	福本日南

頁	段	行	行中番号	表記形式	表記形式	表記形式	前文	前接要素	抽出語1	抽出ルビ1	抽出語2	抽出ルビ2	後接要素
64	1	9	1	A	1	0			巴里				
64	1	9	2	A	2	0	巴里發行の一		パンフレット				
64	1	10	1	A	2	0	一本の手には		バイブル				
64	1	13	1	A	2	0	其外の手には或は石盤、或は鑿、又は鉋、扨ては小銃、		ピストル				
64	2	9	1	A	2	0	現代に於ける世界の		ヒーロー				
65	1	3	1	A	2	0	此點から見れば		カイゼル				
65	1	4	1	A	2	0			カイゼル				
65	1	10	1	A	2	0	就中		ワグネル				
65	1	13	1	A	2	0	就中		エーゲル				
65	1	15	1	A	2	0	殊に帝は		ピアノ				
65	1	16	1	A	2	0	それ丈けに何れの場所にも		ピアノ				
65	1	17	1	A	2	0	大觀兵式の幕營中にも持ち込まるれば、帝室		ヨット				
65	2	2	1	A	1	0	一例を舉げれば		獨逸				
65	2	3	1	A	2	0	一例を舉げれば獨逸の名将中で故		モルトゲ				伯
66	1	7	1	A	2	0	役者の		アクト				
66	1	16	1	H	1	0			歐				洲

資料編　327

後文	固有名詞・第1次単位（上位）	固有名詞・第1次単位（下位）	固有名詞・第2次単位（上位）	固有名詞・第2次単位（下位）	第3単位	発行年	公論題名	筆者名
發行の一パンフレットが我國で申さば千手觀音の如き圖を描いて、	地域名	42都市				大正1	カイゼル論	福本日南
が我國で申さば千手觀音の如き圖を描いて、	一般名詞	一般名詞				大正1	カイゼル論	福本日南
を持たせ、	一般名詞	一般名詞				大正1	カイゼル論	福本日南
、指令棒。	一般名詞	一般名詞				大正1	カイゼル論	福本日南
は只乃公あるのみといふ事を色にも言葉にも、	一般名詞	一般名詞				大正1	カイゼル論	福本日南
は確かに現代の英雄らしい。	人名	71人物名				大正1	カイゼル論	福本日南
は先づ	人名	71人物名				大正1	カイゼル論	福本日南
の如きは最も屢々帝の批評を受けられた。	人名	71人物名				大正1	カイゼル論	福本日南
の讃美歌などは最も有名にして音樂界に傳唱せられてゐる。	文化名	116作品・出版物名				大正1	カイゼル論	福本日南
の名人である。	一般名詞	一般名詞				大正1	カイゼル論	福本日南
を備へられる。	一般名詞	一般名詞				大正1	カイゼル論	福本日南
の御座所にも据え附けられる。	一般名詞	一般名詞				大正1	カイゼル論	福本日南
の名将中で故モルトケ伯の如きは有名なる音樂家であつたが、	地域名	33国（連邦内）				大正1	カイゼル論	福本日南
の如きは有名なる音樂家であつたが、	人名	71人物名	敬称	敬称	接頭辞	大正1	カイゼル論	福本日南
についても大干渉を加へられる。	一般名詞	一般名詞				大正1	カイゼル論	福本日南
の政治家中には往々時の名優の言動を學んで頗る氣取る人がある。	地域名	4国際地域名	地域名	4国際地域名		大正1	カイゼル論	福本日南

頁	段	行	行中番号	表記形式	表記形式	表記形式	前文	前接要素	抽出語1	抽出ルビ1	抽出語2	抽出ルビ2	後接要素
66	2	7	1	A	2	0			カイゼル				陛下
66	2	7	2	A	1	0	カイゼル陛下の如き、文明なる		獨逸				帝國
66	2	13	1	A	1	0			希臘				
66	2	14	1	A	2	0	此處頗る		ホーメル				氣取り
66	2	14	2	A	1	0	又		羅馬				
66	2	15	1	A	2	0	此處は即ち		ヴァージル				氣取り
66	2	17	1	A	2	0	上にも擧げた		エーゲル				
67	1	5	1	A	2	0	此處頗る祖王		フリードリッヒ				大王
67	1	6	1	A	2	0	そしてわざ〳〵有名なる		ヴォルテール				
67	1	8	1	H	1	0	そしてわざ〳〵有名なるヴオルテールを		佛				國
67	1	10	1	A	2	0	すると		ヴォルテール				
67	1	14	1	A	2	0	他の一方に於ては大王御親作が出來上つて之を		ヴォルテール				
67	1	15	1	A	2	0	他の一方に於ては大王御親作が出來上つて之をヴォルテールに示さる、毎に、		ヴォルテール				
67	1	16	1	A	2	0	爲めに最初は禮を厚うして歡迎せられた		ヴォルテール				
67	1	17	1	A	2	0	其れが爲めに		ヴォルテール				

資料編　329

後文	固有名詞・第1次単位（上位）	固有名詞・第1次単位（下位）	固有名詞・第2次単位（上位）	固有名詞・第2次単位（下位）	第3単位	発行年	公論題名	筆者名
の如き、文明なる獨逸帝國におはしますから、それでも結構であらうが、之を東洋の天地にでも出されて見たならば	人名	71人物名	敬称	敬称		大正1	カイゼル論	福本日南
におはしますから、それでも結構であらうが、	地域名	33国（連邦内）	地域名	33国（連邦内）		大正1	カイゼル論	福本日南
の神話なども屢々詩にせられる。	地域名	33国（連邦内）				大正1	カイゼル論	福本日南
が見える。	人名	71人物名	一般名詞	一般名詞		大正1	カイゼル論	福本日南
の古英雄などをも屢々歌はれた。	地域名	地域名				大正1	カイゼル論	福本日南
とでもいふだらう。	人名	71人物名	一般名詞	一般名詞		大正1	カイゼル論	福本日南
の讃美歌などは確かに合作の一つであらう。	文化名	116作品・出版物名				大正1	カイゼル論	福本日南
の風がある。	人名	71人物名	身分名	身分名		大正1	カイゼル論	福本日南
を佛國より招いて、御作の添削を托されたのである。	人名	71人物名				大正1	カイゼル論	福本日南
より招いて、御作の添削を托されたのである。	地域名	33国（連邦内）	地域名	略称＋国		大正1	カイゼル論	福本日南
は無頓着な先生で其御作を一々感服せぬ。	人名	71人物名				大正1	カイゼル論	福本日南
に示さる、毎に、	人名	71人物名				大正1	カイゼル論	福本日南
は苦り切つてそれを受取る。	人名	71人物名				大正1	カイゼル論	福本日南
と何時しか不仲となられて終りには両方の感情は非常に遠ざかつた。	人名	71人物名				大正1	カイゼル論	福本日南
は袂を拂つて佛國に歸つたといふ事である。	人名	71人物名				大正1	カイゼル論	福本日南

頁	段	行	行中番号	表記形式	表記形式	表記形式	前文	前接要素	抽出語1	抽出ルビ1	抽出語2	抽出ルビ2	後接要素
67	1	17	2	H	1	0	其れが爲めにヴォルテールは袂を拂つて		佛				國
67	1	18	1	A	2	0	それは御祖先		フリードリッヒ				大王
67	2	1	1	A	2	0	今の		カイゼル				陛下
67	2	3	1	H	1	0			歐				洲
67	2	6	1	A	2	0	事によつたら現世に仕合せにも		ヴォルテール				
67	2	15	1	A	2	0	之に加ふるに得も言はれぬ		ヂエスト				
68	1	7	1	A	2	0	然るに今日の書生の多くは厚い		ガスラ				
68	1	13	1	A	2	0	一年		キール				
68	1	13	2	A	1	0	一年キールのの軍港に臨まれた際には		獨逸				海軍
68	1	17	1	A	1	0			獨逸				
68	2	1	1	A	2	0			キール				
68	2	2	1	A	1	0	彼の		膠洲				灣
68	2	2	2	A	1	0	彼の膠洲灣を		支那				
68	2	4	1	A	2	0	彼の膠洲灣を支那からフンダクラレた時に		ハインリッヒ				親王

資料編　331

後文	固有名詞・第1次単位（上位）	固有名詞・第1次単位（下位）	固有名詞・第2次単位（上位）	固有名詞・第2次単位（下位）	第3単位	発行年	公論題名	筆者名
に歸つたといふ事である。	地域名	33国（連邦内）	地域名	略称＋国		大正1	カイゼル論	福本日南
の逸話であるが、	人名	71人物名	身分名	身分名		大正1	カイゼル論	福本日南
の英雄サは果して大王に匹やするや否やを知らずと雖も	人名	71人物名	敬称	敬称		大正1	カイゼル論	福本日南
の文學界では皇帝は帝冠を抛たれても作家として喰へるといふ評判であるさうな。	地域名	4国際地域名	地域名	4国際地域名		大正1	カイゼル論	福本日南
かゝないのではなからうか。	人名	71人物名				大正1	カイゼル論	福本日南
を交へらるゝ。	一般名詞	一般名詞				大正1	カイゼル論	福本日南
を透してでなければ世界の事物の判斷はつかぬとは情けない事である。	一般名詞	一般名詞				大正1	カイゼル論	福本日南
の軍港に臨まれた際には獨逸海軍の軍旗を指して	地域名	42都市				大正1	カイゼル論	福本日南
の軍旗を指して	地域名	33国（連邦内）	組織名	86機関名		大正1	カイゼル論	福本日南
の三色旗が左様な譯で出來たかどうかはチト覺束ないが、	地域名	33国（連邦内）				大正1	カイゼル論	福本日南
の演説といへば又思ひ出るが、	地域名	42都市				大正1	カイゼル論	福本日南
を支那からフンダクラレた時にハインリッヒ親王をして艦隊を率ゐて茲に臨ましめんとする際に演説せられた。	地域名	4国際地域名	地形名	50河川湖沼名		大正1	カイゼル論	福本日南
からフンダクラレた時にハインリッヒ親王をして艦隊を率ゐて茲に臨ましめんとする際に演説せられた。	地域名	33国（連邦内）				大正1	カイゼル論	福本日南
をして艦隊を率ゐて茲に臨ましめんとする際に演説せられた。	人名	71人物名	身分名	身分名		大正1	カイゼル論	福本日南

頁	段	行	行中番号	表記形式	表記形式	表記形式	前文	前接要素	抽出語1	抽出ルビ1	抽出語2	抽出ルビ2	後接要素
68	2	7	1	A	1	0	其平和とは		膠洲				灣
68	2	11	1	H	1	0	就中		佛				語
68	2	12	1	A	2	0	之を操らゝことの妙なるは		パリジアン				
68	2	16	1	A	1	0	學者に宸翰を賜ふの際乃至宸電を寄せらるゝ際には往々にして		羅甸				語
68	2	18	1	A	2	0	陛下は學ばせられざるなく、知ろし召ざる所なしと評せられたいが	一	パイ				
69	1	8	1	H	1	0	之によつて		歐				洲
69	1	15	1	A	2	0	古英雄の筆蹟の		コレクシヨン				
69	1	17	1	H	1	0	殊に陛下は現在の		那				翁
69	2	1	1	H	1	0	それ丈け		那				翁
69	2	2	1	A	1	0	今より餘程前の事であるが一年		倫敦				
69	2	3	1	A	1	0	今より餘程前の事であるが一年倫敦を見舞うて		獨逸				
69	2	4	1	A	1	0	當時此地に駐剳した		獨逸				大使
69	2	4	2	A	2	0	當時此地に駐剳した獨逸大使		ハツフエルド				伯爵
69	2	4	3	A	2	0	當時此地に駐剳した獨逸大使ハツフエルド伯爵は		プロイス				

後文	固有名詞・第1次単位（上位）	固有名詞・第1次単位（下位）	固有名詞・第2次単位（上位）	固有名詞・第2次単位（下位）	第3単位	発行年	公論題名	筆者名
を占領して極東に大飛躍を試みらる、根據地開拓の爲めの出發であつた。	地域名	4国際地域名	地形名	52海洋名		大正1	カイゼル論	福本日南
などは餘程お手に入つたものらしい。	地域名	33国（連邦内）	文化名	113言語名		大正1	カイゼル論	福本日南
でさへも驚くといふ程である。	民族・人種名	住民名				大正1	カイゼル論	福本日南
をお用ひになる。	民族・人種名	120民族・人種名	文化名	113言語名		大正1	カイゼル論	福本日南
といふやうに見える。	不明	不明	不明	不明		大正1	カイゼル論	福本日南
人をして極東に於ける一國の勃興を憎疾する念を高からしめるには多少の効果もあつたかに思はるれども	地域名	4国際地域名	地域名	4国際地域名	国際地域名＋人	大正1	カイゼル論	福本日南
なども餘程澤山であるといふ事である。	一般名詞	一般名詞				大正1	カイゼル論	福本日南
一世を以て密かに自ら期してをはしますといふ事である。	人名	71人物名	人名	71人物名	71人物名	大正1	カイゼル論	福本日南
一世の筆蹟が非常にお好きである。	人名	71人物名	人名	71人物名	71人物名	大正1	カイゼル論	福本日南
を見舞うて獨逸の大使館に滞在せられた事がある。	地域名	42都市				大正1	カイゼル論	福本日南
の大使館に滞在せられた事がある。	地域名	33国（連邦内）				大正1	カイゼル論	福本日南
ハツフエルド伯爵はプロイスの名門丈けに	地域名	33国（連邦内）	身分名	身分名		大正1	カイゼル論	福本日南
はプロイスの名門丈けに千八百〇六年に那翁一世と屢々交流した時の手簡五六通を持つてゐる。	人名	71人物名	身分名	身分名		大正1	カイゼル論	福本日南
の名門丈けに千八百〇六年に那翁一世と屢々交流した時の手簡五六通を持つてゐる。	地域名	33国（連邦内）				大正1	カイゼル論	福本日南

頁	段	行	行中番号	表記形式	表記形式	表記形式	前文	前接要素	抽出語1	抽出ルビ1	抽出語2	抽出ルビ2	後接要素
69	2	5	1	H	1	0	當時此地に駐剳した獨逸大使ハツフエルド伯爵はプロイスの名門丈けに千八百〇六年に		那				翁
69	2	6	1	A	2	0			ハツフエルト				伯爵夫人
69	2	7	1	A	2	0	ハツフエルト伯爵夫人は		カイゼル				
69	2	12	1	A	2	0	此種の		コレクション				
69	2	13	1	A	2	0	代價に見積つて	五百萬	マルク				
70	1	4	1	A	1	0	それは現在		獨逸				
70	1	5	1	A	2	0	それは現在獨逸に於て有名なる		デリック				教授
70	1	6	1	A	2	0			デリック				教授
70	1	7	1	A	2	0	デリック教授は		アツシリア				
70	1	7	2	A	2	0	それで此人が		アツシリア				古典
70	1	9	1	A	2	0	を研究の結果、舊約聖書に載する所の神の黙示なるものは概ね		アツシリア				
70	1	9	2	A	2	0	を研究の結果、舊約聖書に載する所の神の黙示なるものは概ねアツシリア並びに		カルヂア				
70	1	16	1	A	1	0	之はやがて		伯林				

後文	固有名詞・第1次単位（上位）	固有名詞・第1次単位（下位）	固有名詞・第2次単位（上位）	固有名詞・第2次単位（下位）	第3単位	発行年	公論題名	筆者名
一世と屢々交流した時の手簡五六通を持つてゐる。	人名	71人物名	人名	71人物名	71人物名	大正1	カイゼル論	福本日南
はカイゼルの御徒然の慰みとして之を御覧に入れると、愛玩して手を放されなかつた。	人名	71人物名	身分名	身分名		大正1	カイゼル論	福本日南
の御徒然の慰みとして之を御覧に入れると、愛玩して手を放されなかつた。	人名	71人物名				大正1	カイゼル論	福本日南
が實に洪大で、	一般名詞	一般名詞				大正1	カイゼル論	福本日南
以上の皿を集めてゐらる、。	一般名詞	一般名詞	一般名詞	一般名詞		大正1	カイゼル論	福本日南
に於て有名なるデリック教授の神説に對する反對論を帝自ら公けにせられたのでも知れる。	地域名	33国（連邦内）				大正1	カイゼル論	福本日南
の神説に對する反對論を帝自ら公けにせられたのでも知れる。	人名	71人物名	身分名	身分名		大正1	カイゼル論	福本日南
はアツシリアの古學通である。	人名	71人物名	身分名	身分名		大正1	カイゼル論	福本日南
の古學通である。	地域名	33国（連邦内）				大正1	カイゼル論	福本日南
を研究の結果、舊約聖書に載する所の神の黙示なるものは概ねアツシリア並びにカルヂアの古典から出たものであつて、	地域名	33国（連邦内）	文化名	116作品・出版物名		大正1	カイゼル論	福本日南
並びにカルヂアの古典から出たものであつて、	地域名	33国（連邦内）				大正1	カイゼル論	福本日南
の古典から出たものであつて、	地域名	33国（連邦内）				大正1	カイゼル論	福本日南
其他に於て新聞にもあらはれ、冊子ともなつて歐洲に於ける宗教社會の一問題となつた。	地域名	42都市				大正1	カイゼル論	福本日南

頁	段	行	行中番号	表記形式	表記形式	表記形式	前文	前接要素	抽出語1	抽出ルビ1	抽出語2	抽出ルビ2	後接要素
70	1	17	1	H	1	0	之はやがて伯林其他に於て新聞にもあらはれ、冊子ともなつて		歐				洲
70	2	17	1	A	2	0	其身は新教信者の		ホーヘンゾルレン				家
71	1	1	1	A	1	0	今に於ても新教徒の方に力を用ひらゝ、かと思へば		羅馬				法皇
71	1	9	1	H	1	0	つまり皇帝は新教徒であるか乃至舊教徒であるか譯が分らぬといふのが現時		歐				洲
71	1	1	1	A	1	0	彼の		成吉思汗				
71	2	1	1	A	1	0	彼の成吉思汗の孫であつた		惣必烈				
71	2	2	1	A	1	0	彼は毎朝太陽も拝めば		耶蘇				
71	2	2	2	A	2	0	彼は毎朝太陽も拝めば、耶蘇も拝み、		マホメット				
71	2	4	1	A	1	0	それで侍臣の一人が此		大可汗				
71	2	4	2	A	1	0	大王は毎朝太陽、		耶蘇				
71	2	4	3	A	2	0	大王は毎朝太陽、耶蘇、		マホメット				
71	2	14	1	A	1	0	當時		大可汗				
71	2	15	1	A	1	0	當時大可汗の大版圖は		亞細亞				
71	2	15	2	A	1	0	當時大可汗の大版圖は亞細亞から		歐羅巴				
72	1	2	1	A	2	0	時代が時代丈けに		カイゼル				陛下

資料編　337

後文	固有名詞・第1次単位（上位）	固有名詞・第1次単位（下位）	固有名詞・第2次単位（上位）	固有名詞・第2次単位（下位）	第3単位	発行年	公論題名	筆者名
に於ける宗教社會の一問題となつた。	地域名	4国際地域名	地域名	4国際地域名		大正1	カイゼル論	福本日南
に生れ、	人名	71人物名	接尾辞	接尾辞		大正1	カイゼル論	福本日南
へも秋波を送つて頻りに舊教徒を懐柔せらる、のである。	地域名	地域名	身分名	身分名		大正1	カイゼル論	福本日南
の輿論である。	地域名	4国際地域名	地域名	4国際地域名		大正1	カイゼル論	福本日南
の孫であつた忽必烈の言ひ草が之によつて思ひ出されるのである。	人名	71人物名				大正1	カイゼル論	福本日南
の言ひ草が之によつて思ひ出されるのである。	人名	71人物名				大正1	カイゼル論	福本日南
も拝み、	人名	82神仏名				大正1	カイゼル論	福本日南
も拝めば釋迦にも祈つたといふ事である。	人名	82神仏名				大正1	カイゼル論	福本日南
に向て	人名	82神仏名				大正1	カイゼル論	福本日南
、マホメット、釋迦牟尼を拝ませらる、が、	人名	82神仏名				大正1	カイゼル論	福本日南
、釋迦牟尼を拝ませらる、が、	人名	82神仏名				大正1	カイゼル論	福本日南
の大版圖は亞細亞から歐羅巴にまで接してゐる。	人名	82神仏名				大正1	カイゼル論	福本日南
から歐羅巴にまで接してゐる。	地域名	4国際地域名				大正1	カイゼル論	福本日南
にまで接してゐる。	地域名	4国際地域名				大正1	カイゼル論	福本日南
はそこまでは、あらはにいはれぬが、	人名	71人物名	敬称	敬称		大正1	カイゼル論	福本日南

頁	段	行	行中番号	表記形式	表記形式	表記形式	前文	前接要素	抽出語1	抽出ルビ1	抽出語2	抽出ルビ2	後接要素
72	1	4	1	A	1	0	秘奥の秘に立ち入つて見れば		忽必烈汗				
72	1	8	1	A	2	0			ホーヘンゾルレン				家
72	1	10	1	A	2	0	然しながら現		カイゼル				陛下
72	1	12	1	A	1	0			獨逸				國
72	1	13	1	A	2	0	西に於ては		メッツ				
72	1	13	2	A	2	0	西に於てはメッツの邊に		ユーバール				
72	1	14	1	A	2	0	西に於てはメッツの邊にユーバールのそれも出來れば、		アルサス				
72	1	14	2	A	2	0	西に於てはメッツの邊にユーバールのそれも出來れば、アルサスに於ては		ゲンスブルヒ				
72	1	15	1	H	1	0	これなどは殆んど		佛				國
72	1	16	1	A	2	0	それから最も有名なのは		プロイス				東部
72	1	17	1	A	2	0	それから最も有名なのはプロイス東部の		ローミンデン				城
72	2	1	1	A	1	0	御獵場の中央にある本城は一切		那威				式
72	2	2	1	A	1	0	離宮の建物の如き悉く材料を		那威				
72	2	5	1	A	2	0	或歳の如きはあの市街に誓い		ポツツダム				
72	2	8	1	A	2	0	森林中から飛び出して終に		ポツツダム				
72	2	12	1	A	2	0	御者や		コック				

資料編　339

後文	固有名詞・第1次単位（上位）	固有名詞・第1次単位（下位）	固有名詞・第2次単位（上位）	固有名詞・第2次単位（下位）	第3単位	発行年	公論題名	筆者名
と大概伯仲の間にゐらゝ、であらう。	人名	71人物名				大正1	カイゼル論	福本日南
では代々狩獵を好ませらゝので、	人名	71人物名	接尾辞	接尾辞		大正1	カイゼル論	福本日南
は殊に之を好ませらゝ。	人名	71人物名	敬称	敬称	接頭辞	大正1	カイゼル論	福本日南
内到る處に皇室御獵場は設けられた。	地域名	33国（連邦内）	地域名	略称＋国		大正1	カイゼル論	福本日南
の邊にユーバールのそれも出來れば、	地域名	42都市				大正1	カイゼル論	福本日南
のそれも出來れば、	地域名	43村落				大正1	カイゼル論	福本日南
に於てはゲンスブルヒの御獵場も出來た。	地域名	42都市				大正1	カイゼル論	福本日南
の御獵場も出來た。	地域名	43村落				大正1	カイゼル論	福本日南
との境界近くである。	地域名	33国（連邦内）	地域名	略称＋国		大正1	カイゼル論	福本日南
のローミンデン城である。	地域名	33国（連邦内）	地域名	44地方名		大正1	カイゼル論	福本日南
である。	建造物名	56建造物名	建造物名	56建造物名		大正1	カイゼル論	福本日南
の建築を用ひられ、	地域名	33国（連邦内）	文化名	117理論・方式名		大正1	カイゼル論	福本日南
に於て切り組ませ準備されて建てられた程である。	地域名	33国（連邦内）				大正1	カイゼル論	福本日南
の森林中にて皇帝自ら先頭に立つて狩りを催された事などもある。	地域名	42都市				大正1	カイゼル論	福本日南
の市街に入り込んだ。	地域名	33国（連邦内）				大正1	カイゼル論	福本日南
や馬丁や町の小僧やが終日追かけて、	一般名詞	一般名詞				大正1	カイゼル論	福本日南

頁	段	行	行中番号	表記形式	表記形式	表記形式	前文	前接要素	抽出語1	抽出ルビ1	抽出語2	抽出ルビ2	後接要素
73	1	5	1	A	1	0	拔其馬を撤収さる、區域は獨り		獨逸				
73	1	6	1	A	2	0	乗馬は多く		アイルランド				
73	1	7	1	A	1	0	馬車馬は多く		匈牙利				
73	1	7	2	A	1	0	馬車馬は多く匈牙利及び		露西亞				
73	1	11	1	A	2	0			カイゼル				
73	1	16	1	A	1	0	爲めに		露西亞				皇帝
74	1	9	1	A	2	0			カイゼル				
74	2	4	1	A	1	0			巴里				
74	2	6	1	A	1	0	巴里の諸新聞の書き立てる處は十の七八まで惡評としてそれは退けるとしても、		伯林				府
74	2	9	1	A	2	0	巴里の諸新聞の書き立てる處は十の七八まで惡評としてそれは退けるとしても、伯林府下の住民にして、		リンデン				
74	2	9	2	A	2	0	巴里の諸新聞の書き立てる處は十の七八まで惡評としてそれは退けるとしても、伯林府下の住民にして、リンデンの		ストラッセ				
74	2	12	1	A	2	0	陛下最初の戀愛は		ホーヘナウ				伯爵夫人
74	2	13	1	A	2	0			ミユンヘンツチー				伯爵夫人

後文	固有名詞・第1次単位（上位）	固有名詞・第1次単位（下位）	固有名詞・第2次単位（上位）	固有名詞・第2次単位（下位）	第3単位	発行年	公論題名	筆者名
の國内に止らず、	地域名	33国（連邦内）				大正1	カイゼル論	福本日南
より買ひ入れられ、	地域名	33国（連邦内）				大正1	カイゼル論	福本日南
及び露西亞より求めらる。	地域名	33国（連邦内）				大正1	カイゼル論	福本日南
より求めらる、。	地域名	33国（連邦内）				大正1	カイゼル論	福本日南
の最も好まる、毛色は斑紋ある灰色の馬である。	人名	71人物名				大正1	カイゼル論	福本日南
の送られた駿足の如きは半年にして廢馬となるに至つた。	地域名	33国（連邦内）	身分名	身分名		大正1	カイゼル論	福本日南
の乗馬訓練法は人間訓練法にも□□したいものである。	人名	71人物名				大正1	カイゼル論	福本日南
の諸新聞の書き立てる處は十の七八まで惡評としてそれは退けるとしても、	地域名	42都市				大正1	カイゼル論	福本日南
下の住民にして、リンデンのストラッセ邊に行けば、そこには高貴の御顔に生き寫しの私生兒があるなどといふ事も下世話に聞いてゐる。	地域名	42都市	地域名	42都市		大正1	カイゼル論	福本日南
のストラッセ邊に行けば、そこには高貴の御顔に生き寫しの私生兒があるなどといふ事も下世話に聞いてゐる。	地域名	42都市				大正1	カイゼル論	福本日南
邊に行けば、そこには高貴の御顔に生き寫しの私生兒があるなどといふ事も下世話に聞いてゐる。	地域名	42都市				大正1	カイゼル論	福本日南
であつた。	人名	71人物名	身分名	身分名		大正1	カイゼル論	福本日南
との御交際は尋常でないとの評判であつた。	人名	71人物名	身分名	身分名		大正1	カイゼル論	福本日南

頁	段	行	行中番号	表記形式	表記形式	表記形式	前文	前接要素	抽出語1	抽出ルビ1	抽出語2	抽出ルビ2	後接要素
74	2	16	1	A	2	0	最後の戀愛が有名なる問題の種となつた		ウエーデル				伯爵夫人
75	1	2	1	A	2	0	東宮の		オーガスタ・ヴィクトリア				妃殿下
75	2	3	1	H	1	0	そこは		歐				洲
75	2	4	1	A	1	0	一旦		伯林				
75	2	4	2	A	2	0	一旦伯林の地を去つて		ツーリッヒ				
75	2	9	1	A	1	0	爲めに		獨逸				
75	2	12	1	A	1	0	さりながら見られぬといふものを見たいのは人情の常、		獨逸				
76	1	1	1	A	2	0	それで		ウエーデル				夫人
76	1	8	1	A	2	0	其のお召物の		モード				
76	1	10	1	A	1	0	嘗て一度皇后御同伴で		伊太利				
76	1	11	1	H	1	0	其時に		伊				國
76	1	12	2	A	1	0	其時に伊國皇后の御召物はソックリ		巴里				式
76	1	12	3	A	2	0	其時に伊國皇后の御召物はソックリ巴里式で而かも當時の		モード				

資料編　343

後文	固有名詞・第1次単位（上位）	固有名詞・第1次単位（下位）	固有名詞・第2次単位（上位）	固有名詞・第2次単位（下位）	第3単位	発行年	公論題名	筆者名
であらう。	人名	71人物名	身分名	身分名		大正1	カイゼル論	福本日南
と御結婚せられたのは千八百八十一年であるが、	人名	71人物名	身分名	身分名		大正1	カイゼル論	福本日南
の申輙社會である。	地域名	4国際地域名	地域名	4国際地域名		大正1	カイゼル論	福本日南
の地を去つてヅーリツヒの地に於て皇帝との抑々戀の初まりから茲に至るまでの顛末を一書にあらはして世間に公けにしたから堪らない。	地域名	42都市				大正1	カイゼル論	福本日南
の地に於て皇帝との抑々戀の初まりから茲に至るまでの顛末を一書にあらはして世間に公けにしたから堪らない。	地域名	42都市				大正1	カイゼル論	福本日南
の警察は國境にあつて鵜の眼、鷹の眼で此書の國内に輸入するのを防遏した。	地域名	33国（連邦内）				大正1	カイゼル論	福本日南
の國内には教□書の如くに配布されたのである。	地域名	33国（連邦内）				大正1	カイゼル論	福本日南
にはチト深入し過ぎられたやうであれど、	人名	71人物名	敬称	敬称		大正1	カイゼル論	福本日南
にまで神經を悩まさせらる、といふ事である。	一般名詞	一般名詞				大正1	カイゼル論	福本日南
に赴かせられ、同國皇帝皇后兩陛下と御會見あらせられた事がある。	地域名	33国（連邦内）				大正1	カイゼル論	福本日南
皇后の御召物はソックリ巴里式で而かも當時のモードの生粋の御服であつた。	地域名	33国（連邦内）	地域名	略称＋国	身分名	大正1	カイゼル論	福本日南
で而かも當時のモードの生粋の御服であつた。	地域名	42都市	文化名	117理論・方式名		大正1	カイゼル論	福本日南
の生粋の御服であつた。	一般名詞	一般名詞				大正1	カイゼル論	福本日南

344

頁	段	行中番号	行	表記形式	表記形式	表記形式	前文	前接要素	抽出語1	抽出ルビ1	抽出語2	抽出ルビ2	後接要素
76	1	13	1	A	1	0	此時之に對せられた		獨逸				皇后
76	1	15	1	A	2	0	勝氣の		カイゼル				陛下
76	1	18	1	A	1	0	然し		獨逸				
76	2	1	1	A	2	0	皇后が寶玉の		コレクション				家
76	2	2	1	H	1	0			歐				洲
76	2	5	1	A	2	0	皇后のお靴の先まで幾多の		ダイヤモンド				
76	2	9	1	H	1	0	之について		歐				洲
76	2	10	1	H	1	0	之について歐洲の□惡る連のいふ事を聞けば、		墺				國
76	2	11	1	A	1	0			露西亞				
76	2	12	1	A	2	0	露西亞の皇后は冬宮の		ガーデン				
76	2	13	1	A	1	0	露西亞の皇后は冬宮のガーデンを愛せられ、		伊太利				
76	2	13	2	A	1	0	露西亞の皇后は冬宮のガーデンを愛せられ、伊太利の皇后は文學の御嗜み深く、		西班牙				
76	2	14	1	A	2	0	伊太利の皇后は文学の御嗜み深く、西班牙の皇后と同じく		シガレット				
76	2	14	2	A	2	0			ルーマニア				
76	2	15	1	A	2	0			ナタール				
76	2	16	1	A	2	0	ナタールの前皇后は之も		シガレット				

資料編　345

後文	固有名詞・第1次単位（上位）	固有名詞・第1次単位（下位）	固有名詞・第2次単位（上位）	固有名詞・第2次単位（下位）	第3単位	発行年	公論題名	筆者名
陛下の御服装は如何にもクドク重々しく、	地域名	33国（連邦内）	身分名	身分名	敬称	大正1	カイゼル論	福本日南
は之が遺憾で堪らなかつた。	人名	71人物名	敬称	敬称		大正1	カイゼル論	福本日南
の皇后様だつてオシヤレなさらぬ譯でもない。	地域名	33国（連邦内）				大正1	カイゼル論	福本日南
であるといふ事は實に隠れもない。	一般名詞	一般名詞	接尾辞	接尾辞		大正1	カイゼル論	福本日南
の諸皇后中に此お方位多く寶玉を有せらる、方はおはすまい。	地域名	4国際地域名	地域名	4国際地域名		大正1	カイゼル論	福本日南
に飾られてあるといふ程である。	一般名詞	一般名詞				大正1	カイゼル論	福本日南
の口悪る連のいふ事を聞けば、	地域名	4国際地域名	地域名	4国際地域名		大正1	カイゼル論	福本日南
の皇后は嘗て庖厨に意を用ひられ、	地域名	33国（連邦内）	地域名	略称＋国		大正1	カイゼル論	福本日南
の皇后は冬宮のガーデンを愛せられ、	地域名	33国（連邦内）				大正1	カイゼル論	福本日南
を愛せられ、	一般名詞	一般名詞				大正1	カイゼル論	福本日南
の皇后は文學の御嗜み深く、	地域名	33国（連邦内）				大正1	カイゼル論	福本日南
の皇后と同じくシガレットをふかすことを好まる、。	地域名	33国（連邦内）				大正1	カイゼル論	福本日南
をふかすことを好まる、。	一般名詞	一般名詞				大正1	カイゼル論	福本日南
の皇后は詩賦を喜ばれ	地域名	33国（連邦内）				大正1	カイゼル論	福本日南
の前皇后は之もシガレットを好まれる。	地域名	33国（連邦内）				大正1	カイゼル論	福本日南
を好まれる。	一般名詞	一般名詞				大正1	カイゼル論	福本日南

頁	段	行	行中番号	表記形式	表記形式	表記形式	前文	前接要素	抽出語1	抽出ルビ1	抽出語2	抽出ルビ2	後接要素
76	2	16	2	A	1	0			巴里				伯爵夫人
76	2	16	3	A	2	0	巴里伯爵夫人は		バナヽ				
76	2	17	1	A	1	0			葡萄牙				
76	2	17	2	A	2	0	葡萄牙の皇后は		ドレスデン				
76	2	17	3	A	2	0	葡萄牙の皇后はドレスデンの		シガレット				
77	1	1	1	A	1	0	何れもそれ〲の御嗜みがあるが、		獨逸				
77	1	9	1	A	2	0	第十には		スカット				家
77	1	10	1	A	2	0			スカット				
77	1	11	1	A	2	0	スカットは		カルタ				
77	1	12	1	A	2	0	複雑なる皇帝は此複雑なる		カルタ				
77	2	12	1	A	2	0	最も多く帝の臨幸せらるゝのは		プレツス				公爵
78	1	6	1	A	2	0	皿と		コップ				
78	1	7	1	A	2	0	而して食後になればお得意の		スカットカルタ				
78	1	8	1	A	2	0	而して食後になればお得意のスカットカルタや扨ては		ピンポン				
78	2	2	1	A	2	0	帝の軍服姿でないのを見やうと思へば		テニス				

資料編　347

後文	固有名詞・第1次単位（上位）	固有名詞・第1次単位（下位）	固有名詞・第2次単位（上位）	固有名詞・第2次単位（下位）	第3単位	発行年	公論題名	筆者名
はバナ、を喜ばれる。	地域名	42都市	身分名	身分名		大正1	カイゼル論	福本日南
を喜ばれる。	一般名詞	一般名詞				大正1	カイゼル論	福本日南
の皇后はドレスデンのシガレットを好まれる。	地域名	33国（連邦内）				大正1	カイゼル論	福本日南
のシガレットを好まれる。	地域名	42都市				大正1	カイゼル論	福本日南
を好まれる。	一般名詞	一般名詞				大正1	カイゼル論	福本日南
の皇后に限つては何の御嗜みもない。	地域名	33国（連邦内）				大正1	カイゼル論	福本日南
でおはしますといふ事を	一般名詞	一般名詞	接尾辞	接尾辞		大正1	カイゼル論	福本日南
はカルタの中でも餘程複雜なる勝負である。	一般名詞	一般名詞				大正1	カイゼル論	福本日南
の中でも餘程複雜なる勝負である。	一般名詞	一般名詞				大正1	カイゼル論	福本日南
が大好きであると同時に大の名人である。	一般名詞	一般名詞				大正1	カイゼル論	福本日南
の邸である。	人名	71人物名	身分名	身分名		大正1	カイゼル論	福本日南
を手に持つて傍への美人の間に割り込まれた事もある。	一般名詞	一般名詞				大正1	カイゼル論	福本日南
や扨てはピンポンなどを弄してたわいもなく愉快げに暮らさる、といふ事である。	一般名詞	一般名詞				大正1	カイゼル論	福本日南
などを弄してたわいもなく愉快げに暮らさる、といふ事である。	一般名詞	一般名詞				大正1	カイゼル論	福本日南
をやらる、時か、	一般名詞	一般名詞				大正1	カイゼル論	福本日南

348

頁	段	行	行中番号	表記形式	表記形式	表記形式	前文	前接要素	抽出語1	抽出ルビ1	抽出語2	抽出ルビ2	後接要素
78	2	3	1	A	2	0	帝の軍服姿でないのを見やうと思へばテニスをやらゝ時か、又は		ヨツチング				倶樂部
78	2	3	2	A	1	0	帝の軍服姿でないのを見やうと思へばテニスをやらゝ時か、又は	ヨツチング	倶樂部					
78	2	4	1	A	2	0			テニス				
78	2	5	1	A	2	0	テニスをせらるゝ時には、大概	白	フランネル					
78	2	5	2	A	2	0	それから		ヨツチング				倶樂部
78	2	5	2	A	1	0	それから	ヨツチング	倶樂部					
78	2	6	2	A	1	0	それからヨツチング倶樂部に臨まる、際には他の		倶樂部				員
78	2	12	1	A	2	0	有名なる彼の		カイゼル				鬚
79	1	5	1	A	2	0	それで鬚は皇帝の信念の		バロメーター				
79	2	2	1	A	2	0	一般に祝宴に用ひらるゝ處の		シヤムペン				酒
79	2	3	1	A	2	0	これは		シヤムペン				
79	2	4	1	A	2	0	これはシヤムペンのゝ味がお嫌ひといふのではなくして、		シヤムペン				
79	2	5	1	A	2	0	それで宮廷の大饗宴といふ時には何時も		シヤムペン				
79	2	6	1	H	1	0	それで宮廷の大饗宴といふ時には何時もシヤムペンに代ふるに		墺				國
79	2	6	2	A	2	0	それで宮廷の大饗宴といふ時には何時もシヤムペンに代ふるに墺國産の		トーカイ				

資料編　349

後文	固有名詞・第1次単位（上位）	固有名詞・第1次単位（下位）	固有名詞・第2次単位（上位）	固有名詞・第2次単位（下位）	第3単位	発行年	公論題名	筆者名
に臨まる、時位のものであらう。	一般名詞	一般名詞	組織名	90団体・党派名		大正1	カイゼル論	福本日南
に臨まる、時位のものであらう。	一般名詞	一般名詞	組織名	90団体・党派名		大正1	カイゼル論	福本日南
をせらる、時には、大概白フランネルの服を着けらる、	一般名詞	一般名詞				大正1	カイゼル論	福本日南
の服を着けらる、。	一般名詞	一般名詞	一般名詞	一般名詞		大正1	カイゼル論	福本日南
に臨まる、際には他の倶樂部員と一般の服を着けらる、のである。	一般名詞	一般名詞	組織名	90団体・党派名		大正1	カイゼル論	福本日南
に臨まる、際には他の倶樂部員と一般の服を着けらる、のである。	一般名詞	一般名詞	組織名	90団体・党派名		大正1	カイゼル論	福本日南
と一般の服を着けらる、のである。	一般名詞	一般名詞	一般名詞	一般名詞		大正1	カイゼル論	福本日南
にて知らる、であらう。	人名	71人物名	一般名詞	一般名詞		大正1	カイゼル論	福本日南
見たやうなものであらう。	一般名詞	一般名詞				大正1	カイゼル論	福本日南
は大のお嫌らひである。	一般名詞	一般名詞	一般名詞	一般名詞		大正1	カイゼル論	福本日南
の味がお嫌ひといふのではなくして、	一般名詞	一般名詞				大正1	カイゼル論	福本日南
の出元がお嫌ひであるらしい。	一般名詞	一般名詞				大正1	カイゼル論	福本日南
に代ふるに墺國産のトーカイといふ酒を用ひらる、。	一般名詞	一般名詞				大正1	カイゼル論	福本日南
産のトーカイといふ酒を用ひらる、。	地域名	33国（連邦内）	地域名	略称＋国	一般名詞	大正1	カイゼル論	福本日南
といふ酒を用ひらる、。	愛称等	商品名				大正1	カイゼル論	福本日南

頁	段	行	行中番号	表記形式	表記形式	表記形式	前文	前接要素	抽出語1	抽出ルビ1	抽出語2	抽出ルビ2	後接要素
79	2	7	1	A	2	0	之は一瓶	六七十	マルク				
79	2	8	1	A	2	0	此酒の名の		トーカイ				
79	2	13	1	A	2	0	帝は好んで		トーカイ				
79	2	15	1	A	2	0	又帝は大の喫煙家で、特に命じて強烈なる		シガー				
80	1	8	1	A	2	0	故		ビスマルク				公
80	1	8	2	A	2	0	故ビスマルク公は嘗て帝を評して		ウイルヘルム				二世
80	1	18	1	A	1	0	之を他の帝王に比較すれば		羅馬				法皇
80	2	1	1	H	1	0			英				國
80	2	2	1	A	1	0			獨逸				皇帝
80	2	2	2	A	1	0	獨逸皇帝と		露西亞				皇帝
80	2	6	1	A	2	0	而してそれは通常の事で		クリスマス				
80	2	11	1	A	2	0	宮廷に於ける電報費が年々	六萬	マルク				
81	1	7	1	A	2	0	餐後兩陛下は又相伴うて或は		ミユヂアム				
81	1	8	1	A	2	0	餐後兩陛下は又相伴うて或はミユヂアム或は		ガーデン				
81	1	17	1	A	2	0			スカット				遊び

資料編　351

後文	固有名詞・第1次単位（上位）	固有名詞・第1次単位（下位）	固有名詞・第2次単位（上位）	固有名詞・第2次単位（下位）	第3単位	発行年	公論題名	筆者名
する高い酒で、	一般名詞	一般名詞	一般名詞	一般名詞		大正1	カイゼル論	福本日南
といふのは地名から来たか或は他の意味から来たか、それは我々には分らぬが	愛称等	124商品名				大正1	カイゼル論	福本日南
を飲まる、。	愛称等	124商品名				大正1	カイゼル論	福本日南
を製造させ、之を朝から晩まで吸ひ續けらる、。	一般名詞	一般名詞				大正1	カイゼル論	福本日南
は嘗て帝を評してウイルヘルム二世の日常生活は恰かも天候か風のやうであむ。	人名	71人物名	敬称	敬称	接頭辞	大正1	カイゼル論	福本日南
の日常生活は恰かも天候か風のやうであむ。	人名	71人物名	人名	71人物名		大正1	カイゼル論	福本日南
は日々二千餘通の書簡を受取らる、。	地域名	地域名	身分名	身分名		大正1	カイゼル論	福本日南
皇帝は千三四百通を受取らる、。	地域名	33国（連邦内）	地域名	略称＋国	身分名	大正1	カイゼル論	福本日南
と露西亞皇帝との受取らる、數は略ぼ似たものであらう。	地域名	33国（連邦内）	身分名	身分名		大正1	カイゼル論	福本日南
との受取らる、數は略ぼ似たものであらう。	地域名	33国（連邦内）	身分名	身分名		大正1	カイゼル論	福本日南
などの頃になると種々雜多の請願などが出て来るので	一般名詞	一般名詞				大正1	カイゼル論	福本日南
であるといふのでも推察される。	一般名詞	一般名詞	一般名詞	一般名詞		大正1	カイゼル論	福本日南
或はガーデンなどを見物される。	一般名詞	一般名詞				大正1	カイゼル論	福本日南
などを見物される。	一般名詞	一般名詞				大正1	カイゼル論	福本日南
も亦此間の娯樂の一つだ。	一般名詞	一般名詞	一般名詞	一般名詞		大正1	カイゼル論	福本日南

頁	段	行中番号	行	表記形式	表記形式	表記形式	前文	前接要素	抽出語1	抽出ルビ1	抽出語2	抽出ルビ2	後接要素
81	2	4	1	A	1	0			露西亞				
81	2	4	2	A	2	0	露西亞の聖人		トルストイ				
81	2	5	1	A	1	0	露西亞の聖人トルストイは嘗て「隣りの		獨逸				
81	2	10	1	A	2	0	甘言を以て故		ビスマルク				公
81	2	13	1	A	2	0	然るに當時副署を		ビスマルク				公
82	1	1	1	A	2	0	之が抑々		ビスマルク				
82	1	3	1	A	2	0	御祖皇依來帝國の建造者と稱せらる、		ビスマルク				公
82	1	5	1	A	2	0	之に次いで陛下の信任せらる、大宰相として抜擢せられたのは		カプリビイ				將軍
82	1	9	1	A	2	0	之に次いで大宰相となつたのは		フオン、ホーヘンローヘ				公爵
82	1	11	1	A	2	0	次に擧げられた大宰相は前年まで其地位を保つた		フオン、ビューロー				公
82	1	13	1	A	2	0	最後に前年以來新たに抜擢せられた大宰相		ベートマン、ホルウエツヒ				
82	2	4	1	A	2	0	實際御自身に用ひらる、所の人物は果して左程の英物でありや否や前諸宰相の如き、		ビスマルク				
82	2	13	1	A	2	0	前大宰相		ビューロー				公
83	1	4	1	A	1	0	それで		伯林				

後文	固有名詞・第1次単位（上位）	固有名詞・第1次単位（下位）	固有名詞・第2次単位（上位）	固有名詞・第2次単位（下位）	第3単位	発行年	公論題名	筆者名
の聖人トルストイは嘗て「隣りの獨逸までが立憲政體の中ださうな」と冷評した通りに、	地域名	33国（連邦内）				大正1	カイゼル論	福本日南
は嘗て「隣りの獨逸までが立憲政體の中ださうな」と冷評した通りに、	人名	71人物名				大正1	カイゼル論	福本日南
までが立憲政體の中ださうな」と冷評した通りに、	地域名	33国（連邦内）				大正1	カイゼル論	福本日南
を田舎へ追ひやり、	人名	71人物名	敬称	敬称	接頭辞	大正1	カイゼル論	福本日南
に求めらるれば、	人名	71人物名	敬称	敬称		大正1	カイゼル論	福本日南
に對する挑戦であつた。	人名	71人物名				大正1	カイゼル論	福本日南
を一千八百九十年には取つて除けられた。	人名	71人物名	敬称	敬称		大正1	カイゼル論	福本日南
であつた。	人名	71人物名	敬称	敬称		大正1	カイゼル論	福本日南
であつた。	人名	71人物名	敬称	敬称		大正1	カイゼル論	福本日南
で、此人も亦前諸宰相の御多分に洩れぬ柔順家である。	人名	71人物名	敬称	敬称		大正1	カイゼル論	福本日南
の人となりは我々未だ詳しく承知せざれども	人名	71人物名				大正1	カイゼル論	福本日南
を除く外は何れも只帝意の奉承家である。	人名	71人物名				大正1	カイゼル論	福本日南
の如き、公の手腕如何を顧れば巧みに之が尻拭ひをされたといふに止つてゐる。	人名	71人物名	接尾辞	接尾辞		大正1	カイゼル論	福本日南
の朝廷に立つ大臣の資格の第一は無我でなければならぬ。	地域名	42都市				大正1	カイゼル論	福本日南

頁	段	行	行中番号	表記形式	表記形式	表記形式	前文	前接要素	抽出語1	抽出ルビ1	抽出語2	抽出ルビ2	後接要素
83	2	2	1	A	1	0	それで		獨逸				大帝國
83	2	5	1	A	2	0	こゝに到つて少々迷惑に感ずるのは東洋の一國の一部の政治家が、此		カイゼル				がぶれ
83	2	7	1	A	1	0	嘗て一度		獨逸				
83	2	7	2	A	2	0	嘗て一度獨逸に學び		カイゼル				政治
83	2	17	1	A	1	0	それが今日の		獨逸				
83	2	18	1	A	2	0	それが今日の獨逸見學の宰相は君を		カイゼル				
84	1	6	1	A	1	0	嘗て		伯林				
84	1	6	2	A	2	0	嘗て伯林の第三軍團と		ボーセン				
84	1	8	1	A	2	0	一方の第五軍團は將軍		フォン、スツルブナーゲル				
84	2	3	1	H	1	0	如何にも		那				翁
84	2	7	1	A	2	0	亦千九百二年の		エルベ				河口
84	2	12	1	A	2	0	諸砲臺には非常な鉄砲を並べ又水雷は		ボート				
84	2	14	1	A	2	0	然るにも拘らず、皇帝は其御座船の		ヨット				

資料編　355

後文	固有名詞・第1次単位（上位）	固有名詞・第1次単位（下位）	固有名詞・第2次単位（上位）	固有名詞・第2次単位（下位）	第3単位	発行年	公論題名	筆者名
を挙げて寧ろ軍隊政治に入れられるといつても決して不可はない。	地域名	33国（連邦内）	地域名	33国（連邦内）		大正1	カイゼル論	福本日南
をしてゐるのである。	人名	71人物名	一般名詞	一般名詞		大正1	カイゼル論	福本日南
に學びカイゼル政治を見來つて、政治なるものは斯くすべきもの、斯くの如くせざるべからざるものと得心して歸る。	地域名	33国（連邦内）				大正1	カイゼル論	福本日南
を見來つて、政治なるものは斯くすべきもの、斯くの如くせざるべからざるものと得心して歸る。	人名	71人物名	組織名	86機関名		大正1	カイゼル論	福本日南
見學の宰相は君をカイゼルにするのを以て本分と思つてゐるやうである。	地域名	33国（連邦内）				大正1	カイゼル論	福本日南
にするのを以て本分と思つてゐるやうである。	人名	71人物名				大正1	カイゼル論	福本日南
の第三軍團とポーセンの第五軍團とを合して伯林附近に於て大演習を行はれた事がある。	地域名	42都市				大正1	カイゼル論	福本日南
の第五軍團とを合して伯林附近に於て大演習を行はれた事がある。	地域名	42都市				大正1	カイゼル論	福本日南
をして之を指揮せしめられた。	人名	71人物名				大正1	カイゼル論	福本日南
一世の再現かとも見えた。	人名	71人物名	人名	71人物名	71人物名	大正1	カイゼル論	福本日南
に於ける艦隊攻撃は如何であつたか。	地形名	50河川湖沼名	地形名	50河川湖沼名		大正1	カイゼル論	福本日南
の一艘□無事には通過せしめないと構へてゐる其河口である。	一般名詞	一般名詞				大正1	カイゼル論	福本日南
、ホーレンゾルレン號に召して、	一般名詞	一般名詞				大正1	カイゼル論	福本日南

頁	段	行	行中番号	表記形式	表記形式	表記形式	前文	前接要素	抽出語1	抽出ルビ1	抽出語2	抽出ルビ2	後接要素
84	2	14	2	A	2	0	然るにも拘らず、皇帝は其御座船のヨット、		ホーヘンゾルレン				號
84	2	15	1	A	2	0	而かも其		ホーヘンゾルレン				號
84	2	17	1	A	2	0	其		ヨット				
84	2	18	1	A	2	0	之を以て		エルベ				
85	1	2	1	H	1	0	此時も見物人は大喝采、如何にも帝は		那				翁
85	1	2	2	A	2	0	此時も見物人は大喝采、如何にも帝は那翁にして		ネルソン				
85	1	6	1	A	2	0	箇様な舉動を以て若し實戰を經來られたとするならば、		カイゼル				陛下
85	1	6	2	A	1	0	箇様な舉動を以て若し實戰を經來られたとするならば、カイゼル陛下は		埃及				
85	1	8	1	A	2	0	御一人の		カイゼル				
85	1	12	1	A	2	0	それは過去に顧るも帝が		オーガスタ、ヴィクトリア				皇后
85	1	18	1	A	2	0			ポツダム				
85	2	8	1	A	2	0	此の時に當つて當時の大宰相		ビスマルク				
86	1	4	1	A	2	0	其結果は忽ち		ルール				地方
86	2	3	1	A	1	0	此保守黨の憤激は皇帝に取つての大禁物、何となれば		獨逸				

資料編　357

後文	固有名詞・第1次単位（上位）	固有名詞・第1次単位（下位）	固有名詞・第2次単位（上位）	固有名詞・第2次単位（下位）	第3単位	発行年	公論題名	筆者名
に召して、	愛称等	123乗り物名	愛称等	123乗り物名		大正1	カイゼル論	福本日南
は如何と顧れば僅かに數門の輕砲を乗せた御座船である。	愛称等	123乗り物名	愛称等	123乗り物名		大正1	カイゼル論	福本日南
を先頭に立て他の諸艦を引率して	一般名詞	一般名詞				大正1	カイゼル論	福本日南
の河口を占領して艦隊の大捷を示された。	地形名	50河川湖沼名				大正1	カイゼル論	福本日南
にしてネルソンを兼ねた大將のやうに見受けられもし、又自身の肩をも揺ぶられた。	人名	71人物名	人名	71人物名		大正1	カイゼル論	福本日南
を兼ねた大將のやうに見受けられもし、又自身の肩をも揺ぶられた。	人名	71人物名				大正1	カイゼル論	福本日南
は埃及の古傳にある副身の十や二十を御有にならなければ、	人名	71人物名	敬称	敬称		大正1	カイゼル論	福本日南
の古傳にある副身の十や二十を御有にならなければ、	地域名	33国（連邦内）				大正1	カイゼル論	福本日南
で此等の諸名譽を荷はせらるゝ事はチト不可能であらうと思ふ。	人名	71人物名				大正1	カイゼル論	福本日南
と結婚せらるゝ時はまだ親王にして中隊長でゐられたが、	人名	71人物名	身分名	身分名		大正1	カイゼル論	福本日南
の宮中に赴かれた事もある。	地域名	42都市				大正1	カイゼル論	福本日南
は盛んに社會黨壓迫政策を採つてゐた。	人名	71人物名				大正1	カイゼル論	福本日南
の炭鑛夫大同盟罷工となつてあらはれた。	地域名	44地方名	地域名	44地方名		大正1	カイゼル論	福本日南
の陸軍なるものは彼等保守黨の同情によつて、其勢力を維持してゐるのである。	地域名	33国（連邦内）				大正1	カイゼル論	福本日南

頁	段	行	行中番号	表記形式	表記形式	表記形式	前文	前接要素	抽出語1	抽出ルビ1	抽出語2	抽出ルビ2	後接要素
86	2	8	1	A	1	0	加之社會黨議員の次第に増加して來るにつれて、こゝに大危險が生じて來た、といふのは		獨逸				
86	2	8	2	A	2	0	加之社會黨議員の次第に増加して來るにつれて、こゝに大危險が生じて來た、といふのは獨逸の議會は		プルイス				議員
86	2	10	1	A	2	0	それで		プロイス				
86	2	12	1	A	2	0	然るに社會黨の眼には		プロイス				
86	2	13	1	A	2	0	それで將來		プロイス				議員
87	2	2	1	H	1	0	以上の對社會黨政策と殆んど一班であなつたのは		獨				領
87	2	2	2	A	2	0	以上の對社會黨政策と殆んど一班であなつたのは	獨領	ポーランド				
87	2	3	1	A	2	0	之を如何と顧れば		ビスマルク				
87	2	4	1	A	2	0	之を如何と顧ればビスマルクを憎怨せらゝ結果として、		ポーランド				人
87	2	5	1	A	2	0	ポーランド人をも大いに懷柔せらゝ積りで		ビスマルク				
87	2	6	1	A	2	0	最初は大いに		ポーランド				人
87	2	7	1	A	2	0	最初は大いにポーランド人に自由を與へ、		プロイス				
87	2	7	2	A	2	0	最初は大いにポーランド人に自由を與へ、プロイスから送られた		アルスベック				

資料編　359

後文	固有名詞・第1次単位（上位）	固有名詞・第1次単位（下位）	固有名詞・第2次単位（上位）	固有名詞・第2次単位（下位）	第3単位	発行年	公論題名	筆者名
の議會はプルイス議員が總議員の約三分の二であつて、	地域名	33国（連邦内）				大正1	カイゼル論	福本日南
が總議員の約三分の二であつて、	地域名	33国（連邦内）	身分名	身分名		大正1	カイゼル論	福本日南
の輿論が輿論となつて皇帝の政策を助けて來てゐるのである。	地域名	33国（連邦内）				大正1	カイゼル論	福本日南
も聯邦もない。	地域名	33国（連邦内）				大正1	カイゼル論	福本日南
の多數が繼續するや否やといふ事が怪しくなつて來た是に於て皇帝は忽ちにして	地域名	33国（連邦内）	身分名	身分名		大正1	カイゼル論	福本日南
ポーランドに對する政策である。	地域名	33国（連邦内）	地域名	地域名	33国（連邦内）	大正1	カイゼル論	福本日南
に對する政策である。	地域名	33国（連邦内）	地域名	地域名	33国（連邦内）	大正1	カイゼル論	福本日南
を憎怨せらるゝ結果として、	人名	71人物名				大正1	カイゼル論	福本日南
をも大いに懷柔せらるゝ結果として、	地域名	33国（連邦内）	民族・人種名	国民名		大正1	カイゼル論	福本日南
の高壓政策を破つてかゝられた。	人名	71人物名				大正1	カイゼル論	福本日南
に自由を與へ、プロイスから送られたアルスベックの如きも免職してポーランド人を擧げらるゝなど、	地域名	33国（連邦内）	民族・人種名	国民名		大正1	カイゼル論	福本日南
から送られたアルスベックの如きも免職してポーランド人を擧げらるゝなど、	地域名	33国（連邦内）				大正1	カイゼル論	福本日南
の如きも免職してポーランド人を擧げらるゝなど、	不明	不明				大正1	カイゼル論	福本日南

頁	段	行	行中番号	表記形式	表記形式	表記形式	前文	前接要素	抽出語1	抽出ルビ1	抽出語2	抽出ルビ2	後接要素
87	2	8	1	A	2	0	最初は大いにポーランド人に自由を與へ、プロイスから送られたアルスベックの如きも免職して		ポーランド				人
87	2	9	1	A	2	0	之によつて		ポーランド				人
87	2	10	1	A	2	0	之によつてポーランド人は其德に懷くかと思はれた所が其結果は		ポーランド				人
87	2	14	1	A	2	0			ビスマルク				
87	2	16	1	A	2	0	爲めに國内の		ポーランド				人
87	2	16	2	H	1	0	爲めに國内のポーランド人は勿論、		露				領
87	2	16	3	H	1	0	爲めに國内のポーランド人は勿論、露領及び		墺				領
87	2	16	4	A	2	0	爲めに國内のポーランド人は勿論、露領及び墺領の		ポーランド				人
87	2	17	1	H	1	0	爲めに國内のポーランド人は勿論、露領及び墺領のポーランド人も擧つて皇帝を敵として		獨				領
87	2	17	2	A	2	0	爲めに國内のポーランド人は勿論、露領及び墺領のポーランド人も擧つて皇帝を敵として獨領		ポーランド				
88	1	1	1	A	2	0	是に到つて可笑しいのは初めは毀してかられた		ビスマルク				
88	1	3	1	A	2	0	而して		ビスマルク				公

後文	固有名詞・第1次単位（上位）	固有名詞・第1次単位（下位）	固有名詞・第2次単位（上位）	固有名詞・第2次単位（下位）	第3単位	発行年	公論題名	筆者名
を舉げらる、など、	地域名	33国（連邦内）	民族・人種名	国民名		大正1	カイゼル論	福本日南
は其徳に懐くかと思はれた所が其結果はポーランド人の勢力を大いに養成せられたに止つて、	地域名	33国（連邦内）	民族・人種名	国民名		大正1	カイゼル論	福本日南
の勢力を大いに養成せられたと止つて、	地域名	33国（連邦内）	民族・人種名	国民名		大正1	カイゼル論	福本日南
すら敢てし得なかつた所の壓制を加へられた。	人名	71人物名				大正1	カイゼル論	福本日南
は勿論、露領及び墺領のポーランド人も舉つて皇帝を敵として獨領ポーランドに應援するに至つた。	地域名	33国（連邦内）	民族・人種名	国民名		大正1	カイゼル論	福本日南
及び墺領のポーランド人も舉つて皇帝を敵として獨領ポーランドに應援するに至つた。	地域名	33国（連邦内）	地域名	地域名		大正1	カイゼル論	福本日南
のポーランド人も舉つて皇帝を敵として獨領ポーランドに應援するに至つた。	地域名	33国（連邦内）	地域名	地域名		大正1	カイゼル論	福本日南
も舉つて皇帝を敵として獨領ポーランドに應援するに至つた。	地域名	33国（連邦内）	民族・人種名	国民名		大正1	カイゼル論	福本日南
ポーランドに應援するに至つた。	地域名	33国（連邦内）	地域名	地域名	33国（連邦内）	大正1	カイゼル論	福本日南
に應援するに至つた。	地域名	33国（連邦内）				大正1	カイゼル論	福本日南
の政略に結局は悉く從はなければならぬことになつた。	人名	71人物名				大正1	カイゼル論	福本日南
は流石に老政治家丈けあつて、	人名	71人物名	敬称	敬称		大正1	カイゼル論	福本日南

頁	段	行	行中番号	表記形式	表記形式	表記形式	前文	前接要素	抽出語1	抽出ルビ1	抽出語2	抽出ルビ2	後接要素
88	1	4	1	A	2	0	社會黨に對しても、		ポーランド				人
88	1	9	1	A	2	0	今となつては内心に		ビスマルク				
88	2	9	1	A	2	0	其中でも最も有名なのは		ケルニッシエ、ツアイツング				
88	2	9	2	A	2	0	其中でも最も有名なのはケルニッシエ、ツアイツングであつて、		ケルン				
88	2	11	1	A	2	0	外國人は此新聞を名づけて、		ケルン				
88	2	14	1	A	2	0	それが極めてよく		カイゼル				
88	2	16	1	A	2	0	「		ケルン				
88	2	17	1	A	2	0	此新聞と並んで有名なのは		ストラッスブルゲル、ツアイツング				
89	1	1	1	H	1	0	之は		佛				國
89	1	2	1	A	2	0	之は佛國から割き取つた		アルザス				
89	1	2	2	A	2	0	之は佛國から割き取つた、アルザス、		ローレン				
89	1	3	1	A	2	0	一誤魔化しといつては失禮—		パン、ゼルマニズム				
89	1	5	1	A	2	0	然し此新聞の巧いのは、種々の問題に對して實に巧妙な詭辨を弄して、		アルサス				
89	1	6	1	A	2	0	然し此新聞の巧いのは、種々の問題に對して實に巧妙な詭辨を弄して、アルサス、		ローレン				

資料編　363

後文	固有名詞・第1次単位（上位）	固有名詞・第1次単位（下位）	固有名詞・第2次単位（上位）	固有名詞・第2次単位（下位）	第3単位	発行年	公論題名	筆者名
に對しても、高壓政策を加へたが、	地域名	33国（連邦内）	民族・人種名	国民名		大正1	カイゼル論	福本日南
はエラかつたと感じて御座る所もあらうと思ふ。	人名	71人物名				大正1	カイゼル論	福本日南
であつて、ケルンにあつて、盛んに皇帝政略を代表する。	文化名	116作品・出版物名				大正1	カイゼル論	福本日南
にあつて、盛んに皇帝政略を代表する。	地域名	42都市				大正1	カイゼル論	福本日南
の風信機」といふ。	地域名	42都市				大正1	カイゼル論	福本日南
の意志を代表するのであるから、	人名	71人物名				大正1	カイゼル論	福本日南
の風信機」なる名稱は此處から起つた。	地域名	42都市				大正1	カイゼル論	福本日南
であらうか、之は佛國から割り取つたアルザス、ローレンの誤魔化し機關である。	文化名	116作品・出版物名				大正1	カイゼル論	福本日南
から割き取つたアルザス、ローレンの誤魔化し機關である。	地域名	33国（連邦内）	地域名	略称＋国		大正1	カイゼル論	福本日南
、ローレンの誤魔化し機關である。	地域名	34州・省等				大正1	カイゼル論	福本日南
の誤魔化し機關である。	地域名	34州・省等				大正1	カイゼル論	福本日南
の機關である。	文化名	思想・主義				大正1	カイゼル論	福本日南
、ローレン二州の民を煙に捲き、	地域名	34州・省等				大正1	カイゼル論	福本日南
二州の民を煙に捲き、	地域名	34州・省等				大正1	カイゼル論	福本日南

頁	段	行	行中番号	表記形式	表記形式	表記形式	前文	前接要素	抽出語1	抽出ルビ1	抽出語2	抽出ルビ2	後接要素
89	1	6	2	A	1	0	アルサス、ローレン二州の民を煙に捲き、		獨逸				皇帝
89	1	8	1	A	2	0	第三に有名なのは		スツド、ドイッチエ、コーレスポンデンツ				
89	1	9	1	A	1	0	第三に有名なのはスツド、ドイッチエ、コーレスポンデンツ即ち	南	獨逸				
89	1	9	2	A	2	0	第三に有名なのはスツド、ドイッチエ、コーレスポンデンツ即ち南獨逸		コレスポンデンツ				
89	1	10	1	A	2	0	之は南部の諸聯邦は最初からして餘り		プルイス				
89	2	3	1	A	1	0	遠くは日本などへも		獨逸				電報
89	2	6	1	A	1	0	ソラ又		獨逸				電報
89	2	16	1	A	2	0	帝は即位の初めより		ビスマルク				公
90	1	5	1	A	2	0	それが一通りの旅行、訪問でないから、		ビスマルク				公
90	1	8	1	A	2	0	其後		ビスマルク				
90	1	12	1	H	1	0	帝が日頃羨まれる所は、一方に於ては、陸に於て際限なく	東	亞				
90	1	12	2	H	1	0	帝が日頃羨まれる所は、一方に於ては、陸に於て際限なく東亞に擴大した		露				國
90	1	13	1	H	1	0	帝が日頃羨まれる所は、一方に於ては、陸に於て際限なく東亞に擴大した露國であつて、他方に於ては海を以て家とする		英				國

資料編　365

後文	固有名詞・第1次単位（上位）	固有名詞・第1次単位（下位）	固有名詞・第2次単位（上位）	固有名詞・第2次単位（下位）	第3単位	発行年	公論題名	筆者名
の政策の政策の如何に二州にとつて幸福なるかを主張して、	地域名	33国（連邦内）	身分名	身分名		大正1	カイゼル論	福本日南
即ち南獨逸コレスポンデンツである。	文化名	116作品・出版物名				大正1	カイゼル論	福本日南
コレスポンデンツである。	地域名	33国（連邦内）	地域名	33国（連邦内）		大正1	カイゼル論	福本日南
である。	一般名詞	一般名詞				大正1	カイゼル論	福本日南
に心服してゐない。	地域名	33国（連邦内）				大正1	カイゼル論	福本日南
といふものが盛んに來る。	地域名	33国（連邦内）	一般名詞	一般名詞		大正1	カイゼル論	福本日南
がといふ事をよく口にするのである、	地域名	33国（連邦内）	一般名詞	一般名詞		大正1	カイゼル論	福本日南
と反對の意見を有せられた。	人名	71人物名	敬称	敬称		大正1	カイゼル論	福本日南
は大いに之に反對して屢々引留め策を講じたけれども、	人名	71人物名	敬称	敬称		大正1	カイゼル論	福本日南
を追ひ出された以來は最早や天上天下唯我独尊である。	人名	71人物名				大正1	カイゼル論	福本日南
に擴大した露國であつて、他方に於ては海を以て家とする英國である。	地域名	4国際地域名	地域名	4国際地域名		大正1	カイゼル論	福本日南
であつて、他方に於ては海を以て家とする英國である。	地域名	33国（連邦内）	地域名	略称＋国		大正1	カイゼル論	福本日南
である。	地域名	33国（連邦内）	地域名	略称＋国		大正1	カイゼル論	福本日南

頁	段	行	行中番号	表記形式	表記形式	表記形式	前文	前接要素	抽出語1	抽出ルビ1	抽出語2	抽出ルビ2	後接要素
90	1	13	2	A	2	0	皇帝の		アムビツション				
90	1	16	1	H	1	0	然るに陸には先代譲りの敵國たる		佛				國
90	1	16	2	H	1	0	それの興國には		露				國
90	1	17	1	H	1	0	それの興國には露國があつて、國は		露				佛
90	1	17	2	H	1	0	それの興國には露國があつて、國は	露	佛				
90	1	18	1	H	1	0	而して海に力を伸さんとすれば百有餘年海上を擅制する		英				國
90	2	1	1	A	2	0	是に於てか帝の		アムビツション				
90	2	3	1	A	2	0	此に於てか故		ビスマルク				公
90	2	5	1	H	1	0	此同盟の力を用ひて西の方は		佛				國
90	2	5	2	H	1	0	それで		露				國
90	2	6	1	H	1	0	東の方は露國を牽制して而して雄圖を		歐				洲
90	2	7	1	A	1	0	それで		獨逸				
90	2	8	1	H	1	0	それで獨逸の最も久しい與國はいふまでもなく此同盟なる		墺				伊
90	2	8	2	H	1	0	それで獨逸の最も久しい與國はいふまでもなく此同盟なる	墺	伊				
90	2	10	1	H	1	0	帝が		墺				國

後文	固有名詞・第1次単位（上位）	固有名詞・第1次単位（下位）	固有名詞・第2次単位（上位）	固有名詞・第2次単位（下位）	第3単位	発行年	公論題名	筆者名
は寔に宏大であつて、陸に於て香象となると同時に	一般名詞	一般名詞				大正1	カイゼル論	福本日南
あり、それの興國には露國があつて、國は露佛の間に介在する。	地域名	33国（連邦内）	地域名	略称＋国		大正1	カイゼル論	福本日南
があつて、國は露佛の間に介在する。	地域名	33国（連邦内）	地域名	略称＋国		大正1	カイゼル論	福本日南
の間に介在する。	地域名	33国（連邦内）	地域名	地域名列挙		大正1	カイゼル論	福本日南
の間に介在する。	地域名	33国（連邦内）	地域名	地域名列挙		大正1	カイゼル論	福本日南
がある。	地域名	33国（連邦内）	地域名	略称＋国		大正1	カイゼル論	福本日南
を充さんとすれば何等かの政策を以て此等の國を悉く叩き附けなければならぬ。	一般名詞	一般名詞				大正1	カイゼル論	福本日南
の遺留したる賢明なる三國同盟を第一に繼續しなければならぬ。	人名	71人物名	敬称	敬称	接頭辞	大正1	カイゼル論	福本日南
を威壓し、	地域名	33国（連邦内）	地域名	略称＋国		大正1	カイゼル論	福本日南
を牽制して而して雄圖を歐洲の大陸に伸べやうといふのである。	地域名	33国（連邦内）	地域名	略称＋国		大正1	カイゼル論	福本日南
の大陸に伸べやうといふのである。	地域名	4国際地域名	地域名	4国際地域名		大正1	カイゼル論	福本日南
の最も久しい興國はいふまでもなく此同盟なる墺伊二國であるが、	地域名	33国（連邦内）				大正1	カイゼル論	福本日南
二國であるが、	地域名	33国（連邦内）	地域名	地域名列挙		大正1	カイゼル論	福本日南
二國であるが、	地域名	33国（連邦内）				大正1	カイゼル論	福本日南
に對する秘中の秘策は掩はんと欲して掩ふべからざる所がある。	地域名	33国（連邦内）	地域名	略称＋国		大正1	カイゼル論	福本日南

368

頁	段	行	行中番号	表記形式	表記形式	表記形式	前文	前接要素	抽出語1	抽出ルビ1	抽出語2	抽出ルビ2	後接要素
90	2	11	1	H	1	0	彼の		墺				國
90	2	11	2	A	1	0	彼の墺國たる人々の知れるが如く		墺太利				
90	2	12	1	A	1	0	彼の墺國たる人々の知れるが如く墺太利と		匈牙利				
90	2	12	2	A	1	0	而かも		匈牙利				
90	2	15	1	H	1	0	然しながら今に於て一旦		墺				國
90	2	15	2	A	1	0	然しながら今に於て一旦墺國と分離すれば		墺太利				
90	2	15	3	A	1	0	然しながら今に於て一旦墺國と分離すれば墺太利も		匈牙利				
90	2	18	1	A	2	0	それで		カイゼル				
91	1	3	1	A	2	0	それから其次に帝の眼中に映ずる所のものは		バルカン				半島
91	1	4	1	H	1	0	之については味方たるべき		墺				國
91	1	5	1	H	1	0	況んや		露				國
91	1	9	1	A	1	0	それは廣大なるもので千九百年の		巴里				
91	1	10	1	A	1	0	それは廣大なるもので千九百年の巴里萬國大博覽會の際、海中に設けられた	北	獨逸				
91	1	10	2	A	2	0	それは廣大なるもので千九百年の巴里萬國大博覽會の際、海中に設けられた北獨逸		ロイド				館

後文	固有名詞・第1次単位（上位）	固有名詞・第1次単位（下位）	固有名詞・第2次単位（上位）	固有名詞・第2次単位（下位）	第3単位	発行年	公論題名	筆者名
たる人々の知れるが如く墺太利と匈牙利との兩國より成つてゐて	地域名	33国（連邦内）	地域名	略称＋国		大正1	カイゼル論	福本日南
と匈牙利との兩國より成つてゐて	地域名	33国（連邦内）				大正1	カイゼル論	福本日南
との兩國より成つてゐて	地域名	33国（連邦内）				大正1	カイゼル論	福本日南
は久しき前から獨立を回復せんと欲し、	地域名	33国（連邦内）				大正1	カイゼル論	福本日南
と分離すれば墺太利も匈牙利も二千萬足らずの中等國となる。	地域名	33国（連邦内）	地域名	略称＋国		大正1	カイゼル論	福本日南
も匈牙利も二千萬足らずの中等國となる。	地域名	33国（連邦内）				大正1	カイゼル論	福本日南
も二千萬足らずの中等國となる。	地域名	33国（連邦内）				大正1	カイゼル論	福本日南
の此方面に向ての希望が帝の一代に實現せられる、や否やといふ事は勿論疑問である。	人名	71人物名				大正1	カイゼル論	福本日南
の併合であらう。	地形名	49陸上地形名	地形名	49陸上地形名		大正1	カイゼル論	福本日南
も甚だ之を好まぬのである。	地域名	33国（連邦内）	地域名	略称＋国		大正1	カイゼル論	福本日南
は尚更ら之を欲しない。	地域名	33国（連邦内）	地域名	略称＋国		大正1	カイゼル論	福本日南
萬國大博覧會の際、海中に設けられた北獨逸ロイド館の壁上に	地域名	42都市				大正1	カイゼル論	福本日南
ロイド館の壁上に	地域名	33国（連邦内）	地域名	33国（連邦内）	56建造物名	大正1	カイゼル論	福本日南
の壁上に	建造物名	56建造物名	建造物名	56建造物名	56建造物名	大正1	カイゼル論	福本日南

資料編　369

頁	段	行	行中番号	表記形式	表記形式	表記形式	前文	前接要素	抽出語1	抽出ルビ1	抽出語2	抽出ルビ2	後接要素
91	1	10	3	A	1	0	海中に設けられた北獨逸ロイド館の壁上に		獨逸				
91	1	14	1	A	1	0	さりながら		獨逸				
91	1	16	1	H	1	0			英				國
91	1	17	1	A	2	0	今少し		アトランチック				
91	1	18	1	A	1	0	是に於てか帝の希望は		和蘭				
91	1	18	2	A	2	0	是に於てか帝の希望は和蘭の		ロッテルダム				
91	2	1	1	A	2	0	是に於てか帝の希望は和蘭のロッテルダムや		アムステルダム				
91	2	1	2	A	1	0	是に於てか帝の希望は和蘭のロッテルダムやアムステルダム、及び		白耳義				
91	2	1	3	A	2	0	是に於てか帝の希望は和蘭のロッテルダムやアムステルダム、及び白耳義の		アンヴエル				
91	2	2	1	H	1	0	多年一日		蘭				白
91	2	2	2	H	1	0	多年一日	蘭	白				
91	2	4	1	H	1	0	若し此絶對の中立國たる		蘭				白
91	2	4	2	H	1	0	若し此絶對の中立國たる	蘭	白				
91	2	4	3	A	1	0	若し此絶對の中立國たる蘭白兩國が		獨逸				

資料編 371

後文	固有名詞・第1次単位（上位）	固有名詞・第1次単位（下位）	固有名詞・第2次単位（上位）	固有名詞・第2次単位（下位）	第3単位	発行年	公論題名	筆者名
の將來は海上に在り」といふ大文字をあらはされたが、	地域名	33国（連邦内）				大正1	カイゼル論	福本日南
をして海上王たらしめんと欲せらるるには	地域名	33国（連邦内）				大正1	カイゼル論	福本日南
の前に立て彼國の海權を奪はんとせらるゝには、	地域名	33国（連邦内）	地域名	略称＋国		大正1	カイゼル論	福本日南
の方面に良好なる商港を有せねばならぬ。	地形名	52海洋名				大正1	カイゼル論	福本日南
のロツテルダムやアムステルダム、及白耳義のアンヴエルに向はざるを得ない。	地域名	33国（連邦内）				大正1	カイゼル論	福本日南
やアムステルダム、及白耳義のアンヴエルに向はざるを得ない。	地域名	42都市				大正1	カイゼル論	福本日南
、及白耳義のアンヴエルに向はざるを得ない。	地域名	42都市				大正1	カイゼル論	福本日南
のアンヴエルに向はざるを得ない。	地域名	33国（連邦内）				大正1	カイゼル論	福本日南
に向はざるを得ない。	地域名	42都市				大正1	カイゼル論	福本日南
の兩國を併合しようと思召す帝の希望は年を追うてあらはれて來たのである。	地域名	33国（連邦内）	地域名	地域名列挙		大正1	カイゼル論	福本日南
の兩國を併合しようと思召す帝の希望は年を追うてあらはれて來たのである。	地域名	33国（連邦内）	地域名	地域名列挙		大正1	カイゼル論	福本日南
兩國が獨逸の版圖に歸したが最後、欧洲の均衡が忽ち破れる。	地域名	33国（連邦内）	地域名	地域名列挙	地域名	大正1	カイゼル論	福本日南
兩國が獨逸の版圖に歸したが最後、欧洲の均衡が忽ち破れる。	地域名	33国（連邦内）	地域名	地域名列挙	地域名	大正1	カイゼル論	福本日南
の版圖に歸したが最後、欧洲の均衡が忽ち破れる。	地域名	33国（連邦内）				大正1	カイゼル論	福本日南

頁	段	行	行中番号	表記形式	表記形式	表記形式	前文	前接要素	抽出語1	抽出ルビ1	抽出語2	抽出ルビ2	後接要素
91	2	5	1	H	1	0	若し此絶對の中立國たる蘭白兩國が獨逸の版圖に歸したが最後、		歐				洲
91	2	6	1	H	1	0	然るに近年の狀態では		佛				國
91	2	6	2	A	2	0	然るに近年の狀態では佛國一個の力では		カイゼル				
91	2	8	1	H	1	0	是に於て最も恐怖を抱く所のものは誰よりも先づ		英				國
91	2	8	2	H	1	0			英				國
91	2	8	3	H	1	0	英國は其海權の自衛上、		佛				國
91	2	9	1	A	2	0	それで久しく		カイゼル				
91	2	9	1	H	1	0	それで久しくカイゼルの間にあつた		英				佛
91	2	9	2	H	1	0	それで久しくカイゼルの間にあつた	英	佛				
91	2	10	1	A	2	0	それで久しくカイゼルの間にあつた英佛の手は、		ドヴアー				
91	2	12	1	A	2	0	今では		コルヂアル、アンタント				
91	2	14	1	A	2	0	即ち		カイゼル				
91	2	15	1	A	2	0	斯様な次第であるから東の方		バルカン				
91	2	15	2	H	1	0	東の方バルカンの方面に出でんと欲して得ず、		墺				匈
91	2	15	3	H	1	0	東の方バルカンの方面に出でんと欲して得ず、	墺	匈				

資料編　373

後文	固有名詞・第1次単位（上位）	固有名詞・第1次単位（下位）	固有名詞・第2次単位（上位）	固有名詞・第2次単位（下位）	第3単位	発行年	公論題名	筆者名
の均衡が忽ち破れる。	地域名	4 国際地域名	地域名	4 国際地域名		大正1	カイゼル論	福本日南
一個の力ではカイゼルの此野心を挫くに足らぬ。	地域名	33国（連邦内）	地域名	略称＋国		大正1	カイゼル論	福本日南
此野心を挫くに足らぬ。	人名	71人物名				大正1	カイゼル論	福本日南
である。	地域名	33国（連邦内）	地域名	略称＋国		大正1	カイゼル論	福本日南
は其海權の自衞上、佛國を助けて之に當らざるを得ぬ事となつた。	地域名	33国（連邦内）	地域名	略称＋国		大正1	カイゼル論	福本日南
を助けて之に當らざるを得ぬ事となつた。	地域名	33国（連邦内）	地域名	略称＋国		大正1	カイゼル論	福本日南
の間にあった英佛の手は、ドヴァーの海峡の此岸彼岸から離れ命ずるとなく伸ばされて、	人名	71人物名				大正1	カイゼル論	福本日南
の手は、ドヴァーの海峡の此岸彼岸から離れ命ずるとなく伸ばされて、	地域名	33国（連邦内）	地域名	地域名列挙		大正1	カイゼル論	福本日南
の手は、ドヴァーの海峡の此岸彼岸から離れ命ずるとなく伸ばされて、	地域名	33国（連邦内）	地域名	地域名列挙		大正1	カイゼル論	福本日南
の海峡の此岸彼岸から離れ命ずるとなく伸ばされて、	地形名	50河川湖沼名				大正1	カイゼル論	福本日南
と稱せらるれども、事實的同盟を形成するに至つた。	一般名詞	一般名詞				大正1	カイゼル論	福本日南
の野心は兩國を驅つて敵國とならしめられたのである。	人名	71人物名				大正1	カイゼル論	福本日南
の方面に出でんと欲して得ず、	地形名	49陸上地形名				大正1	カイゼル論	福本日南
國を併すのは用意の業でなし、	地域名	33国（連邦内）	地域名	地域名列挙	略称＋国	大正1	カイゼル論	福本日南
國を併すのは用意の業でなし、	地域名	33国（連邦内）	地域名	地域名列挙	略称＋国	大正1	カイゼル論	福本日南

頁	段	行	行中番号	表記形式	表記形式	表記形式	前文	前接要素	抽出語1	抽出ルビ1	抽出語2	抽出ルビ2	後接要素
91	2	16	1	H	1	0	墺匈國を併すのは用意の業でなし、		蘭				白
91	2	16	2	H	1	0	墺匈國を併すのは用意の業でなし、	蘭	白				
91	2	16	3	H	1	0	蘭白兩國の背後には		英				佛
91	2	17	1	H	1	0	蘭白兩國の背後には	英	佛				
92	1	2	1	H	1	0	そこでずつと遠方の爲し易しさうな處に手をつけられたのか、		歐				洲
92	1	2	2	A	1	0	そこでずつと遠方の爲し易しさうな處に手をつけられたのか、歐洲に於ては		土耳古				
92	1	3	1	A	1	0	歐洲に於ては土耳古であり、	西部	亞細亞				
92	1	3	2	A	1	0	歐洲に於ては土耳古であり、西部亞細亞に於ては		波斯				
92	1	3	4	A	1	0	西部亞細亞に於ては波斯であり、東洋に於ては		支那				
92	1	5	1	A	1	0	然し之も容易でないのは、		土耳古				
92	1	5	2	A	1	0	然し之も容易でないのは、土耳古及び		波斯				
92	1	6	1	H	1	0	然し之も容易でないのは、土耳古及び波斯に關しては最も大いなる利害を有する		露				國
92	1	7	1	A	1	0	又		支那				
92	1	7	2	A	2	0			カイゼル				

資料編　375

後文	固有名詞・第1次単位（上位）	固有名詞・第1次単位（下位）	固有名詞・第2次単位（上位）	固有名詞・第2次単位（下位）	第3単位	発行年	公論題名	筆者名
兩國の背後には英佛か陸海の力を併して控へてゐる。	地域名	33国（連邦内）	地域名	地域名列挙	地域名	大正1	カイゼル論	福本日南
兩國の背後には英佛か陸海の力を併して控へてゐる。	地域名	33国（連邦内）	地域名	地域名列挙	地域名	大正1	カイゼル論	福本日南
か陸海の力を併して控へてゐる。	地域名	33国（連邦内）	地域名	地域名列挙		大正1	カイゼル論	福本日南
か陸海の力を併して控へてゐる。	地域名	33国（連邦内）	地域名	地域名列挙		大正1	カイゼル論	福本日南
に於ては土耳古であり、	地域名	4 国際地域名	地域名	4 国際地域名		大正1	カイゼル論	福本日南
であり、	地域名	33国（連邦内）				大正1	カイゼル論	福本日南
に於ては波斯であり、	地域名	4 国際地域名	地域名	地域名		大正1	カイゼル論	福本日南
であり、	地域名	33国（連邦内）				大正1	カイゼル論	福本日南
である	地域名	33国（連邦内）				大正1	カイゼル論	福本日南
及び波斯に關しては最も大いなる利害を有する露國がある。	地域名	33国（連邦内）				大正1	カイゼル論	福本日南
に關しては最も大いなる利害を有する露國がある。	地域名	33国（連邦内）				大正1	カイゼル論	福本日南
がある。	地域名	33国（連邦内）	地域名	略称＋国		大正1	カイゼル論	福本日南
に對しては我日本帝國といふものがある。	地域名	33国（連邦内）				大正1	カイゼル論	福本日南
の希望を手放しに達せられた日には露國も立ち行き兼ねれば、	人名	71人物名				大正1	カイゼル論	福本日南

頁	段	行	行中番号	表記形式	表記形式	表記形式	前文	前接要素	抽出語1	抽出ルビ1	抽出語2	抽出ルビ2	後接要素
92	1	8	1	H	1	0	カイゼルの希望を手放しに達せられた日には		露				國
92	1	9	1	H	1	0			露				國
92	1	11	1	A	1	0			波斯				
92	1	13	1	A	1	0	又日本も臆病なりと雖も		支那				
92	1	16	1	A	1	0			獨逸				海軍
92	2	1	1	A	2	0			サルタン				
92	2	1	2	A	2	0	サルタンを訪問せらる、かと思へば		ツアール				
92	2	2	1	A	1	0	轉じては		印度				皇帝
92	2	2	2	A	2	0	轉じては印度皇帝兼		ブリテン				王
92	2	4	1	A	1	0	其間には偵察半分遊山半分に		巴里				
92	2	6	1	A	2	0	然しながら年に一度		ケルン				
92	2	8	1	A	2	0	此		ケルン				
92	2	9	1	A	1	0	イヤ		巴里				
92	2	11	1	H	4	0	頭文字丈けを取つてゐへば		R.I.				
92	2	14	1	A	1	0	此際は御微行も御微行、丸で田舎の伯爵か子爵が		巴里				見物

資料編　377

後文	固有名詞・第1次単位（上位）	固有名詞・第1次単位（下位）	固有名詞・第2次単位（上位）	固有名詞・第2次単位（下位）	第3単位	発行年	公論題名	筆者名
も立ち行き兼ねれば、	地域名	33国（連邦内）	地域名	略称＋国		大正1	カイゼル論	福本日南
か如何に東方戰爭失敗の餘とはいへ、	地域名	33国（連邦内）	地域名	略称＋国		大正1	カイゼル論	福本日南
に向て存外強硬に折衝の手を加へつゝ、あるではないか。	地域名	33国（連邦内）				大正1	カイゼル論	福本日南
に對する皇帝の希望を手放しに實施されて、	地域名	33国（連邦内）				大正1	カイゼル論	福本日南
の年々其勢力を加ふるは何よりの證據といはねばならぬ。	地域名	33国（連邦内）	組織名	86機関名		大正1	カイゼル論	福本日南
を訪問せらるゝ、かと思へばツアールの手も握らるゝ、。	人名	71人物名				大正1	カイゼル論	福本日南
の手も握らるゝ。	人名	71人物名				大正1	カイゼル論	福本日南
兼ブリテン王との御會見も一再でない。	地域名	33国（連邦内）	身分名	身分名		大正1	カイゼル論	福本日南
との御會見も一再でない。	地域名	33国（連邦内）	身分名	身分名		大正1	カイゼル論	福本日南
まで年に一度位づゝは微行して歩を移さるゝ、といふ事である。	地域名	42都市				大正1	カイゼル論	福本日南
の地方に行幸せらるゝ、こと丈は世間一般に認めてゐる。	地域名	42都市				大正1	カイゼル論	福本日南
行幸が癖物である。	地域名	42都市				大正1	カイゼル論	福本日南
への抜け遊びもあるらしい。	地域名	42都市				大正1	カイゼル論	福本日南
となる御旅館だといふ事である。	建造物名	56建造物名				大正1	カイゼル論	福本日南
といつたやうな、簡単な扮装で、信任する左右二人を連れて赴かせらるゝ、といふ事である。	地域名	42都市	一般名詞	一般名詞		大正1	カイゼル論	福本日南

頁	段	行	行中番号	表記形式	表記形式	表記形式	前文	前接要素	抽出語1	抽出ルビ1	抽出語2	抽出ルビ2	後接要素
92	2	17	1	A	1	0	此		巴里				
93	1	1	1	A	2	0	それは		モロツコ				問題
93	1	3	1	A	1	0	例によつて兩人の侍從武官と共に輕装して		巴里				
93	1	5	1	H	1	0	當時		佛				國
93	1	5	2	A	2	0	當時佛國の外務大臣である		デルカツセ				
93	1	7	1	A	2	0	すると		デルカツセ				氏
93	1	10	1	A	2	0	其場所は		パルコモンソー				
93	1	11	1	A	2	0	黄昏頃皇帝は二人の侍從と		パルコ				
93	1	18	1	H	1	0	皇帝は		佛				語
93	2	5	1	A	1	0			巴里				見物
93	2	11	1	A	2	0	只一人の外交家		デルカツセ				
93	2	12	1	A	2	0	處が		ケルン				
93	2	14	1	A	1	0	何處にゐさせられたかといふので		伯林				政府
93	2	15	1	A	1	0	或は又例の		巴里				
93	2	15	2	A	1	0	或は又例の巴里御旅行ではなからうかといふので、		巴里				

後文	固有名詞・第1次単位（上位）	固有名詞・第1次単位（下位）	固有名詞・第2次単位（上位）	固有名詞・第2次単位（下位）	第3単位	発行年	公論題名	筆者名
御微行の時に非常な危厄にあはれたといふ事もある。	地域名	42都市				大正1	カイゼル論	福本日南
發生の當初であつた。	地域名	33国（連邦内）	その他	課題・問題名		大正1	カイゼル論	福本日南
に入り込まれた。	地域名	42都市				大正1	カイゼル論	福本日南
の外務大臣であるデルカッセは何日の何時頃にどの方面から皇帝は入り來るといふ事を突き止めた。	地域名	33国（連邦内）	地域名	略称+国		大正1	カイゼル論	福本日南
は何日の何時頃にどの方面から皇帝は入り來るといふ事を突き止めた。	人名	71人物名				大正1	カイゼル論	福本日南
一代の奇策を案出したのである。	人名	71人物名	敬称	敬称		大正1	カイゼル論	福本日南
の邊であつたと聞いて居る。	地域名	43村落				大正1	カイゼル論	福本日南
の邊をスタ〳〵やつて來られた。	地域名	43村落				大正1	カイゼル論	福本日南
は巧みである。	地域名	33国（連邦内）	文化名	113言語名		大正1	カイゼル論	福本日南
の爲めに來た旅客であるといふ。	地域名	42都市	一般名詞	一般名詞		大正1	カイゼル論	福本日南
が知るのみである。	人名	71人物名				大正1	カイゼル論	福本日南
に於ける皇帝の行幸の先きでは前日來皇帝のお姿を見失つた。	地域名	42都市				大正1	カイゼル論	福本日南
は非常な心配である。	地域名	42都市	組織名	86機関名		大正1	カイゼル論	福本日南
御旅行ではなからうかといふので、	地域名	42都市				大正1	カイゼル論	福本日南
にある獨逸大使館に秘密電報がかゝつたのである。	地域名	42都市				大正1	カイゼル論	福本日南

頁	段	行	行中番号	表記形式	表記形式	表記形式	前文	前接要素	抽出語1	抽出ルビ1	抽出語2	抽出ルビ2	後接要素
93	2	15	3	A	1	0	或は又例の巴里御旅行ではなからうかといふので、巴里にある		獨逸				大使館
94	1	1	2	A	1	0	此際フイと思ひついたのは		紐育				ヘラルド
94	1	1	3	A	2	0	此際フイと思ひついたのは	紐育	ヘラルド				
94	1	1	4	A	1	0	此際フイと思ひついたのは紐育ヘラルドの		巴里				エヂションン
94	1	1	5	A	2	0	此際フイと思ひついたのは紐育ヘラルドの	巴里	エヂション				
94	1	15	1	A	1	0	自分は		獨逸				大使
94	1	18	1	A	2	0	此細工をやつた男は		デルカツセ				
94	2	5	1	A	2	0	言葉を残して此處を出て、其足にて直ちに		ケードルセイ				
94	2	6	1	A	2	0	有名なる記者であるから		デルカツセ				
94	2	10	1	H	1	0	其御處分如何によつては由々しき		佛				國
94	2	12	1	A	2	0			デルカツセ				
94	2	18	1	A	1	0			佛蘭西				
94	2	18	2	A	1	0	佛蘭西に		佛蘭西				
95	1	10	1	A	2	0			デルカツセ				
95	1	14	1	A	2	0	其儘彼は		ケードルセイ				
95	1	15	1	A	1	0	其足にて		獨逸				大使館

後文	固有名詞・第1次単位（上位）	固有名詞・第1次単位（下位）	固有名詞・第2次単位（上位）	固有名詞・第2次単位（下位）	第3単位	発行年	公論題名	筆者名
に秘密電報がかゝつたのである。	地域名	33国（連邦内）	組織名	86機関名		大正1	カイゼル論	福本日南
の巴里エヂションの主筆である。	地域名	42都市	文化名	116作品・出版物名		大正1	カイゼル論	福本日南
の巴里エヂションの主筆である。	文化名	116作品・出版物名	文化名	116作品・出版物名		大正1	カイゼル論	福本日南
の主筆である。	地域名	42都市	文化名	116作品・出版物名		大正1	カイゼル論	福本日南
の主筆である。	文化名	116作品・出版物名	文化名	116作品・出版物名		大正1	カイゼル論	福本日南
の使命を帯びて陛下を訪問したものであるといふ意を通じた。	地域名	33国（連邦内）	身分名	身分名		大正1	カイゼル論	福本日南
であらう。	人名	71人物名				大正1	カイゼル論	福本日南
にある外務大臣の官舎を訪れた。	地域名	42都市				大正1	カイゼル論	福本日南
は早速に面會した。	人名	71人物名				大正1	カイゼル論	福本日南
の大問題である。	地域名	33国（連邦内）	地域名	略称＋国		大正1	カイゼル論	福本日南
の眼は輝いて、何、主權者といふか。	人名	71人物名				大正1	カイゼル論	福本日南
に佛蘭西自衞の權がある。	地域名	33国（連邦内）				大正1	カイゼル論	福本日南
自衞の權がある。	地域名	33国（連邦内）				大正1	カイゼル論	福本日南
も相當に出すは出すであらうが、	人名	71人物名				大正1	カイゼル論	福本日南
を去つて、	地域名	42都市				大正1	カイゼル論	福本日南
に赴き、其始終を物語つたのである。	地域名	33国（連邦内）	組織名	86機関名		大正1	カイゼル論	福本日南

頁	段	行	行中番号	表記形式	表記形式	表記形式	前文	前接要素	抽出語1	抽出ルビ1	抽出語2	抽出ルビ2	後接要素
95	2	3	1	A	2	0	記者先生は透かさず		デルカツセ				
95	2	5	1	A	1	0	記者は素より		巴里				
95	2	8	1	A	2	0	而して直ちに		シヤンゼリゼー				
95	2	9	1	A	2	0	當時の大統領は		フアリエール				
95	2	11	1	A	1	0	閣下は今夕此		巴里				
95	2	11	2	H	1	0	閣下は今夕此巴里に起つた、		佛				國
95	2	12	1	A	2	0			フアリエール				
95	2	18	1	H	1	0	そこで記者先生は一部始終を話して斯の如きことは實に		獨				佛
95	2	18	2	H	1	0	そこで記者先生は一部始終を話して斯の如きことは實に	獨	佛				
96	1	2	1	H	1	0	斯様な事をせられては		佛				國
96	1	4	1	A	2	0			フアリエール				氏
96	1	7	1	A	2	0	直ちに馬車を命じて		デルカツセ				氏
96	1	10	1	A	2	0	其夜の中に嫌疑者の		カイゼル				
96	1	11	1	A	2	0	翌日の議會に		フアリエール				

資料編　383

後文	固有名詞・第1次単位（上位）	固有名詞・第1次単位（下位）	固有名詞・第2次単位（上位）	固有名詞・第2次単位（下位）	第3単位	発行年	公論題名	筆者名
の臭はせた鼻薬の談をも此際持込んだのである、	人名	71人物名				大正1	カイゼル論	福本日南
の政界通であるから、早くも此際に一策を劃したのである。	地域名	42都市				大正1	カイゼル論	福本日南
の大統領の官舎へと馬車を驅つたのである。	地域名	42都市				大正1	カイゼル論	福本日南
で有名なる穏和家である。	人名	71人物名				大正1	カイゼル論	福本日南
に起つた、佛國の一大事を御承知であるかと問うた。	地域名	42都市				大正1	カイゼル論	福本日南
の一大事を御承知であるかと問うた。	地域名	33国（連邦内）	地域名	略称＋国		大正1	カイゼル論	福本日南
は怪訝な顔で、それは何の事かと問い返した。	人名	71人物名				大正1	カイゼル論	福本日南
戰爭の再現である。	地域名	33国（連邦内）	地域名	地域名列挙	110事件名	大正1	カイゼル論	福本日南
戰爭の再現である。	地域名	33国（連邦内）	地域名	地域名列挙	110事件名	大正1	カイゼル論	福本日南
を危険に陥るのではなからうかと心配の餘り閣下のお耳に入れるのであるといつた。	地域名	33国（連邦内）	地域名	略称＋国		大正1	カイゼル論	福本日南
は非常の驚愕と恐怖とを以て若しそれが事實とすれば片時も捨て置かれぬ事であるといひながら、	人名	71人物名	敬称	敬称		大正1	カイゼル論	福本日南
の官舎に赴いた。	人名	71人物名	敬称	敬称		大正1	カイゼル論	福本日南
は放還せられたのである。	人名	71人物名				大正1	カイゼル論	福本日南
は下院に臨んだが廊下に於て、	人名	71人物名				大正1	カイゼル論	福本日南

384

頁	段	行	行中番号	表記形式	表記形式	表記形式	前文	前接要素	抽出語1	抽出ルビ1	抽出語2	抽出ルビ2	後接要素
96	1	15	1	H	1	0	それかあらぬか秘密に		佛				國
96	1	16	1	A	1	0	それかあらぬか秘密に佛國の政界に働いた		獨逸				政策
96	1	16	2	A	2	0	それかあらぬか秘密に佛國の政界に働いた獨逸政策の手は同國社會黨の首領		ジョーレ				氏
96	1	17	1	A	2	0	それかあらぬか秘密に佛國の政界に働いた獨逸政策の手は同國社會黨の首領ジョーレ氏によつて		モロツコ				
96	1	17	2	A	2	0	それかあらぬか秘密に佛國の政界に働いた獨逸政策の手は同國社會黨の首領ジョーレ氏によつてモロツコ問題について大攻撃の鋒先が		デルカツセ				氏
96	1	18	1	A	2	0	一年の後に		デルカツセ				氏
96	2	2	1	A	1	0	此際に外交家の一人が		獨逸				
96	2	2	2	A	2	0	此際に外交家の一人が獨逸の大宰相		フオン、ビユーロー				公爵夫人
96	2	3	1	A	2	0	談偶々		デルカツセ				
96	2	7	1	A	1	0	然し		巴里				
96	2	12	1	A	1	0	帝は即位の後未だ一年をも出でざる中に		土耳古				

後文	固有名詞・第1次単位（上位）	固有名詞・第1次単位（下位）	固有名詞・第2次単位（上位）	固有名詞・第2次単位（下位）	第3単位	発行年	公論題名	筆者名
の政界に働いた獨逸政策の手は同國社會黨の首領ジョーレ氏によつてモロツコ問題について大攻撃の鋒先がデルカツセ氏に向けられた。	地域名	33国（連邦内）	地域名	略称＋国		大正1	カイゼル論	福本日南
の手は同國社會黨の首領ジョーレ氏によつてモロツコ問題について大攻撃の鋒先がデルカツセ氏に向けられた。	地域名	33国（連邦内）	愛称名	125プロジェクト名		大正1	カイゼル論	福本日南
によつてモロツコ問題について大攻撃の鋒先がデルカツセ氏に向けられた。	人名	71人物名	敬称	敬称		大正1	カイゼル論	福本日南
について大攻撃の鋒先がデルカツセ氏に向けられた。	地域名	33国（連邦内）				大正1	カイゼル論	福本日南
に向けられた。	地域名	33国（連邦内）	敬称	敬称		大正1	カイゼル論	福本日南
は遂に外務大臣の地位を退くの止むを得ざるに至つた。	人名	71人物名	敬称	敬称		大正1	カイゼル論	福本日南
の大宰相フォン、ビユーロー公爵夫人を訪問し、	地域名	33国（連邦内）				大正1	カイゼル論	福本日南
を訪問し、	人名	71人物名	身分名	身分名		大正1	カイゼル論	福本日南
辭職の事に及んだ。	人名	71人物名				大正1	カイゼル論	福本日南
では確かに事實であると今に信じてゐるものが少くない。	地域名	42都市				大正1	カイゼル論	福本日南
の地方から地中海沿岸の二三國を訪問せられた。	地域名	33国（連邦内）				大正1	カイゼル論	福本日南

頁	段	行	行中番号	表記形式	表記形式	表記形式	前文	前接要素	抽出語1	抽出ルビ1	抽出語2	抽出ルビ2	後接要素
96	2	13	1	A	2	0	其際に		マルタ				島
96	2	16	1	A	1	0	やがて外交の手を用ひて之を		獨逸				
96	2	17	1	A	1	0	此等を手始めとして或は		波斯				
96	2	17	2	A	1	0	此等を手始めとして或は波斯に		獨逸				
96	2	17	3	A	1	0	殆んど		波斯				
97	1	1	1	A	1	0	殆んど波斯の國を舉げて一時は全く		獨逸				
97	1	2	1	A	2	0	又		サルタン				
97	1	3	1	A	1	0	又サルタンの政府を籠絡して昨年の如きは		獨逸				
97	1	4	1	A	1	0	それから		亞弗利加				
97	1	4	2	H	1	0	それから亞弗利加に於ては彼の		英				國
97	1	7	1	A	2	0	將來同大陸に大勢力を扶植するの素地をなされたのも此帝であり、		モロツコ				問題
97	1	9	1	H	1	0	然しながら種々の難問を吹き掛けて		佛				國
97	1	10	1	A	2	0	然しながら		コンゴー				

資料編　387

後文	固有名詞・第1次単位（上位）	固有名詞・第1次単位（下位）	固有名詞・第2次単位（上位）	固有名詞・第2次単位（下位）	第3単位	発行年	公論題名	筆者名
の近傍にある何とかいふ島、今一寸其名をど忘れしたが、	地形名	49陸上地形名	地形名	49陸上地形名		大正1	カイゼル論	福本日南
の旗下に置かれた。	地域名	33国（連邦内）				大正1	カイゼル論	福本日南
に獨逸の勢力を廣大せられ、殆んど波斯の國を舉げて一時は全く獨逸の勢力の下に置かる、までに至つた。	地域名	33国（連邦内）				大正1	カイゼル論	福本日南
の勢力を廣大せられ、殆んど波斯の國を舉げて一時は全く獨逸の勢力の下に置かる、までに至つた。	地域名	33国（連邦内）				大正1	カイゼル論	福本日南
の國を舉げて一時は全く獨逸の勢力の下に置かる、までに至つた。	地域名	33国（連邦内）				大正1	カイゼル論	福本日南
の勢力の下に置かる、までに至つた。	地域名	33国（連邦内）				大正1	カイゼル論	福本日南
の政府を籠絡して昨年の如きは獨逸と秘密同盟が成立つたと世界に信ぜらる、迄此國をも懷柔された。	人名	71人物名				大正1	カイゼル論	福本日南
と秘密同盟が成立つたと世界に信ぜらる、迄此國をも懷柔された。	地域名	33国（連邦内）				大正1	カイゼル論	福本日南
に於ては彼の英國の縦斷鐵道に對して橫斷鐵道を計畫して、	地域名	33国（連邦内）				大正1	カイゼル論	福本日南
の縦斷鐵道に對して橫斷鐵道を計畫して、	地域名	33国（連邦内）	地域名	略称＋国		大正1	カイゼル論	福本日南
については少々藪を突ついて蛇を出された氣味が無いでもないが	地域名	33国（連邦内）	歴史名	課題・問題名		大正1	カイゼル論	福本日南
の弱味に付け込まれた結果はあれでもコンゴーの方面に於て少からざる殖民地の譲與を□ち得られたのである。	地域名	33国（連邦内）	地域名	略称＋国		大正1	カイゼル論	福本日南
方面に於て少からざる殖民地の譲與を□ち得られたのである。	地域名	33国（連邦内）				大正1	カイゼル論	福本日南

頁	段	行	行中番号	表記形式	表記形式	表記形式	前文	前接要素	抽出語1	抽出ルビ1	抽出語2	抽出ルビ2	後接要素
97	1	12	1	A	1	0	而して東方に於ては人々の知る通りに明治三十三年の	北	清				亂
97	1	12	2	A	1	0	而して東方に於ては人々の知る通りに明治三十三年の北清亂以來		膠洲				港
97	1	12	3	A	1	0	而して東方に於ては人々の知る通りに明治三十三年の北清亂以來膠洲港は永く		獨逸				三色旗
97	1	13	1	A	1	0	機會が來たならば		山東				
97	1	14	1	A	2	0	機會が來たならば山東の大半島もどうやら		ゼルマンゼー				せ
97	1	16	1	A	1	0	而して彼の三國同盟の基礎が緩みかゝつたのを見るや否や		露西亞				
97	1	17	1	H	1	0	露西亞の西に向つて之を爭はざる丈けの機會を捉へて、		墺				國
97	1	17	2	A	1	0	露西亞の西に向つて之を爭はざる丈けの機會を捉へて、墺國をして		土耳古				領
97	1	17	3	A	2	0	露西亞の西に向つて之を爭はざる丈けの機會を捉へて、墺國をして土耳古領の		ボスニヤ、ヘルツゴヴイナ				
97	1	18	1	H	1	0	露西亞の西に向つて之を爭はざる丈けの機會を捉へて、墺國をして土耳古領のボスニヤ、ヘルツゴヴイナを		墺				國
97	2	1	1	A	1	0	又同盟の一たる		伊太利				
97	2	1	2	A	1	0	又同盟の一たる伊太利が		墺太利				
97	2	2	1	A	1	0	又同盟の一たる伊太利が墺太利の此擧に憤慨し、豫て		獨逸				

資料編　389

後文	固有名詞・第1次単位（上位）	固有名詞・第1次単位（下位）	固有名詞・第2次単位（上位）	固有名詞・第2次単位（下位）	第3単位	発行年	公論題名	筆者名
以來膠洲港は永く獨逸三色旗の下に置かれ、	地域名	33国（連邦内）	歴史名	110事件名		大正1	カイゼル論	福本日南
は永く獨逸三色旗の下に置かれ、	地域名	34州・省等	地形名	49陸上地形名		大正1	カイゼル論	福本日南
の下に置かれ、	地域名	33国（連邦内）	一般名詞	一般名詞		大正1	カイゼル論	福本日南
の大半島もどうやらゼルマンゼーせられさうな様子も見える。	地域名	44地方名				大正1	カイゼル論	福本日南
られさうな様子も見える。	不明	不明	不明	不明		大正1	カイゼル論	福本日南
の西に向つて之を爭はざる丈けの機會を捉へて、	地域名	33国（連邦内）				大正1	カイゼル論	福本日南
をして土耳古領のボスニヤ、ヘルツゴヴィナを墺國の勢力範圍に收めしめて同國の歡心を收攪し。	地域名	33国（連邦内）	地域名	略称+国		大正1	カイゼル論	福本日南
のボスニヤ、ヘルツゴヴィナを墺國の勢力範圍に收めしめて同國の歡心を收攪し。	地域名	33国（連邦内）	地域名	地域名		大正1	カイゼル論	福本日南
を墺國の勢力範圍に收めしめて同國の歡心を收攪し。	地域名	33国（連邦内）				大正1	カイゼル論	福本日南
の勢力範圍に收めしめて同國の歡心を收攪し。	地域名	33国（連邦内）	地域名	略称+国		大正1	カイゼル論	福本日南
が墺太利の此舉に憤慨し、	地域名	33国（連邦内）				大正1	カイゼル論	福本日南
の此舉に憤慨し、	地域名	33国（連邦内）				大正1	カイゼル論	福本日南
の頼み甲斐なきを怨むの結果、	地域名	33国（連邦内）				大正1	カイゼル論	福本日南

頁	段	行	行中番号	表記形式	表記形式	表記形式	前文	前接要素	抽出語1	抽出ルビ1	抽出語2	抽出ルビ2	後接要素
97	2	2	2	H	1	0	動ともすれば		英				佛
97	2	2	3	H	1	0	動ともすれば	英	佛				
97	2	5	1	A	1	0	大抵其筋を辿つて最近の出来事を讀んで見れば、		伊太利				
97	2	5	2	A	2	0	大抵其筋を辿つて最近の出来事を讀んで見れば、伊太利が打切棒に		トリポリ				
97	2	8	1	A	1	0	先月		土耳古				
97	2	11	1	A	1	0	而して帝の御世に及んで		獨逸				
97	2	12	1	H	1	0	海上王の		英				國
97	2	14	1	H	1	0	兎も角も當代		英				王
97	2	17	1	A	2	0			ゲルマニ				
97	2	17	2	A	2	0	ゲルマニのなかを流る、		スプレ				川
98	1	3	1	A	2	0	仲連が屍草むす野邊にして我		コロニー				
98	1	5	1	A	2	0	帝の御祖先		フリードリッヒ				大王
98	1	5	2	A	2	0	帝の御祖先フリードリッヒ大王の起された		ポツツダム				

資料編　391

後文	固有名詞・第1次単位（上位）	固有名詞・第1次単位（下位）	固有名詞・第2次単位（上位）	固有名詞・第2次単位（下位）	第3単位	発行年	公論題名	筆者名
に接近せんとするを看取せらるゝ、や、	地域名	33国（連邦内）	地域名	地域名列挙		大正1	カイゼル論	福本日南
に接近せんとするを看取せらるゝ、や、	地域名	33国（連邦内）	地域名	地域名列挙		大正1	カイゼル論	福本日南
が打切棒にトリポリ占領と出かけた如きも之も何かの報酬ではなからうか。	地域名	33国（連邦内）				大正1	カイゼル論	福本日南
占領と出かけた如きも之も何かの報酬ではなからうか。	地域名	42都市				大正1	カイゼル論	福本日南
の議會に於て進歩派の首領が此現状を憤つて新同盟國を求むるの必要を公言したのも偶然ではないと思はれる。	地域名	33国（連邦内）				大正1	カイゼル論	福本日南
の海軍は年々に盛んになつて、	地域名	33国（連邦内）				大正1	カイゼル論	福本日南
をして尚且つ之に對して戒心せしむるまでに至つたのである。	地域名	33国（連邦内）	地域名	略称＋国		大正1	カイゼル論	福本日南
といはねばならぬ。	地域名	33国（連邦内）	身分名	身分名		大正1	カイゼル論	福本日南
のなかを流るゝスプレ川濁れる水に鬼の影見ゆ逆しまに鬚くゐそらす國宗のつら摩でおろす山颪もがな	地域名	地域名				大正1	カイゼル論	福本日南
濁れる水に鬼の影見ゆ逆しまに鬚くゐそらす國宗のつら摩でおろす山颪もがな	地形名	50河川湖沼名	地形名	50河川湖沼名		大正1	カイゼル論	福本日南
といふは誰ぞも	一般名詞	一般名詞				大正1	カイゼル論	福本日南
の起されたポツツダムの離宮の正門には、今に"Sans souci"の二大語が掲げらるゝ、	人名	71人物名	身分名	身分名		大正1	カイゼル論	福本日南
の離宮の正門には、今に"Sans souci"の二大語が掲げらるゝ、	地域名	42都市				大正1	カイゼル論	福本日南

頁	段	行	行中番号	表記形式	表記形式	表記形式	前文	前接要素	抽出語1	抽出ルビ1	抽出語2	抽出ルビ2	後接要素
98	1	6	1	B	4	2	帝の御祖先フリードリッヒ大王の起されたポツダムの離宮の正門には、今に"		Sans souci	サンスウシ			
98	1	9	1	A	2	0	此宮名は何によつて起つたかなれば		フリードリッチ				大王
98	1	12	1	A	2	0	當時宮中には大詩人の		ヴォルテール				
98	1	21	1	A	2	0	此爺にあの風車のあるのは大王に		プロイス				
98	2	1	1	A	2	0	今、人があつて、大王に		プロイス				
98	2	9	1	A	2	0	お互に長く此		プロイス				國
98	2	9	2	B	4	2	そこで直ちに爺の諢名		Sans souci	サンスウシ			
98	2	11	1	A	2	0	此宮殿には		カイゼル				陛下
98	2	12	1	A	2	0	扨		カイゼル				
98	2	13	1	B	4	2	扨カイゼルの今の状態では、今は假令"		Sans souci	サンスウシ			
98	2	14	1	B	4	2	それが「莫愁城」にあらずして事實は、"		souci	スウシ			
98	2	15	1	B	4	2	"		Sans souci	サンスウシ			
98	2	15	2	B	4	2	"Sans souci" を		souci	スウシ			
98	2	17	1	A	1	0	も少し安らかな道を行かれて		獨逸				帝國
98	2	17	2	B	4	2	も少し安らかな道を行かれて獨逸帝國を"		Sans souci	サンスウシ			

資料編　393

後文	固有名詞・第1次単位（上位）	固有名詞・第1次単位（下位）	固有名詞・第2次単位（上位）	固有名詞・第2次単位（下位）	第3単位	発行年	公論題名	筆者名
"の二大語が掲げらるゝ、	建造物名	56建造物名				大正1	カイゼル論	福本日南
が此處に離宮を置かれた際に、	人名	71人物名	身分名	身分名		大正1	カイゼル論	福本日南
が大王の招聘に應じて	人名	71人物名				大正1	カイゼル論	福本日南
のあるやうなものである。	不明	不明				大正1	カイゼル論	福本日南
を取り除けるやうにといつたならば、	不明	不明				大正1	カイゼル論	福本日南
に安んずるであらうといはれた。	不明	不明				大正1	カイゼル論	福本日南
を採つて離宮の名とせられたのである。	建造物名	56建造物名				大正1	カイゼル論	福本日南
も月に幾度となく入らせらるゝが、	人名	71人物名	敬称	敬称		大正1	カイゼル論	福本日南
の今の状態では、今は假令"Sans souci"の宮城にゐらるゝとも、	人名	71人物名				大正1	カイゼル論	福本日南
"の宮城にゐらるゝとも、	建造物名	56建造物名				大正1	カイゼル論	福本日南
"即ち「煩悶城」である。	建造物名	56建造物名				大正1	カイゼル論	福本日南
"を"souci"にせられて陛下は自ら憂ひられぬかも知れぬが、	建造物名	56建造物名				大正1	カイゼル論	福本日南
"にせられて陛下は自ら憂ひられぬかも知れぬが、	建造物名	56建造物名				大正1	カイゼル論	福本日南
を"Sans Sonci"にせられる方が寧ろ得策ではあるまいか、といふのが世界一般の岡評である。	地域名	33国（連邦内）	地域名	33国（連邦内）		大正1	カイゼル論	福本日南
"にせられる方が寧ろ得策ではあるまいか、といふのが世界一般の岡評である。	建造物名	56建造物名				大正1	カイゼル論	福本日南

索　引

凡　例

・索引項目の範囲は第1章から第7章までの本文部分である。目次部分、引用部分、表部分、注記部分、巻末資料の凡例部分は含まない。
・見出しの漢字は新字体とした。
・表記が異なるものは《　》括弧内に示した。
・地名は、カタカナ表記のもののみ採った（例：イギリス、アメリカ）。略称表記は採らなかった（例：英、米）。
・人名は、本文中に名前を明記した研究者を採った。
・一般名詞の略称表記は採らなかった（例：ブル（ブルジョアの略））。
・「＊」は用例多数のため、ページ数を略した。

人　名

荒川惣兵衛《あらかわそおべえ》	17, 31
石綿敏雄	12, 15, 17, 18, 33, 34, 35, 40
井手順子	38
入江さやか	16, 43
上田万年	21
上野景福	22
上野力	117
楳垣実	15, 17, 18, 19, 20, 21, 33, 153, 183
遠藤織枝	16
王敏東	40, 120, 121, 222
荻野千砂子	16
国立国語研究所	17, 37, 38, 54, 66, 70
今野真二	129
佐伯哲夫	16
佐藤武義	16
渋沢龍彦	41
シャルコ・アンナ	40
白井清子	49
杉本つとむ	16
杉本雅子	16
鈴木俊二	10, 47, 48, 189
孫健軍	222
竹浪聰	142
田中建彦	11, 33, 34
田中牧郎	43
土屋信一	37
中村明	56
橋本和佳	40, 41, 44, 64, 167, 168, 169, 171, 173, 174, 175, 177, 179, 222
飛田良文	49, 50
深澤愛	38
藤本光	41, 42
前田太郎	29, 31
松本直枝	16
美尾浩子	100
宮地裕	47, 48, 189
森岡健二	16
山本彩加	38
米川明彦	15, 17, 18, 46, 82, 92, 214
白淑敏	39
鄧牧	44
金敬鎬	39, 183

林慧君　　　　　　　　　　47, 48, 49

書　名

『安愚楽鍋』　　　　　　　　　　16
『朝日新聞』　　　　　　　　44, 168
『宛字外来語辞典』　　　　　233, 234
『イギリスの生活と文化事典』　　 212
『改造』　　　　　　　　　　　　255
『解放』　　　　　　　　　　　　237
『外来語辞典』（勝屋英造）　20, 78, 79, 93, 132, 133
『角川外来語辞典第二版』　　　　 212
『漢字百科大事典』　　　　　　　234
『虞美人草』　　　　　　　　　　 36
『グラッドストン伝』　　　　　　 88
『クロムウェル評伝』　　　　　　 88
『経世偉勲　前編』　　　　　　　235
『言語学大辞典』　　　　64, 65, 69, 72
『現代表記のゆれ』　　　　40, 161, 163
『広辞苑　第六版』　　　　　　　 94
『国語学大辞典』　　　　　　　9, 10
『コブデン伝』　　　　　　　　　 88
『新明解国語辞典』　　　　　　　 47
『西洋道中膝栗毛』　　　　　　16, 117
『太陽』（雑誌）　　　　　　　38, 55
『中央公論』　　　　　　　　　　 ＊
『中央公論社七十年史』　　　　　 55
『朝野新聞』　　　　　　　　　　 38
『東京朝日新聞』　　　　　　　38, 42
『東京日日新聞』　　　　　　　　 37
『日用舶来語便覧』　　　　19, 20, 164
『日本外来語辞典』　　　　　　19, 21
『日本近代文学大系』　　　　　　234
『日本語学研究事典』　　　　9, 10, 14
『日本国語大辞典　第二版』　93, 97, 99, 106, 131, 132, 133, 213, 215, 233, 236, 237, 238, 239
『日本語語彙大系』　66, 68, 69, 72, 89, 90, 108
『日本辞書辞典』　　　　　　　　 21
『反省会雑誌』　　　　　　　　　 55
『反省雑誌』　　　　　　　　　　 55
『婦人公論』　　　　　250, 251, 254, 255, 256
『分類語彙表　増補改訂版』　66, 70, 71, 72, 73, 100, 104, 106
『明治文学全集』　　　　　　　　234
『明治翻訳文学全集』　　　　　　234
『雪国』　　　　　　　　　　　　 36
『横浜毎日新聞』　　　　　　　　 38
『輿地誌略』　　　　　　　　　　 39
『万朝報』　　　　　　　　　　　 38
『蘆花全集』　　　　　　　　　　234
『和英語林集成』　　　　　　　16, 152
『ワルポール伝』　　　　　　　　 88
『NHK 日本語発音アクセント辞典』　47

事　項

アルファベット　20, 51, 59, 71, 78, 87, 112, 113, 114, 115, 116, 126, 127, 128, 129, 133, 138, 139, 140, 141, 142, 148, 149, 150, 152, 153, 154, 155, 156, 158, 160, 180, 185, 193, 195, 196, 197, 240, 245, 247, 249, 255
一般名詞　　　　　　　　　　　　 ＊
意味領域　66, 69, 70, 87, 89, 91, 100, 104,

索　引　397

　　　　　　108, 109, 199, 202, 209, 226, 245, 246
イメージの固定化　　211, 213, 215, 216
オランダ語　　14, 15, 26, 100, 131, 132,
　　　　　　133, 136
音訳　　11, 14, 36, 39, 40, 60, 84, 121, 122,
　　　　　124, 126, 134, 147, 163, 198, 232, 233,
　　　　　234, 235, 253
外来語　　　　　　　　　　　　　　＊
外国語　　18, 21, 24, 31, 34, 50, 59, 83, 115,
　　　　　136, 139, 140, 142, 143, 184, 185, 189,
　　　　　197, 240, 241, 243, 244, 248, 249, 251,
　　　　　255
漢語　　　　　　　　　　　　　　　＊
漢字圏　　51, 66, 86, 108, 117, 119, 121,
　　　　　126, 195, 200, 245
慣用句　　16, 46, 95, 96, 109, 253
句　　63, 112, 152, 153, 154, 155, 184, 185,
　　　247, 249
形容動詞　　76, 81, 107, 189, 190, 197, 245,
　　　　　248, 253
原語　　15, 16, 31, 33, 34, 35, 82, 83, 97, 99,
　　　100, 107, 108, 109, 115, 116, 126, 127,
　　　131, 132, 133, 135, 136, 137, 139, 140,
　　　141, 142, 146, 147, 149, 150, 155, 156,
　　　173, 175, 177, 178, 179, 184, 185, 196,
　　　197, 246, 247, 248, 249
口語　　38, 55, 157, 158, 159, 160, 161, 251
異なり語数　　　　　　　　　　　　250
固有名詞　　　　　　　　　　　　　＊
混種語　　　　　　　　　　　　　　＊
借用語　　　　　　　　9, 10, 11, 13, 31
受容　　13, 14, 15, 18, 26, 27, 29, 31, 35, 59,
　　　63, 83, 98, 99, 101, 115, 130, 147, 148,
　　　184, 197, 240, 243, 244, 247, 248, 249,
　　　250, 251, 252, 253, 254, 255
常用漢字表　　22, 165, 181, 184
初出　　98, 106, 108, 246, 252, 255
助動詞　　　　　　　　　　　159, 197
書名　　61, 65, 117, 128, 129, 130, 185, 247

人名　　　　　　　　　　　　　　　＊
接頭辞　　76, 82, 83, 219, 230
促音　　23, 24, 174, 244
第1次単位　　60, 61, 62, 63, 66, 72, 76,
　　　　　152, 199, 223, 226, 228
第3次単位　　60, 62, 63, 66, 72, 84, 85,
　　　　　191, 223, 224, 225, 228
第2次単位　　60, 62, 63, 66, 72, 76, 84,
　　　　　189, 221, 223, 225, 226, 228
単表記形式　　112, 113, 115, 116, 120, 139,
　　　　　140, 142, 150, 151, 152, 153, 180, 185,
　　　　　249
地名　　　　　　　　　　　　　　　＊
長音　　23, 24, 34, 169, 171, 173, 179, 185,
　　　244
定着　　9, 13, 27, 31, 38, 72, 98, 108, 132,
　　　136, 146, 147, 189, 211, 216, 222, 235,
　　　241, 243, 244, 246, 247, 248, 252, 253,
　　　254, 255, 256
動詞　　46, 76, 82, 84, 85, 107, 189, 190,
　　　196, 197, 198, 202, 230, 240, 245, 248,
　　　253
延べ語数　　86, 87, 89, 91, 104, 107, 108,
　　　122, 125, 139, 164, 165, 218, 219, 245,
　　　250
撥音　　　　　　　　　　　　174, 175
非略称表記　　122, 123, 125, 222
品詞　　46, 75, 76, 82, 107, 109, 136, 138,
　　　189, 190, 245, 246, 248, 253
複合語　　22, 48, 61, 71, 112, 142, 143, 144,
　　　145, 146, 147, 148, 149, 150, 152, 184,
　　　220, 247, 253
フランス語　　16, 99, 100, 109, 151, 246
文　　63, 79, 112, 128, 151, 152, 153, 154,
　　　155, 156, 157, 158, 159, 160, 184, 185,
　　　212, 215, 229, 247, 249
文語　　43, 55, 81, 157, 158, 159, 161, 185
併記形式　　59, 61, 71, 112, 113, 115, 116,
　　　117, 126, 127, 128, 129, 139, 140, 141,

142, 143, 148, 149, 150, 152, 153, 154, 156, 185, 249
母音字　　　　　　　　169, 171, 173
ポルトガル語　　14, 26, 29, 100, 131, 132, 133, 136
翻訳　11, 13, 16, 18, 26, 31, 36, 48, 60, 71, 73, 78, 107, 116, 128, 129, 134, 135, 137, 140, 141, 146, 148, 149, 163, 185, 243
モダン語　　　　　　　16, 31, 32, 33
略称（略称表記、略語）　16, 40, 46, 51, 60, 66, 68, 84, 86, 88, 89, 94, 108, 116, 117, 120, 121, 122, 123, 124, 125, 165, 167, 183, 184, 185, 189, 194, 199, 200, 220, 222, 223, 224, 225, 226, 228, 229, 230, 231, 232, 233, 234, 235, 237, 238, 239, 240, 241, 245, 247, 253, 254, 255, 257
ルビ形式　　59, 78, 82, 112, 113, 115, 116, 120, 121, 126, 128, 133, 138, 139, 140, 142, 143, 147, 148, 149, 150, 151, 152, 153, 156, 185, 249

用　例

「アメリカ」　20, 40, 84, 86, 107, 118, 119, 120, 122, 123, 124, 125, 144, 184, 195, 201, 222, 223, 224, 226, 228, 245, 250, 253
「イギリス」　　20, 40, 86, 107, 118, 119, 120, 122, 123, 125, 184, 223, 224, 228, 245, 250, 253
「英国紳士」　　　211, 212, 213, 240, 247
「カイゼル鬚」《カイゼルひげ》　47, 190, 210, 211, 213, 214, 240, 247, 254
「グラッドストーン」　　86, 88, 107, 232, 233
「コペルニクス的変革」　　191, 210, 215, 216, 240, 247
「支那」　　　　　　60, 86, 119, 121, 195
「デモクラシー」　　61, 86, 87, 92, 96, 98, 103, 108, 144, 145, 146, 150, 151, 217, 219, 220, 245, 247, 253
「ドイツ」　　40, 86, 107, 118, 119, 120, 122, 123, 124, 125, 183, 184, 200, 222, 223, 226, 228, 245, 250
「トルストイ」　　76, 89, 126, 232, 233, 234
「パンを得る」　　　　　95, 96, 98, 253
「フランス」　　40, 118, 119, 120, 122, 123, 124, 125, 144, 151, 184, 211, 222, 250
「ブルジョア」　　16, 46, 60, 76, 86, 87, 92, 93, 94, 96, 99, 100, 102, 108, 145, 236, 237, 253, 254
「プロレタリア」《プロレタリヤ》　16, 46, 93, 94, 96, 99, 100, 102, 108, 146, 216, 236, 237, 238
「ラジオ」　　　　　　　104, 106, 107
「ロシア」《ロシヤ》　　40, 118, 120, 122, 123, 124, 125, 144, 149, 165, 183, 184, 200, 250

あとがき

　本書は、博士論文「大正期『中央公論』の外来語の語彙・表記研究」(お茶の水女子大学、平成27年9月30日)に基づき、その後のさらなる分析・考察によって加筆と修正を行ったものです。

　お茶の水女子大学名誉教授の髙﨑みどり先生には、学部に入学した時より、日本語学の研究の基礎を教えていただき、本研究にいたるまで、終始温かいご指導をいただきましたことを心より感謝申し上げます。在学中に教えていただいたひとつひとつを、今後の研究生活の糧にして、さらなる努力を重ねていきたいと思います。

　お茶の水女子大学名誉教授の荻原千鶴先生、お茶の水女子大学教授の佐々木泰子先生、大塚常樹先生、伊藤美重子先生は、学位論文の審査委員をしてくださいました。深謝いたします。

　また、髙崎みどり先生を研究代表者とする「大正期の外来語受容—100年前の"グローバリゼーション"という観点から—」(基盤研究(C)、研究課題番号：25370512、平成25年度〜平成27年度)に、研究協力者として参加させていただき、研究分担者である染谷裕子先生、中里理子先生、立川和美先生、星野祐子先生には、データ作成の段階からご助言を賜りました。また、この研究に携わっている先輩・後輩の皆様にも、多くの知識や示唆をいただきました。

　そして、表現学会、表記研究会、お茶の水女子大学比較日本学教育研究センター(現・グローバルリーダーシップ研究所比較日本学教育研究部門)の関係者の皆様には、口頭発表・論文掲載の機会を与えてくださいました。その際、ご参加の先生方、学生の皆様からご指導とご助言を賜りました。

　お茶の水女子大学日本語日本文学コースの先生方におかれましては、学部時代から、授業だけでなく大学生活に至るまで温かく見守ってくださいました。先輩・同輩・後輩に恵まれ、お互いの研究を尊重し、批判し、成

長していけるような環境で学べたことを、今後の支えにしていきたいと思います。

　本書の刊行にあたっては、三弥井書店の吉田智恵氏に大変お世話になりました。刊行物としてまとめるにあたって、多くのご助言を賜りました。

　最後に、両親には長い学生生活を支えてもらい、多大なる心配をかけました。

　本研究を遂行し学位論文をまとめ、本書を刊行するまでには、多くのご指導とご助言を賜りました。ここに名前を挙げられなかった方々も含め、全ての方々のご指導とご厚誼に心より感謝申し上げます。

＊

　本書は、平成25〜27年度基盤研究（C）「大正期の外来語受容―100年前の"グローバリゼーション"という観点から―」（研究代表者高崎みどり、課題番号25370512）によって作成されたデータを利用しています。

　また、平成29年度科学研究費補助金（研究公開促進費＜学術図書＞）「大正期の言論誌に見る外来語の研究」（課題番号17HP5067）によって刊行されるものです。

平成29年5月23日
石井久美子

著者略歴

石井久美子（いしい・くみこ）

お茶の水女子大学大学院博士後期課程修了。博士（人文科学）。2015年10月よりお茶の水女子大学基幹研究院人文科学系助教。専門は日本語学。主な論文に、「『安愚楽鍋』における振り仮名の研究」（『国文』第118号、2012年）、「大正期雑誌の書き手・読み手の位相差と外来語の使用実態」（『表現研究』第99号、2014年）、「『仮名読新聞』の外来語の表記」（『国語文字史の研究』十四、和泉書院、2014年）、「ウェブ上のコミュニケーションの表現と表記──電子機器の進化と加速するやりとり──」（『日本語学』第36巻10号、2017年）などがある。平成25年度（第8回）漢検漢字文化研究奨励賞佳作受賞。

大正期の言論誌に見る外来語の研究

2017年12月11日　初版発行

定価はカバーに表示してあります。

　Ⓒ著　者　　石　井　久　美　子
　　発行者　　吉　田　栄　治
　　発行所　　株式会社　三　弥　井　書　店
　　　　　　　〒108-0073 東京都港区三田3-2-39
　　　　　　　　　　電話03-3452-8069
　　　　　　　　　　振替00190-8-21125

ISBN978-4-8382-3328-1　C1081　　　　印刷　藤原印刷